DELIUS KLASING

Lothar Kaufeld
Klaus Dittmer
Rolf Doberitz

Mittelmeer-
wetter

Delius Klasing Verlag

Titelfoto: Cumulus congestus (emporquellende Haufenwolken) über der Küste Kroatiens

Bibliografische Information Der Deutschen Bibliothek
Die Deutsche Bibliothek verzeichnet diese Publikation in der Deutschen Nationalbibliografie; detaillierte bibliografische Daten sind im Internet über *http://dnb.ddb.de* abrufbar.

4. Auflage
ISBN 3-87412-147-X
© by Delius, Klasing & Co. KG, Bielefeld

Zeichnungen: Lothar Kaufeld, Hans-Georg Berkau
Titelfoto: Peter Kleinoth (Küste vor Sibenik)
Umschlaggestaltung: Ekkehard Schonart
Gesamtherstellung: Ludwig Auer GmbH, Donauwörth
Printed in Germany 2003

Delius Klasing Verlag
Siekerwall 21, D-33602 Bielefeld
Tel. (05 21) 5 59-0, Fax (05 21) 5 59-1 15
E-Mail: info@delius-klasing.de
www.delius-klasing.de

Inhalt

1 Klima und Wetter des Mittelmeeres

Zwischen den Kontinenten Europa, Afrika und Asien gelegen und umgeben von teilweise hohen Gebirgen, besitzt das Mittelmeer ein eigenes Klima wie sonst kaum eine andere Region der Welt. Einerseits ist es groß genug, um selbst das Klima zu beeinflussen, andererseits nimmt aber nach Osten hin der kontinentale Einfluß zu. Das Festlandsklima ist geprägt durch große tages- und jahreszeitliche Schwankungen der Lufttemperatur und durch Trockenheit; im maritimen Klima hingegen gibt es nur einen geringen Tages- und Jahresgang der Temperatur. Viele Wolken und – zumindest in den Westwindzonen – häufige Niederschläge bestimmen den Wetterablauf. Dies verdeutlicht ein Vergleich der auf etwa gleicher Breite gelegenen Stationen Horta (Azoren), Tunis und Teheran:

Tabelle 1

Ort	Horta (Azoren): maritim	Tunis: mediterran	Teheran: kontinental
Position	38,5° N, 28,6° W;	36,8° N, 10,2° E;	35,7° N, 51,3° E;
Höhe ü. NN	60 m	3 m	1191 m
Wärmster Monat	22,8 °C Aug.	26,5 °C Aug.	29,8 °C Juli
Kältester Monat	14,3 °C Febr./März	11,1 °C Jan.	3,8 °C Jan.
Mittlere Tagesschwankungen	5,3 °C	9,1 °C	11,3 °C
Mittlere jährliche Regenmenge	1029 mm	466 mm	177 mm
Regenreichster Monat	125 mm: Jan.	70 mm: Jan.	35 mm: April
Regenärmster Monat	32 mm: Juli	2 mm: Juli	1 mm: Juli

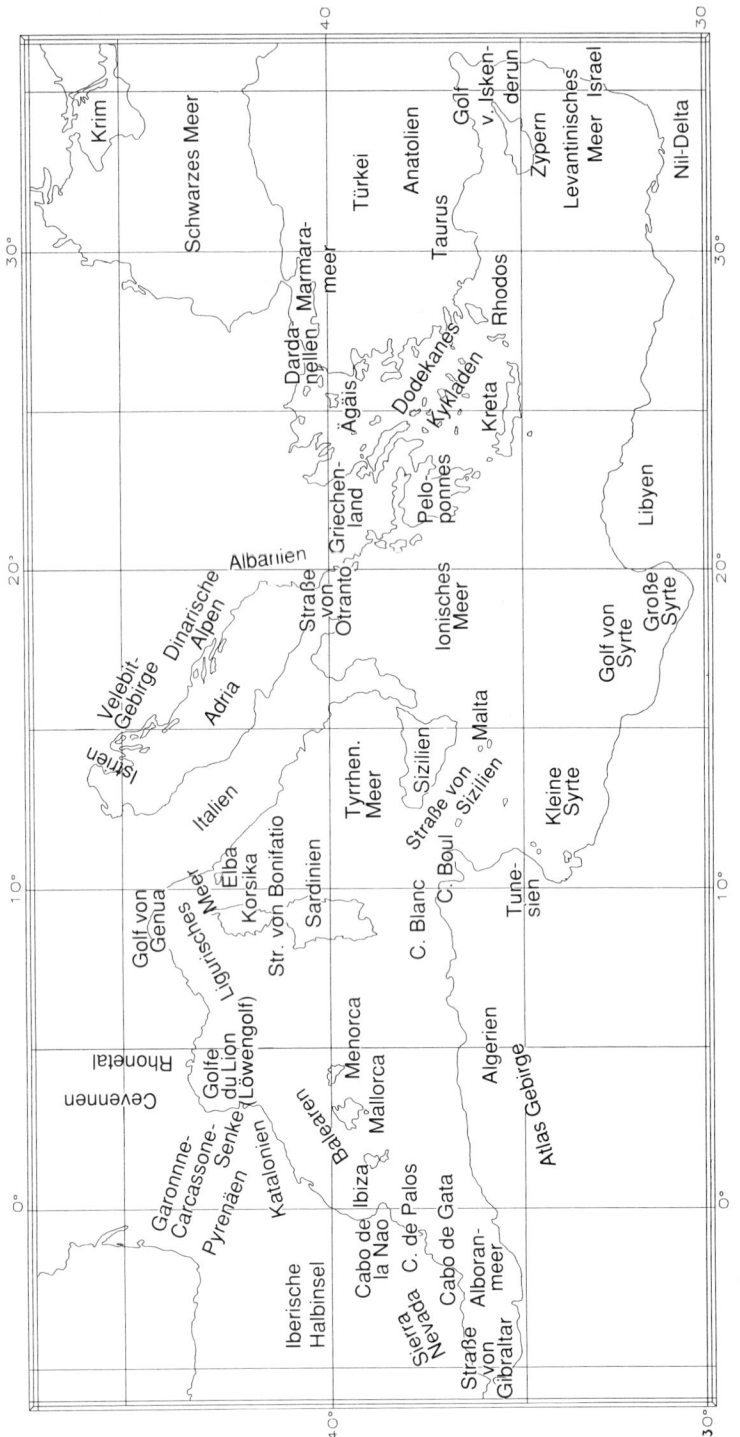

Übersichtskarte der geographischen Bezeichnungen.

Das Mittelmeer liegt am Südrande der Westwindzone mit trockenen und heißen Sommern sowie feuchtkühlen, beziehungsweise feuchtmilden Wintern. Nach den im östlichen Teil vorherrschenden sommerlichen Winden (den „Etesien", s. Seite 53) wird das Mittelmeerklima manchmal auch „Etesienklima" genannt. Die starke orographische Gliederung verursacht teilweise große Unterschiede hinsichtlich Wetter und Klima.

Im Winter, wenn der subtropische Hochdruckgürtel über der Sahara liegt, dehnt sich die Westwindzone der gemäßigten Breiten nach Süden aus und überstreicht auch das Mittelmeer. Dann wechseln Tiefdruckgebiete mit starker Bewölkung, Niederschlägen, Wind oder Sturm mit Hochdruckgebieten und dem damit verbundenen ruhigen und freundlichen Wetter ab. Tiefausläufer schwenken vom Atlantik kommend des öfteren über die Biskaya und Spanien hinweg ins Mittelmeer, seltener ziehen Tiefdruckzentren über Südfrankreich, Südspanien oder durch die Straße von Gibraltar. Da das Mittelmeer mit Ausnahme der eben genannten Durchlässe aber sonst durch Gebirge gut gegen Störungen abgeschirmt ist, bilden sich meist neue Tiefdruckgebiete über dem relativ warmen Wasser, wenn Kaltluft in der höheren Troposphäre (ca. 5–10 km Höhe) für eine hochreichende Labilisierung sorgt. Dadurch wird der vertikale Austausch gefördert und die Atmosphäre mit der nötigen Energie versorgt. Die Abbildung auf Seite 12 zeigt die wichtigsten Zugbahnen mediterraner Tiefdruckgebiete und ihre Haupt-Aufenthaltsorte (eingekreist). Zugbahnen, die schon von van Bebber (s. Literaturverzeichnis [1]) beschrieben wurden, tragen seine Bezeichnungen. Allerdings ziehen die Tiefdruckgebiete nicht wie auf Eisenbahnschienen entlang, sondern sie richten sich nach der Höhenströmung und nehmen dabei auch andere Positionen ein als in der Abbildung markiert. Die Zugbahnen sind also nur ein grober Anhalt für die mögliche Verlagerung.

Bevorzugte Aufenthaltsorte der Tiefdruckgebiete beziehungsweise Regionen, in denen häufig neue Zyklonen entstehen, sind vor allem der Golf von Genua, dann die mittlere und nördliche Adria, das südöstliche Tyrrhenische Meer und das Ionische Meer westlich vom Peloponnes sowie das Seegebiet westlich von Zypern. Diese Gebiete weisen im Winter den niedrigsten Luftdruck auf.

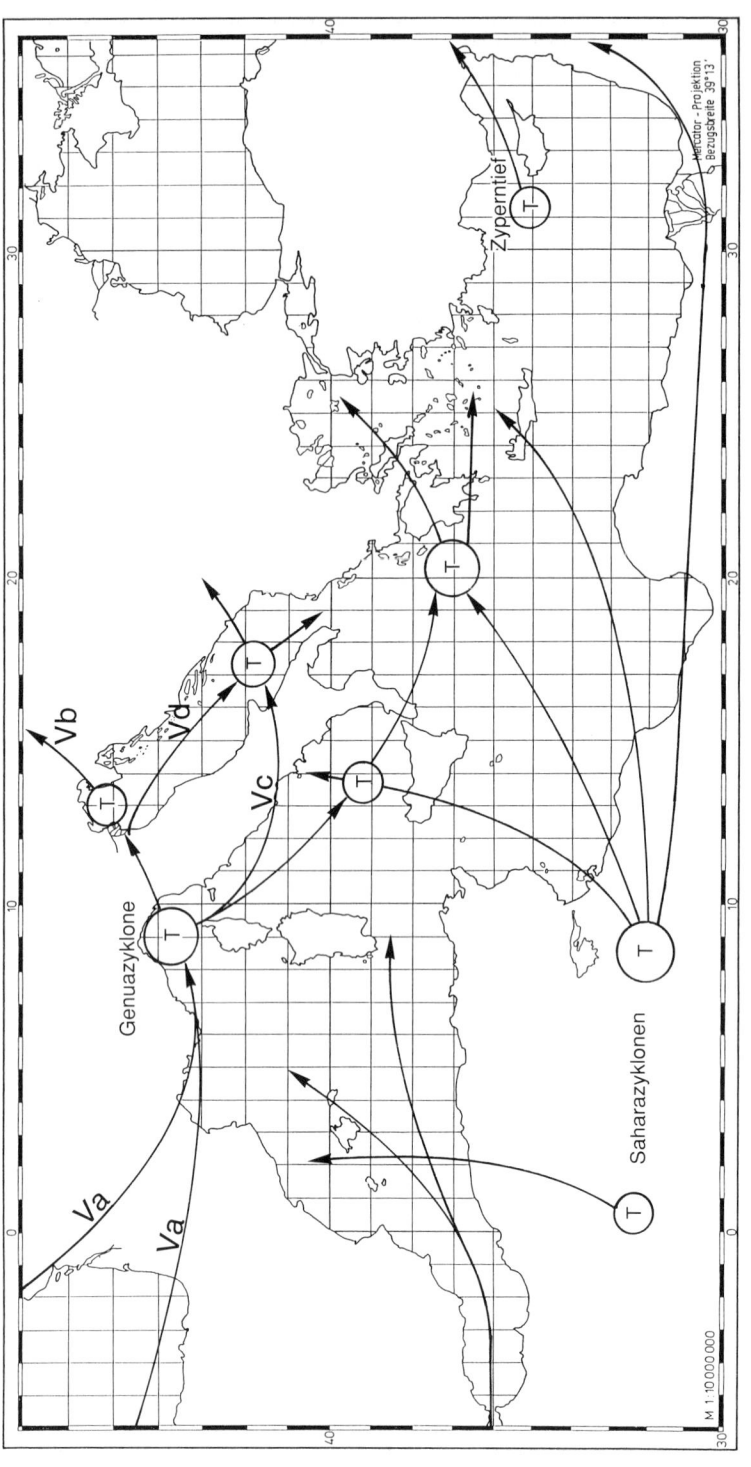

Die wichtigsten Zugbahnen mediterraner Tiefdruckgebiete und ihre Hauptaufenthaltsorte (eingekreist).

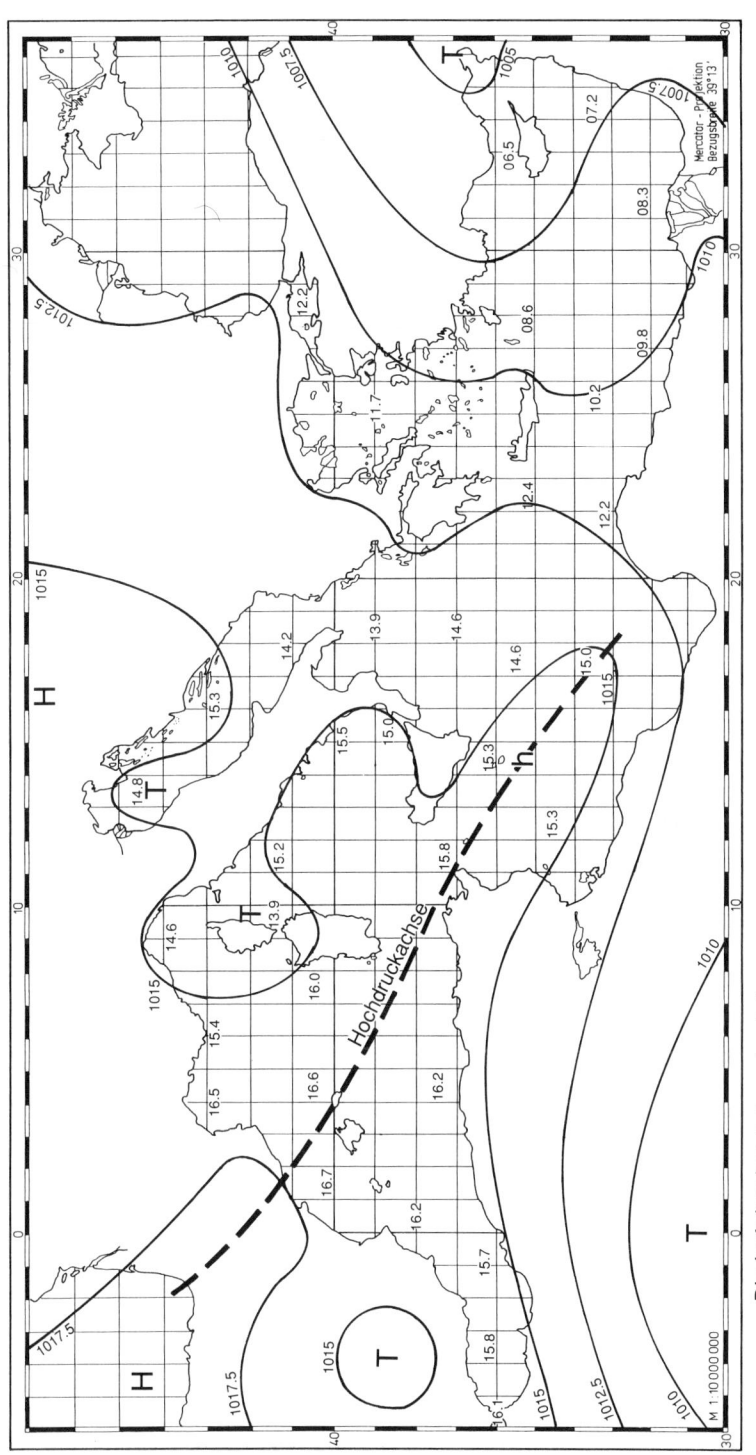

Die Luftdruckverteilung im Juli.

Im Sommer liegt der subtropische Hochdruckgürtel am Boden über dem Südteil des Mittelmeeres (s. Luftdruckverteilung Juli) und in der Höhe in etwas südlicherer Position über Nordafrika. Es kommt zu großräumigem Absinken und damit verbunden zur Austrocknung der Luft. Vom Meer her fehlt die Energiezufuhr, weil die stabile Luftschichtung in der Atmosphäre über dem relativ kühlen Wasser den vertikalen Austausch unterbindet.

Daß es hier im Sommer zu noch geringeren Bewölkungs- und Niederschlagswerten kommt als etwa im Bereich des Azorenhochs, liegt an einem weiteren Effekt. Die Klimaforschung hat gezeigt, daß diese Erscheinung durch die besonderen Strahlungsbedingungen über der Hochebene von Tibet verursacht werden. Die starke hochreichende Aufheizung der Atmosphäre über dem zentralasiatischen Kontinent im Sommer erzeugt hier ein Hochdruckgebiet in 5 bis 15 km Höhen, an dessen Südrand ein Ostwind weht, der über Nordafrika sein Ende findet. Nun bewirkt ein Auslaufen des Ostwindes dynamisch ein verstärktes Absinken in der Atmosphäre, das zur Wolkenauflösung und Trockenheit führt.

Wassertemperatur, Badesaison

Bei der Entscheidung über Urlaubsort und -monat spielt die zur erwartende Temperatur von Luft und Wasser die Hauptrolle. Da die mittlere Lufttemperatur der Wassertemperatur ähnelt und bei den einzelnen Küstenabschnitten beschrieben wird, genügt es, hier einen allgemeinen Überblick über die Wassertemperaturen zu geben.

Die folgenden Abbildungen zeigen die Verteilung der Meeresoberflächen-Temperaturen im Mai, August und Oktober. Diese Monate wurden gewählt, weil das Wasser im August am wärmsten ist. Vom Mai zum Juni findet in den meisten Gebieten die stärkste Erwärmung, von Oktober zum November die rascheste Abkühlung des Meeres statt, außerdem sind Mai und Oktober beliebte Reisemonate. Vervollständigt werden diese Karten durch eine Abbildung, die für verschiedene typische Seegebiete die Wassertemperatur in allen Monaten, also den Jahresgang, zeigt.

14

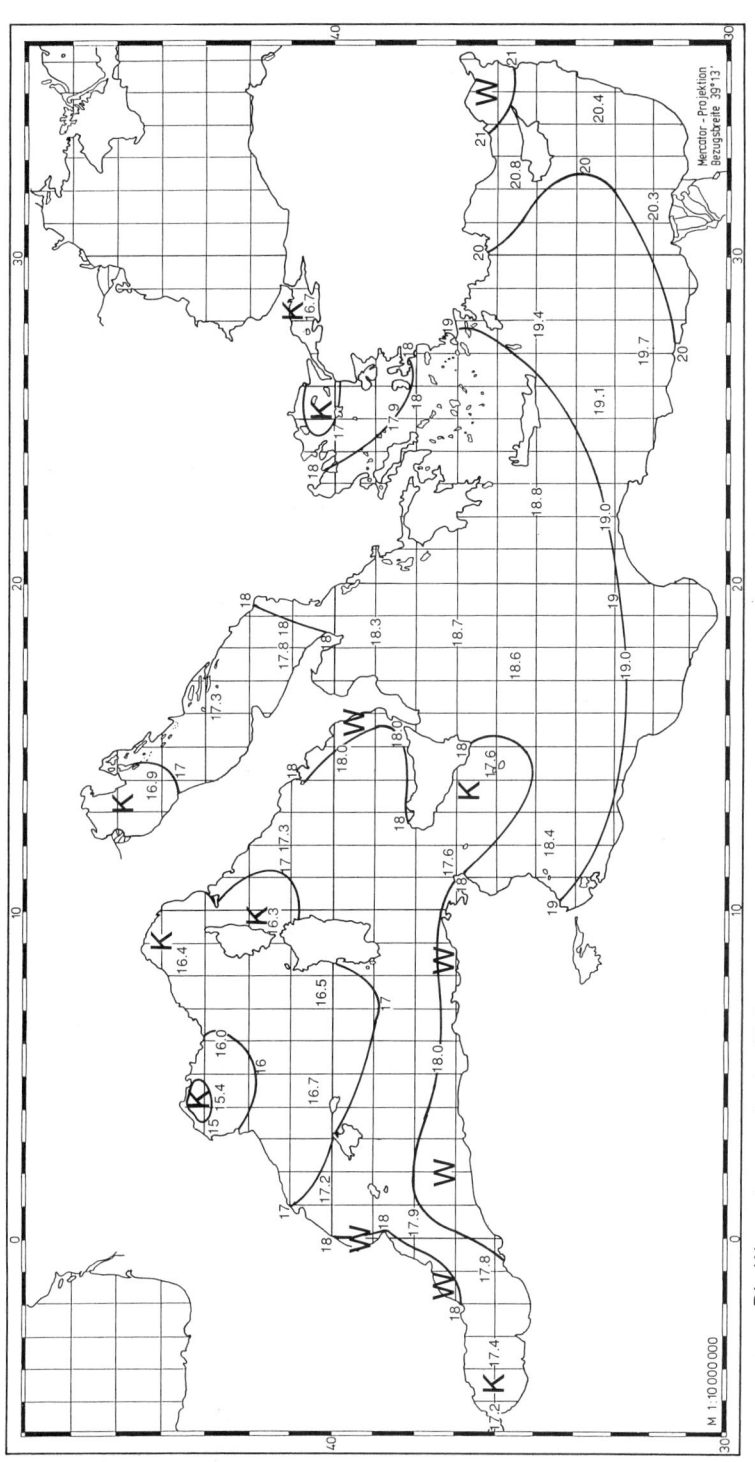

Die Wassertemperatur im Mai.

M 1:10 000 000

Mercator - Projektion
Bezugsbreite 39°13

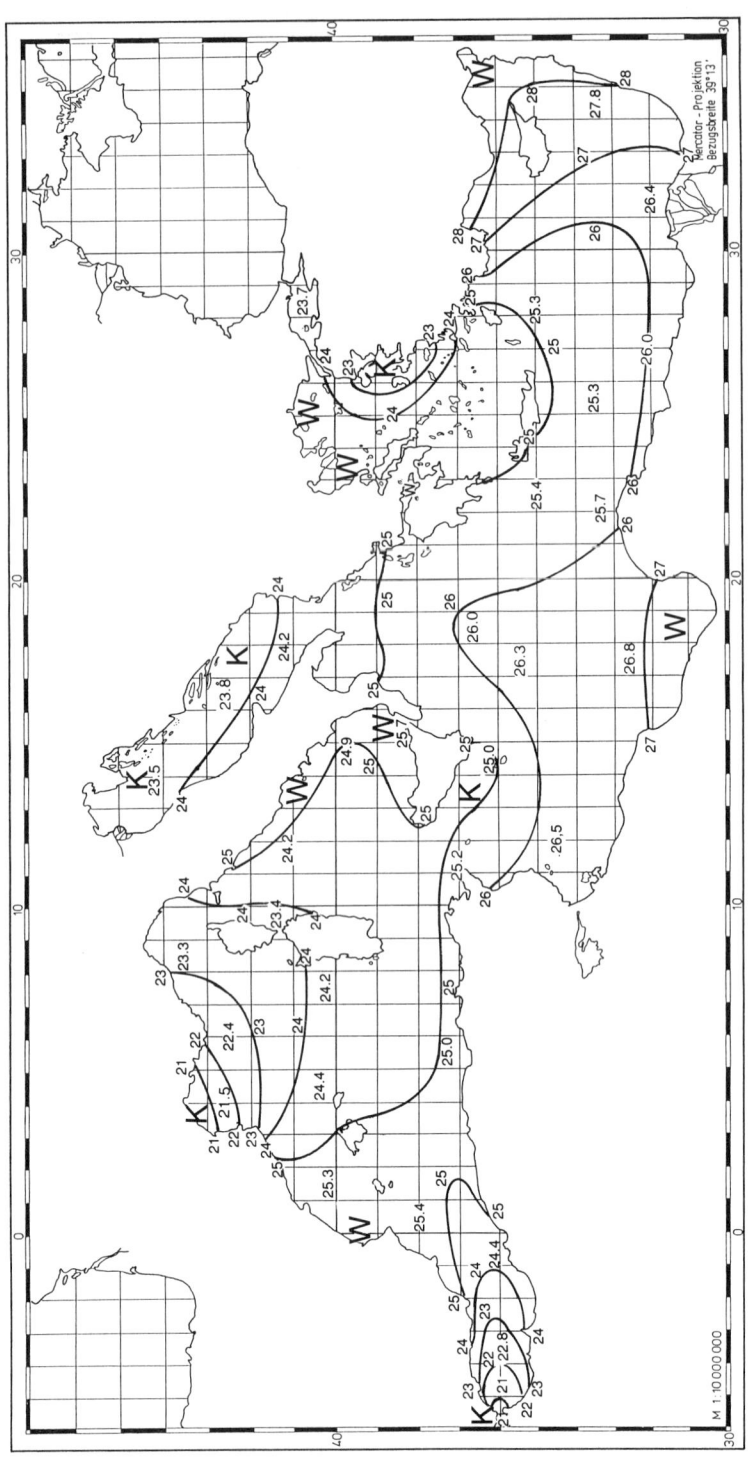

Die Wassertemperatur im August.

M 1:10 000 000

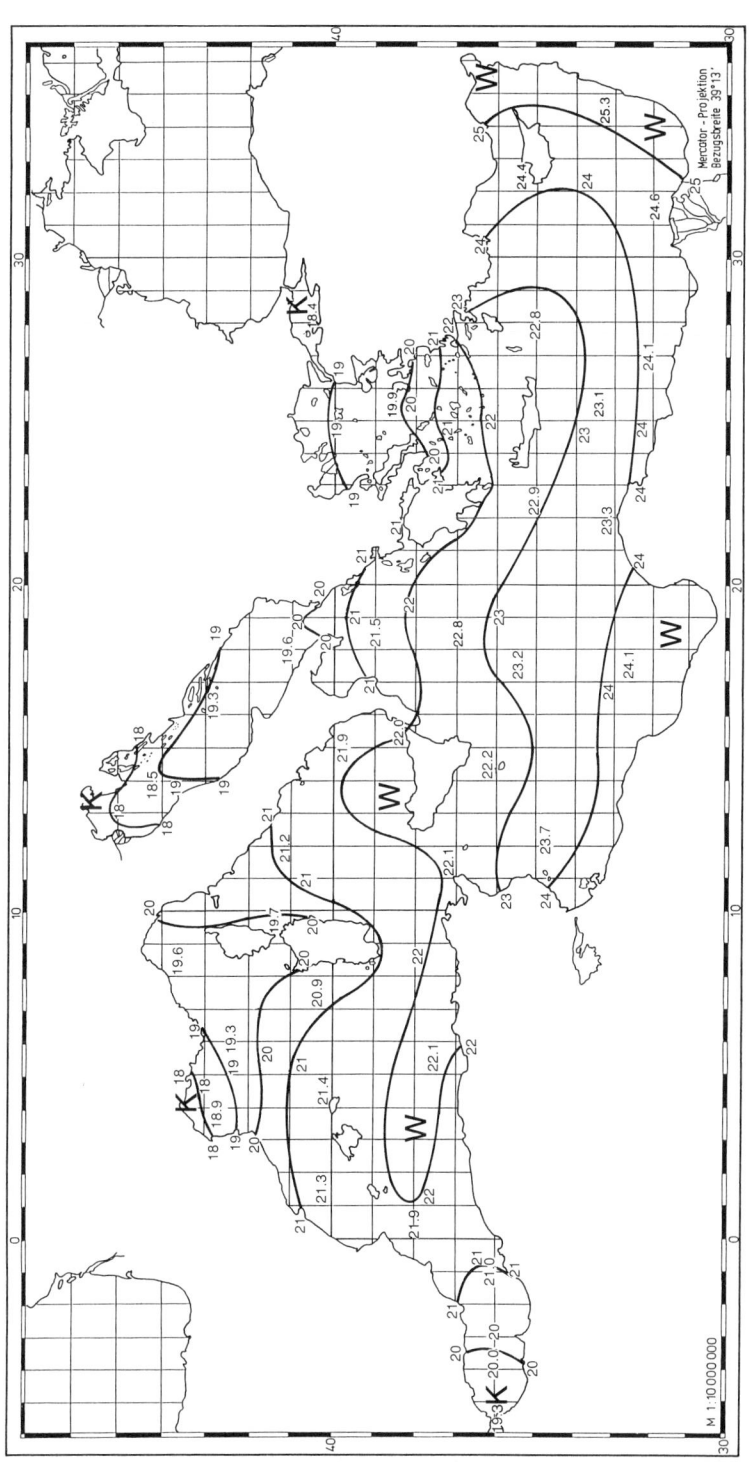

Die Wassertemperatur im Oktober.

Mit Ausnahme des Winters ist der Atlantik-Zustrom durch die Straße von Gibraltar kälter als das Mittelmeer. Das zeigt sich bereits im Mai. Zu dieser Zeit hat sich das Wasser an der nordafrikanischen und spanischen Küste auf mehr als 18 °C erwärmt, vor Gibraltar aber erst auf 17,2 °C. Am wärmsten ist es nun im Golf von Adana (Südost-Türkei); die 20-Grad-Marke wird nur im östlichen Mittelmeer überschritten, während es in den nördlichen Regionen mit 15–17 °C den meisten Leuten noch zu kalt zum Baden ist.

Im August hat sich das Wasser im gesamten Mittelmeer auf über 20 °C erwärmt. Zu dieser Zeit bestehen besonders starke Temperaturunterschiede zwischen den verschiedenen Mittelmeer-Regionen: Verhältnismäßig kühles Wasser strömt durch die Straße von Gibraltar ins Alboranmeer; kalt ist auch der Löwengolf, weil der Mistral immer wieder das warme Oberflächenwasser nach Süden forttreibt und als Ersatz kaltes Tiefenwasser aufquillt. Solch kaltes „Auftriebswasser" – wenn auch nicht so intensiv wie im Golfe du Lion – gibt es auch an der türkischen Küste der Ägäis und an der kroatischen Adriaküste. Dagegen ist das Wasser an der türkischen Südküste und der libanesischen Küste besonders warm. Mitte Oktober haben sich die nördlichen Randmeere sowie das westliche Alboranmeer bereits wieder unter 20 °C abgekühlt. Angenehme Badetemperaturen findet man noch an der türkischen Südküste, im östlichen und südlichen Mittelmeer.

Badesaison

„Badesaison" kann man die Zeit nennen, in der die Wassertemperatur mindestens 20 °C beträgt. Die in den Abbildungen dargestellten Temperaturen stammen von Schiffs-Messungen; sie gelten daher für die offene See und auch für das Wasser an Steilküsten. An flachen Sandstränden hingegen erwärmt es sich im Frühling rascher, kühlt sich aber im Herbst auch eher ab, so daß sich der Jahresgang um etwa einen halben Monat nach vorne verschiebt.

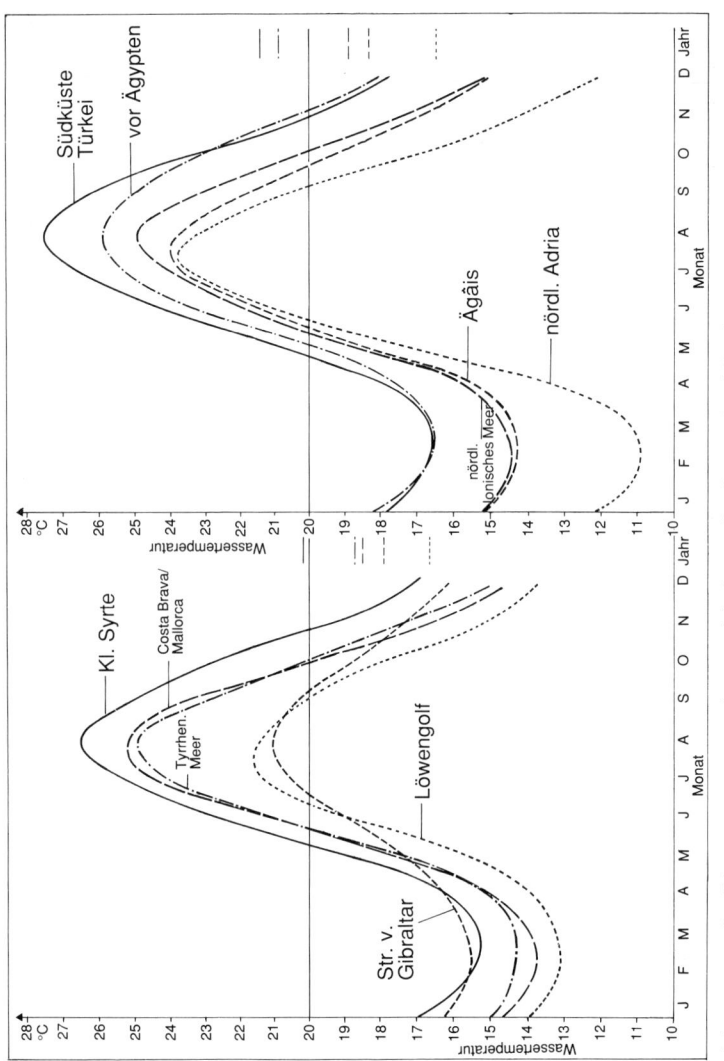

Jahresgang der Wassertemperatur in verschiedenen Regionen des Mittelmeeres.

19

Besondere Wettererscheinungen des Mittelmeeres

Kaltlufttiefs

Besonders im Herbst und Frühwinter, wenn das Mittelmeer noch warm ist, die Luft über dem eurasischen Kontinent sich schon stärker abgekühlt hat, kommt es zu teilweise kräftigen Kaltluftausbrüchen aufs Mittelmeer, bei denen die Luft auch in der Höhe sehr tiefe Temperaturen aufweist.

In den Folgetagen steigt dann zwar am Boden der Luftdruck, in der Höhe bleibt manchmal aber ein Tief, angefüllt mit kalter Luft, ein Kaltlufttief, auch „Kaltlufttropfen" genannt, erhalten. Am Boden ist dabei oft nur ein Trog, ein Gebiet mit nur geringen Luftdruckgegensätzen oder ein nur schwaches Tief zu entdecken (s. Wetterlage 29. 12. 1992, Seite 75). Das Wetter ist aber recht ungestüm: Durch den starken Temperaturunterschied zwischen warmem Meer und kalter höherer Atmosphäre wird die Luft labilisiert: Es kommt zu Schauern und Gewittern, teilweise mit Sturmböen und Hagel und sogar zu Tromben (s. nächster Abschnitt). Die Sicht ist gut. Zum Segeln ist diese wenig empfehlenswert, weil der Wind zwischen den Schauern und Gewittern schwach und umlaufend ist, in Gewittern aber stürmisch auffrischt und Wasserhosen eine schwere Gefahr darstellen.

Tromben

Aus Schauer- und Gewitterwolken ragen in einigen Fällen Tromben, das sind Schläuche oder Trichter nach unten heraus, in denen die Luft rasend schnell rotiert. Wenn sie die Erde erreichen, richten sie teilweise schwere Zerstörungen an. In Deutschland werden sie (infolge einer falschen Übersetzung des englischen Wortes „hose" = Schlauch) „Windhose", in Amerika „Tornados" genannt. Über See wirbeln sie Wasser als Gischt empor; dort heißen sie „Wasserhosen" [14]. Manchmal treten Gruppen von mehreren Tromben auf.

20

Gewitterwolke über See (Cumulonimbus). (Foto: Dr. F. Krügler)

Zwei Tromben („Wasserhosen"), die nach unten aus einem Cumulonimbus herausragen. (Foto: Dr. F. Krügler)

21

Sie entstehen immer dann, wenn sich infolge einer „Scherung" innerhalb der Luftströmung die gesamte Schauer- oder Gewitterwolke dreht (was man aber mit dem Auge kaum erkennen kann). Die verschiedenen Möglichkeiten der Scherung sind in der Abbildung dargestellt. Dort, wo auf der einen Seite ein stärkerer Wind weht als auf der anderen, werden die Wolkenteile schneller mitgerissen als auf der schwachwindigen Seite; die Wolke gerät in Rotation. Diese setzt sich teilweise nach unten durch, wobei der Radius der Drehbewegung immer kleiner und die Rotation immer schneller wird. Man beobachtet dann, wie ein schwarzer Trichter oder ein „Rüssel" aus der Wolkenuntergrenze herauswächst. Der „Rüssel" besteht übrigens aus Wolkentröpfchen. Darunter bildet sich – meist schon ehe der Rüssel die Wasseroberfläche erreicht – auf der Meeresoberfläche ein heller Fleck: aufgewirbelte Gischt. Eine voll entwickelte Wasserhose hat einen Durchmesser von 50 bis 300 Metern und zieht etwa mit der Geschwindigkeit der Wolke, teils langsam, teils schnell und vollführt dabei eine unregelmäßig „tanzende" Bewegung.

Auf jeden Fall sollte man sich fern von Tromben halten, sie stellen eine tödliche Gefahr dar: Am 11. September 1970 wurde in Venedig ein Fährboot von einer Trombe erfaßt, in die Luft gehoben und dann wieder aufs

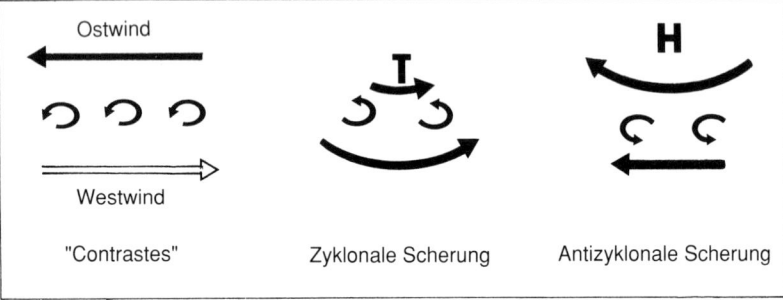

Erläuterung des Begriffes der Windscherung. Die Länge der Pfeile gibt die Windgeschwindigkeit an.

Wasser geschleudert, wobei 32 Menschen den Tod fanden. Wegen ihrer Seltenheit gibt es keine sehr verläßlichen Statistiken über ihre Häufigkeit in den verschiedenen Gebieten des Mittelmeeres. Relativ häufig gibt es sie wahrscheinlich im westlichen Mittelmeer bei den „Contrastes"-Winden. Am ehesten sind sie im Herbst (Oktober), am seltensten im Frühling und Frühsommer (April bis Juli) anzutreffen, wie die folgende Statistik von F. Rossmann [18] für das gesamte Mittelmeer zeigt:

Tabelle 2: Monatliche Anteile des Wasserhosen-Auftretens über dem gesamten Mittelmeer in Prozent

	Jan.	Feb.	März	Apr.	Mai	Juni	Juli	Aug.	Sep.	Okt.	Nov.	Dez.
Anteile	5	5	10	2	2	0	1	6	12	36	16	5

Staubstürme

Sand- oder Staubstürme kommen vor allem an den Wüstenküsten Nordafrikas und Kleinasiens vor, also etwa von der Kleinen Syrte bis zur israelischen Küste. Der Sand fällt dabei zuerst aus, so daß die stärksten Sichtrückgänge unter 1 km nur in Küstenorten und bis zu einigen Kilometern von der Küste entfernt bei ablandigem starkem Wind auftreten.
Der Staub kann allerdings bis in große Höhen aufgewirbelt werden und sogar bis Deutschland gelangen. Das ganze Mittelmeergebiet wird also von Saharastaub erreicht, wobei der Wind an der Meeresoberfläche gar nicht besonders stark sein muß. Für den Staubfall verantwortlich sind Schirokko-Wetterlagen (s. Seite 86).
Der Himmel nimmt eine gelbliche Farbe an, die Sonne scheint nur noch als Fleck hindurch, die Sicht geht zurück, beträgt aber – mit Ausnahme der genannten Küsten – noch mehrere Kilometer. An Deck sammelt sich eine gelbliche Staubschicht an. Nur wenige Daten über die Häufigkeit der Sichtrückgänge durch Staub liegen vor, die in der folgenden Tabelle zusammengestellt sind:

23

Tabelle 3: Tage mit Sichtrückgang durch Sand oder Staub

Station	Jan.	Feb.	März	Apr.	Mai	Juni	Juli	Aug.	Sep.	Okt.	Nov.	Dez.	Jahr
Zuara/Libyen	1,0	1,4	2,0	1,8	1,1	0,9	0,2	0,1*	0,4	1,0	0,5	1,1	11,5
Mersa Matruh	1,2	1,0	0,9	0,4	0,4	0,1	0,1	0,0*	0,1	0,4	0,9	1,7	7,2
Alexandria	0,3	0,5	0,4	0,3	0,3	0,1	0,0*	0,0*	0,1	0,1	0,0	0,3	2,4
Port Said	0,3	0,2	0,4	0,3	0,1	0,0	0,0	0,0	0,0	0,0	0,2	0,5	2,0
Beirut	0,4	1,3	1,2	0,6	0,4	0,2	0,4	0,0*	0,0*	0,2	0,0	0,0	4,7

Mersa Matruh liegt an der ägyptischen Küste auf 27,2° E.

Für die Häufigkeit von Sand- und Staubstürmen in Küstenorten ist nicht nur das Auftreten starken ablandigen Windes verantwortlich, sondern auch die Art des Untergrundes: Bei felsigem oder kiesigem Boden sind Sand- und Staubstürme seltener als bei feinem Sand.

Trübung durch Saharastaub: Der Himmel färbt sich gelb oder bräunlich. (Foto: Dr. F. Krügler)

Luftspiegelungen

Nicht nur an der afrikanischen Küste gibt es die als „Fata Morgana" bekannten Luftspiegelungen, sondern im gesamten Mittelmeer und auch in anderen Weltmeeren. Luftspiegelungen treten besonders an stark aufgeheizten Küsten bei relativ kühlem Wasser auf. Bei der terrestrischen Navigation ergeben sich Schwierigkeiten beim Ermitteln von Abständen, astronomische Navigation wird nahezu unmöglich.

Die großen Temperaturunterschiede zwischen See und Luft verursachen oft eine Ablenkung des normalerweise geraden Lichtstrahles infolge Beugung oder Brechung. Derartig bedingte Luftspiegelungen heißen bei den Arabern Libyens Serav. An sehr warmen Tagen ist bei „superior mirages" der Horizont angehoben – weitentfernte, normalerweise unter der Kimm liegende Objekte werden sichtbar – sofern die warme Luft von unten her, etwa von der kühleren See, stark abgekühlt wird, jedoch ohne daß der Taupunkt unterschritten wird (sonst Nebelbildung!).

Die umgekehrte Erscheinung – „inferior mirage" –, nämlich eine vergrößerte Kimmtiefe (Senkung des Horizontes), kann vor der nordafrikanischen Küste, bevorzugt im zentralen und östlichen Mittelmeer, frühmorgens kurzzeitig auftreten. Dann wird die nur schwach bewegte kühle Luft, die mit der nächtlichen Landbrise auf See hinausgelangt ist, vom wärmeren Meer allmählich erwärmt, während darüber noch kühlere Luft verbleibt. Es erscheinen dann die Objekte näher und klarer, manchmal verschwindet dabei ihr unterster Teil unter dem Horizont. Diese Erscheinung ist aber zeitlich begrenzt, da die Luftschichtung instabil ist und durch turbulente vertikale Umschichtung zerstört wird.

Die typische **Fata Morgana** der Wüste – eine wahrscheinlich aus mehreren Formen gewöhnlicher Luftspiegelungen zusammengesetzte Erscheinung, bei der außerordentlich weit entfernte Gegenstände unter Umständen mehrfach zu sehen sind – kann am ehesten noch vor der libyschen und ägyptischen Küste wahrgenommen werden.

Abgesehen von diesen Luftspiegelungen muß bei warmem Wetter in den nordafrikanischen Gewässern stets damit gerechnet werden, daß die

Kimmtiefe durch Strahlenbrechung oder -beugung verändert ist. Hierin liegt die Gefahr für die Navigation. Eine zerhackte, eingekerbte oder irgendwie gebrochene Kimm ist ein sicheres Anzeichen für Strahlenbrechung und wahrscheinlich auch für veränderte Kimmtiefe. Aber auch wenn solche deutlichen Anzeichen fehlen, soll man in diesen Gewässern seinen Kimmabständen nicht zu sehr trauen; in den meisten Fällen ist die Kimm nämlich gehoben. Die Kimmabstände werden dann zu klein gemessen.

Auch Abstandsschätzungen nach Landmarken – besonders nach Leuchtfeuern, wenn sie an der Kimm aufzutauchen scheinen – können wegen der durch Luftspiegelungen veränderten Kimmtiefe zu großen Irrtümern führen. Man muß bei Abstandsschätzungen außerordentlich vorsichtig sein, wenn man ein Leuchtfeuer nicht als Punkt, sondern verzerrt, meistens als senkrechten Strich sieht.

2 Einflüsse der Küste und des Hinterlandes auf den Wind

Leezyklogenese

Als „Leezyklogenese" bezeichnet man die Bildung von Tiefdruckgebieten in Lee von Gebirgen.

Wenn der Wind ein Gebirge überqueren muß, bildet sich infolge Staus davor ein Hochkeil, im Lee des Gebirges aber ein Tiefdrucktrog (Tiefdruckrinne) oder sogar ein abgeschlossenes Tief. Solche Vorgänge beobachtet man häufig bei Westwind an der grönländischen Südostküste, bei Nordwestwind im Skagerrak und bei Nordwind über dem Golf von Genua sowie westlich von Zypern. Bei kräftigem Südwind entsteht oder verstärkt sich bisweilen über dem westlichen Mittelmeer ein Tief infolge der Leewirkung des Atlas-Gebirges.

Die Leezyklogenese über dem Golf von Genua wird im Winter von thermischen Gegensätzen unterstützt: An der Westflanke des Tiefs strömt nämlich Kaltluft aufs westliche Mittelmeer, während auf der Ostseite wesentlich wärmere Mittelmeerluft angesaugt und über Italien und der Adria nordwärts transportiert wird. Dadurch verstärken sich die Temperaturgegensätze und aus einer rein dynamisch entstandenen Leezyklone wird ein „normales" Tief der Westwindzone mit Warm- und Kaltfront.

Leezyklonen beeinflussen natürlich das Windfeld. Auf ihrer Rückseite (Westseite) verstärkt sich der Wind, vor allem, wenn von Westen her ein Hochdruckgebiet nachrückt. Dies ist die Ursache für die verhältnismäßig große Häufigkeit und teilweise lange Andauer des Mistral im nordwestlichen Mittelmeer (s. hierzu Karten der Sturmhäufigkeiten, Seiten 45–50).

Im Bereich des Tiefzentrums ist der Wind schwach, auf seiner Ostseite weht er mäßig bis stark aus Südost bis Ost; ohne das Leetief wäre dort ein mäßiger Nordwestwind zu erwarten.
Wetter-Beispiele für Leezyklogenese finden sich im Kapitel 3.

Auswirkungen gebirgiger Küsten und Inseln auf den Wind

Küsteneffekte. Die Winde unmittelbar an den Küsten unterscheiden sich meistens erheblich von denen weiter draußen über See. Stau und Lee können die Luftströmung auch über See verstärken beziehungsweise abschwächen sowie ihr erhebliche Richtungsänderungen aufzwingen. Durch Hindernisse kann eine sonst gleichmäßige Luftströmung überraschend böig werden.

Kapeffekt. Ähnlich wie bei den durch die Wetterlage bedingten Contrastes in der Straße von Gibraltar und im Alborangebiet (s. Kapitel 3) kann auch an anderen Stellen die Küstengestalt räumlich begrenzte Contrastes in der Nähe von vorspringenden Kaps auslösen, als Folge von Leewirbeln der Luft in Analogie zu den Meeresströmungen. Bei Winden, die annähernd küstenparallel wehen, muß man die Möglichkeit rascher Windrichtungsänderungen beim Umfahren von Kaps beachten (s. Abbildungen Seite 29).

Steilküsteneffekt. Eine besondere Sturmgefährdung in Küstennähe kann sich dadurch ergeben, daß an Gebirgsküsten ein Stromstrich verstärkter, etwa küstenparalleler Winde entsteht. In der Abbildung ist das Zustandekommen dieses Stromstriches etwas übertrieben schematisch dargestellt: Wird eine Gebirgsküste von einem starken Wind leicht auflandig angeblasen, dann bewirkt der Stau am Gebirge eine Druckerhöhung sowie ein verstärktes Druckgefälle parallel zur Küste. Dies führt dort zu einem Stromstrich mit besonders heftigen Winden.

Entsprechend kommt es im Seegang zur Überlagerung der auflandigen See mit ablandigen Wellenzügen vor der Küste. Stärkeres Abhalten von

Kap mit Steilküste (Mallorca).
(Foto: Dr. F. Krügler)

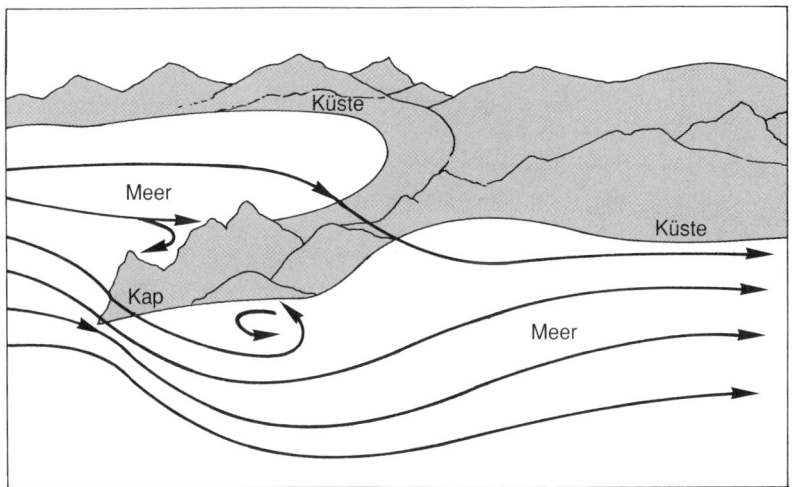

Umströmung eines Kaps.

29

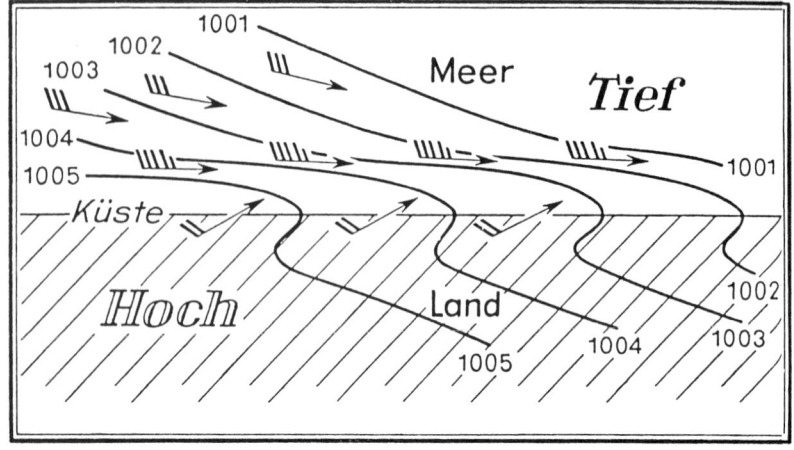

Windverstärkung vor einer Steilküste (schematisch).

der Küste, das aus dem Stromstrich herausführt, erscheint bei solchen Lagen empfehlenswert.

Düseneffekt. Der Düseneffekt entspricht etwa einem doppelten Kapeffekt beziehungsweise ist ein verstärkter Steilküsteneffekt: Die Strömung wird in der Düse eingeschnürt, die Windgeschwindigkeit wesentlich erhöht. Nach dem Passieren der Düse fächert die Strömung auf (s. Abbildung). Beispiele für solche Düseneffekte bieten die Straße von Gibraltar, die Straße von Bonifacio und die Meerenge zwischen Kythira und Kreta.

Zu einer Art Düseneffekt kommt es auch, wenn sich ein Tiefausläufer (z. B. eine Okklusion) einer Steilküste nähert. Zwischen Front und Steilküste wird die Luftströmung immer mehr eingeengt und dadurch immer schneller, bis die Front die Küste erreicht (s. Abbildung). Das klassische Beispiel ist die Südküste Islands; aber auch in der Adria (Südoststurm) oder vor der algerischen Küste (Weststurm) muß damit gerechnet werden.

An gebirgigen Inseln kommt es zu Kap- und Steilküsteneffekten. Je nach

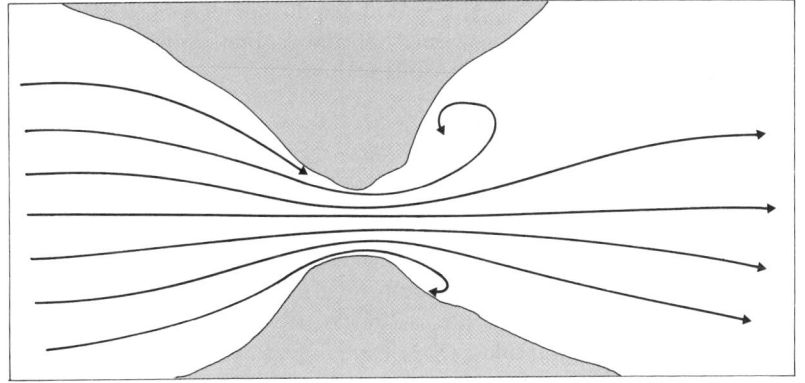

Düseneffekt in einer Meerenge.

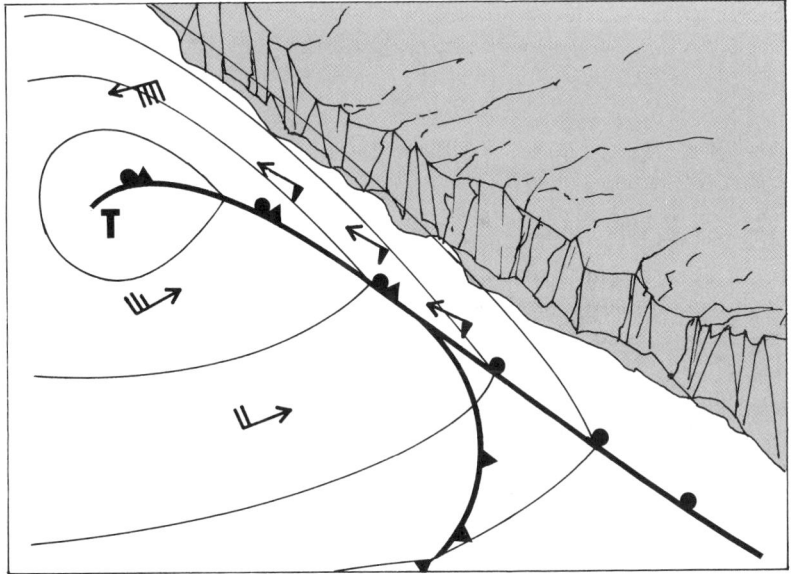

Düseneffekt zwischen einer Front, beispielsweise einer Okklusion, und einer Steilküste.

31

Lage der Zugbahn des Tiefs sind unterschiedliche Teile der Inselküsten durch Düseneffekte oder Leewirbel betroffen. Auch boraähnliche Fallwinde können dort auftreten.

Thermische Zirkulationen

Berg- und Talwind. An gebirgigen Küsten tritt zusätzlich zum Land-Seewind ein System von Berg- und Talwinden auf:
Sonnenzugewandte Hänge erwärmen sich am Tage schneller als die Täler und Schattenhänge. Daher steigt die Luft an den Sonnenhängen auf und in vielen Fällen bilden sich Cumuluswolken über den Gipfeln, über den Schattenhängen sinkt die Luft ab. Diese talaufwärts gerichtete Strömung heißt Talwind.

Durch aufsteigende Luft an den Sonnenhängen bilden sich Cumulus-Wolken, hier über den Bergen von Monaco. (Foto: Dr. F. Krügler)

Nachts kehrt sich auch hier die Zirkulation um: Die Hänge kühlen schneller ab, die Täler bleiben länger warm, so daß die Luft über den Tälern aufsteigt, an den Hängen aber absinkt (Bergwind).

An küstennahen Gebirgen wie vor Südspanien, Marokko und Algerien, dem ehemaligen Jugoslawien und Griechenland sowie besonders auch der Türkei wird der tägliche Windwechsel durch die teilweise kräftigen Bergwinde in der Regel wirkungsvoll unterstützt, wenn der in der Nacht talabwärts wehende Bergwind Anschluß an den ebenfalls während der zweiten Nachthälfte zur See strebenden Landwind findet, der dann häufig heftige Fallböen aufweist.

Tagsüber erwärmt sich das Land stärker als das Meer, so daß sich über Inseln und dem Festland Cumulus-Wolken bilden können, während die See frei davon ist. Schon im Altertum dienten sie der Navigation. (Foto: Dr. F. Krügler)

Orographische und thermische Einflüsse

Bora. Wenn im Winter das Festland sehr kalt, teilweise sogar schneebedeckt, das Meer aber verhältnismäßig warm ist, gewinnt der nächtliche Landwind an Stärke. An einer Steilküste stürzen diese kalten Luftmassen, gleichsam wie ein Wasserfall, durch bevorzugte Düsen und Täler hinab. Obwohl sie sich dabei um 1 °C pro 100 m Höhendifferenz erwärmen, kommen sie immer noch kalt an der Küste an (s. Abbildung). Nicht selten erreicht der Wind vor solchen Düsen in Böen Sturm- oder sogar Orkanstärke. Dieser Wind kommt bevorzugt an der kroatischen Küste vor und trägt von dorther den Namen Bora.

Besonders heftig wird sie, wenn auch noch der großräumige, von Hoch- und Tiefdruckgebieten erzeugte, synoptische Wind in die gleiche Richtung weht und die Bora unterstützt. Ausführlich ist die Bora im Kapitel 3 anhand von Wetterlagen beschrieben.

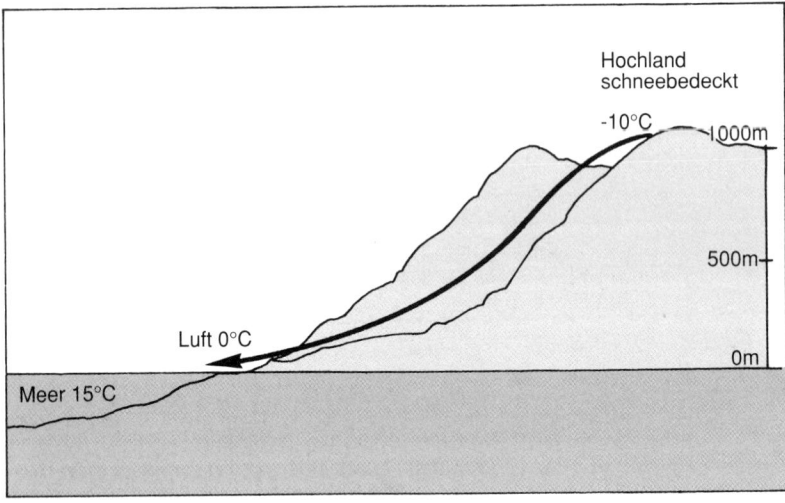

Entstehen der Bora (Erläuterung s. Text).

Stau und Föhn. Auch im Mittelmeer kann es an der Luvseite von Gebirgen zu Stau-Effekten und in Lee zu Föhn kommen. Nehmen wir einmal an, die Luftdruckverteilung zeige hohen Luftdruck über Nordwesteuropa, tiefen über dem Golf von Genua, Norditalien oder der nördlichen Adria, so daß dem Barischen Windgesetz entsprechend Nordwind herrschen muß. Die Lufttemperatur in der Nähe der Erdoberfläche sei 18°C, die relative Feuchte 73%. Die Luft muß nun die Alpen überqueren (s. Abbildung).

Sie beginnt ihren Aufstieg in etwa 500 m Höhe in Bayern und kommt wegen der Temperaturabnahme von 1°C pro 100 m Aufstieg mit 13°C in 1000 m Höhe an. Dabei hat sich infolge dieses Temperaturrückganges die relative Feuchte auf 100% erhöht. Wenn die Luft weiter steigt, wird Wasserdampf in flüssiges Wasser überführt, wobei Wärme frei wird, wie umgekehrt zur Verdampfung des Wassers Wärme erforderlich ist. Diese freiwerdende Wärme verhindert ein rasches Weitersinken der Temperatur. Durchschnittlich kann man bei gesättigter Luft nur noch mit einer Temperaturabnahme von 0,6°C pro 100 m Hebung rechnen. Die Luft

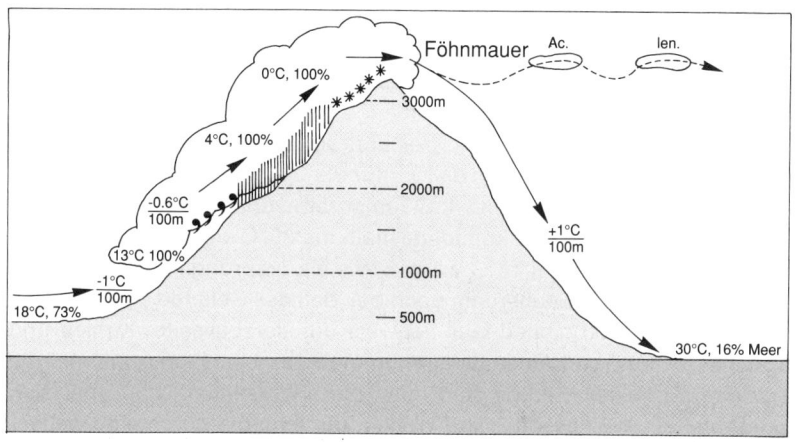

Stau (links) und Föhn (rechts) – (Erläuterung s. Text).

Stau an einer gebirgigen Küste bei auflandigem Wind. (Foto: Dr. F. Krügler)

kommt dementsprechend gesättigt feucht mit 0 °C über dem Gipfel des Berges in 3300 m Höhe an. Da die Luft bei 0 °C nur noch 5 Gramm Wasser pro Kubikmeter enthalten kann, ist inzwischen auf der Luvseite des Gebirges eine entsprechende Wassermenge als Niederschlag ausgefallen. Bei dem nun folgenden Sinken der Luft auf der Leeseite wird die Luft schnell wieder ungesättigt, so daß wir für die Gesamthöhenänderung von etwa 3000 m beim Abstieg mit 1 °C Temperaturzunahme pro 100 m Höhe rechnen müssen. Die Luft kommt deshalb mit 30 °C am Fuß des Gebirges auf der Leeseite an, um 12 °C wärmer, als sie ursprünglich gewesen ist. Zur Erwärmung trägt außerdem noch bei, daß das Gelände an der Mittelmeerküste um 500 m niedriger liegt als auf der Luvseite. Kühles und wolkiges Wetter mit Niederschlägen infolge des Staus kennzeichnet die Luvseite. Über den Bergen sieht man die „Föhnmauer" und über sich einige mittelhohe linsenförmige Wolken (Ac len), die durch eine wellenförmige Höhenströmung verursacht werden.

Stehende Wogenwolken (Föhnwolken), verursacht durch eine wellenförmige Höhenströmung hinter einem Gebirge. (Foto: Dr. F. Krügler)

Solche Stau- und Föhn-Wetterlagen gibt es überall dort, wo hohe Gebirge quer zum Wind stehen, wie z. B. das norwegische Gebirge bei Nordwestwind, aber auch Stau bei Westwind an den Westküsten der Inseln Korsika und Sardinien, Föhn über ihren Ostküsten, ebenso Stau bei Westsüdwestwind an den Westhängen des Apennin, Föhn östlich davon. Stau tritt bei Südwestwind an der kroatischen Küste (Dinarische Alpen) und bei Nordwind an der algerischen Küste auf, Föhn hingegen bei Nordwind in der nördlichen Ägäis. Auch die Berge Kretas und Zyperns sind hoch genug, um im Winter, wenn die Luft genügend Feuchtigkeit enthält, bei Nord- und Südwind Stau und Föhn zu erzeugen. Der Ätna ist bekannt für seine häufigen und hübschen Föhnwolken.

3 Windsysteme und Seegang des Mittelmeeres

Vorherrschende Windrichtungen

Zu allen Jahreszeiten weht der Wind im gesamten Mittelmeer überwiegend aus Nordwest bis Nord. Ausnahmen sind im allgemeinen durch Küstenverlauf und Gebirge verursacht und werden im Folgenden eingehender beschrieben.

Das wechselhafte Wetter in den Wintermonaten bedingt eine entsprechende Unbeständigkeit des Windes, so daß dann neben den West- bis Nordwinden auch andere Richtungen vorkommen. Die Windrichtung in einem Gebiet ist davon abhängig, wie dieses zu der mittleren Position der Tiefdruckzentren liegt. An den Küsten bewirkt der höhere Luftdruck über dem Kontinent, daß der Wind meist ablandig ist.

Vorherrschende Windrichtungen sind, zusammen mit den mittleren Windgeschwindigkeiten, in den folgenden Abbildungen dargestellt, die im Seewetteramt des Deutschen Wetterdienstes erstellt und in [2] veröffentlicht worden sind.

Im Sommer wird dieses Wechselspiel verschiedener Winde im östlichen Teil des Mittelmeeres von einem Regime beständiger nordwestlicher, über der Ägäis nördlicher, Winde abgelöst. Dann nämlich strömen die Luftmassen aus dem Hochkeil über Ungarn und der Balkan-Halbinsel in das über dem Persischen Golf gelegene Monsuntief. Diese Winde waren schon im Altertum unter dem Namen **Etesien** bekannt, auf türkisch heißen sie „Meltemi". Deutlich erkennt man auf der Juli-Karte zwei Äste der Etesien: Der östliche hat seinen Ursprung im Nordteil des Ägäischen Meeres. Die Winde wehen dort aus NNE; im mittleren Teil der Ägäis drehen sie auf N, biegen bei Rhodos auf NW ein, um dann im östlichen

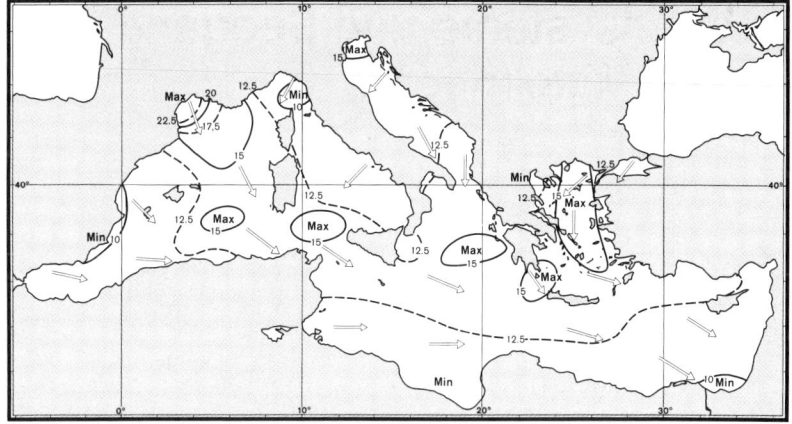

Mittlere Windgeschwindigkeiten in kn und mittlere Windrichtungen im Januar.

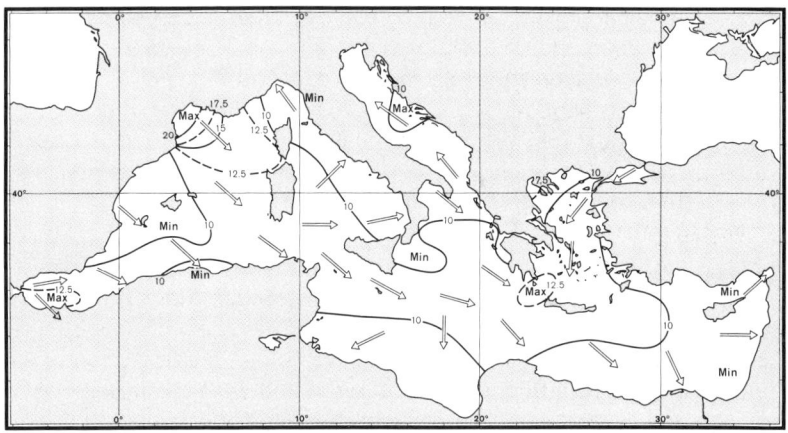

Mittlere Windgeschwindigkeiten in kn und mittlere Windrichtungen im April.

Mittelmeer auszulaufen, wobei sie dort aus westlichen bis südwestlichen Richtungen kommen. Der zweite Ast formiert sich im Südteil der Adria, strömt an der Westküste Griechenlands vorbei und ist vor der afrikani-

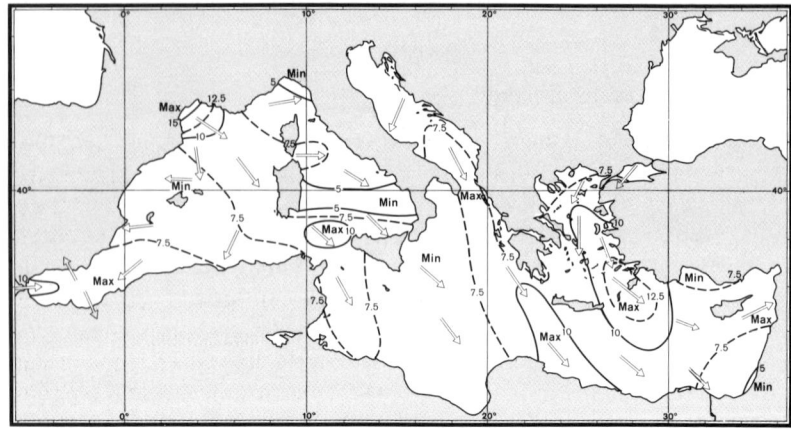

Mittlere Windgeschwindigkeiten in kn und mittlere Windrichtungen im Juli.

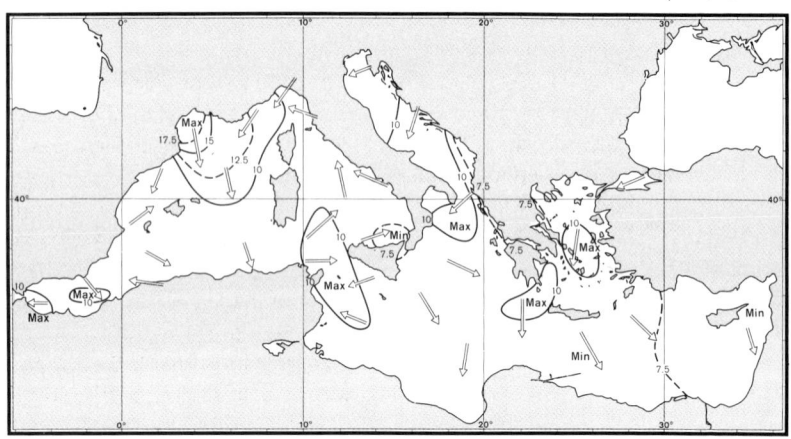

Mittlere Windgeschwindigkeiten in kn und mittlere Windrichtungen im Oktober.

schen Küste zwischen 23° und 27° östlicher Länge am besten ausgeprägt.
Ein Auftreten von Nordwestwinden ist in der östlichen Hälfte des Mittelmeeres auch im Winter recht häufig.

Windstärke

Mittlere Windgeschwindigkeit

Die mittlere Windgeschwindigkeit ist im Winter größer als im Sommer. Während im Januar über das gesamte Meer gemittelt etwa 12 Knoten (kn) (4 Bft) auftreten, ist sie mit ungefähr 8 kn (3 Bft) im Juli nur etwa 2/3 so groß. Dabei ähnelt das Frühjahr (s. Abbildung April) mehr dem Winter, der Herbst (Abbildung Oktober) mehr dem Sommer. Der im Frühling größere Windreichtum als im Herbst hängt mit der Entstehung wärmerer Luftmassen über ausgedehnten Gebieten Nordafrikas zusammen. Dadurch sind bei Polarlufteinbrüchen sehr große Temperaturgegensätze und damit die Bedingungen für lebhafte Tiefdruckentwicklungen gegeben. Im September, wenn die Etesien schon etwas abgeflaut sind und keine großen Temperaturgegensätze zwischen verschiedenen Luftmassen sowie zwischen Meer und Land mehr vorhanden sind, ist die windschwächste Zeit des Jahres.

Insgesamt läßt sich das Mittelmeerklima bezüglich der Windstärke in zwei Gebiete einteilen: Im Winter und Frühling sind die südlichen Teile windschwächer als die nördlichen; im Sommer hat der östliche Teil stärkere Winde (Etesien) als die Mitte und der Westen.

Die weitaus stärksten Winde wehen im Golfe du Lion. Hier treten häufig starke und stürmische Winde auf, so daß dieses Seegebiet völlig aus dem Rahmen des übrigen Mittelmeeres fällt (s. vorgehende Abbildungen). Das ganze Jahr über weht hier ein mittlerer Wind, der stärker ist als 14 kn; im Februar ist er in Teilen des Golfe du Lion stärker als 23 kn (6 Bft).

Von hier aus erstreckt sich eine Zunge stärkeren Windes nach Südosten. Ein zweites Maximum liegt im Seegebiet zwischen Sardinien, Sizilien und Tunesien. Auch im Ionischen Meer ist der Wind etwas stärker als über den umliegenden Seegebieten. Neben dem Golfe du Lion sind die stärksten Winde im Ägäischen Meer anzutreffen. Im Winter erreichen sie in dessen nördlichem Teil mittlere Geschwindigkeiten von 18 kn (5 Bft), in den übrigen Jahreszeiten treten immerhin 12–14 kn auf. Zwischen Kreta und dem Peloponnes kommt es bei Nordostlagen infolge einer Düsenwir-

kung zu erheblicher Windverstärkung. Dieser Effekt verursacht dort
außer im Sommer ein Maximum der mittleren Windgeschwindigkeit. Der
östliche Ast der Etesien erreicht südlich von Rhodos mit knapp 15 kn
seine größte mittlere Geschwindigkeit, der westliche mit etwa 11 kn vor
der afrikanischen Küste.
Die Abbildung zeigt uns den Jahresgang der Windgeschwindigkeit in
verschiedenen Teilen des Mittelmeeres. Der stärkste Wind ist im Löwengolf, der schwächste vor Südwest-Italien anzutreffen. Generell ist der
Wind im Winter am stärksten, im Sommer schwächer. Im Bereich der

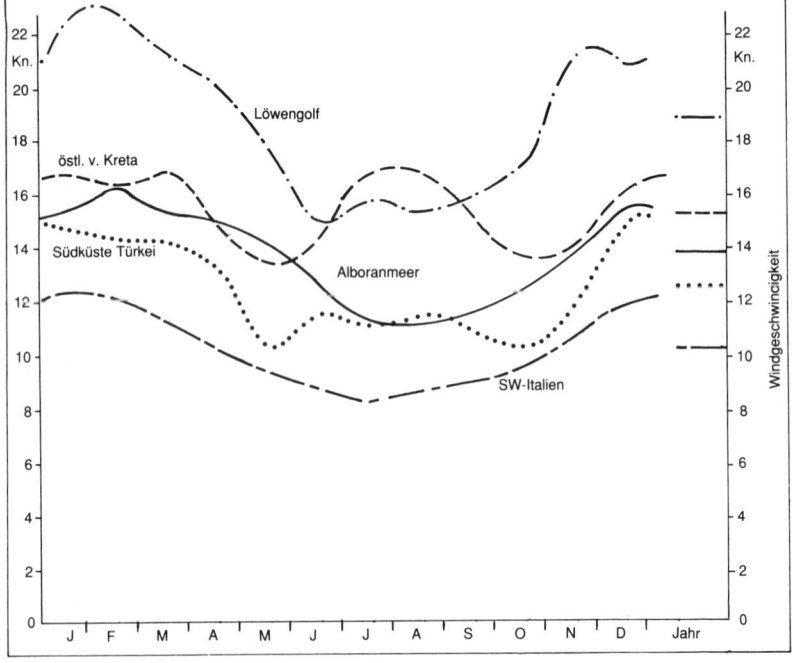

Jahresgang der Windgeschwindigkeit in verschiedenen Teilen des Mittelmeers.

Etesien (Seegebiet östlich von Kreta) zeigt sich aber im Sommer ein zweites Maximum, das auch noch vor der türkischen Südküste angedeutet ist. Im östlichen Mittelmeer sind daher Mai und Oktober die windschwächsten Monate.

Schwachwind und Flaute (Windstärken 0–3)

Alle Windstärken von 3 Bft und weniger werden als **Schwachwind** bezeichnet. Er ist mit mehr als 50% aller Windbeobachtungen im Mittelmeer vorherrschend, im Sommer bis zu 70%. Eine geringere Häufigkeit als 50% hat er im Winter nur in den Seegebieten, die im Januar (Abbildung Seite 39) eine mittlere Windgeschwindigkeit von mehr als 12,5 kn auf-

Die Sonne „zieht Wasser", sie scheint durch Lücken einer Stratocumulus-Schicht hindurch. Ihre Strahlen werden in der feuchten unteren Luftschicht sichtbar. Entgegen weitverbreiteter Ansicht ist dies kein Anzeichen für eine Wetterverschlechterung. (Foto: Dr. F. Krügler)

weisen. Im Sommer fallen die Gebiete der Etesien mit zum Teil weniger als 40% Schwachwind auf (im August im Seegebiet um Rhodos).

Starkwind und Sturm

Bei allen Ausführungen über Starkwind und Sturm handelt es sich nicht um einzelne Böen, sondern um Windstärken, die mindestens 10 Minuten lang angedauert haben.

Die folgenden Abbildungen zeigen die monatlichen Häufigkeiten von Starkwind und Sturm sowie die vorherrschende Richtung der Stürme (Pfeile fliegen mit dem Wind). Die Sturmhäufigkeiten in Prozent sind als Linien, die Starkwindhäufigkeiten als fettgedruckte Zahlenwerte dargestellt. Bei all den vielen Winden, die im Folgenden beschrieben werden, sollte man sich stets an diese Karten halten, um deren Bedeutung richtig einschätzen zu können.

Auf allen Karten fällt die große Häufigkeit des Mistral im Löwengolf und im nordwestlichen Mittelmeer auf. Dies ist das bedeutendste und gefährlichste Windsystem des Mittelmeeres. Im Februar werden im Löwengolf zu fast der Hälfte aller Fälle (44,5%) Windstärken von 6 Bft und mehr beobachtet.

Als besonders sturmarm (und arm an Starkwind) erweist sich das östliche Mittelmeer, vor allem die ägyptische Küste und die Südküste der Türkei. Die sturmreichsten Monate sind Januar und Februar, am sturmärmsten die Zeit von Mai bis August.

Schwere Stürme gibt es mit Ausnahme des Golfe du Lion (Löwengolf) fast nur im Winter. Mit knapp 1% Häufigkeit kommen die meisten davon im Februar in einer Zone vom nordwestlichen Mittelmeer bis nach Malta vor. Mehr sind es in der nördlichsten Adria (Bora) und im Löwengolf.

Orkan. Bei schwerem Sturm gibt es immer auch Orkanböen. Im Mittel wird eine so hohe Windgeschwindigkeit nur selten erreicht, am ehesten noch im Löwengolf. In den Monaten November bis April sind dort Orkane mit 0,1 bis 0,3% Häufigkeit zu erwarten, auch im Mai und Oktober treten vereinzelt welche auf; die restliche Zeit ist frei davon, jedoch kann es dort auch im Sommer zu Orkanböen kommen.

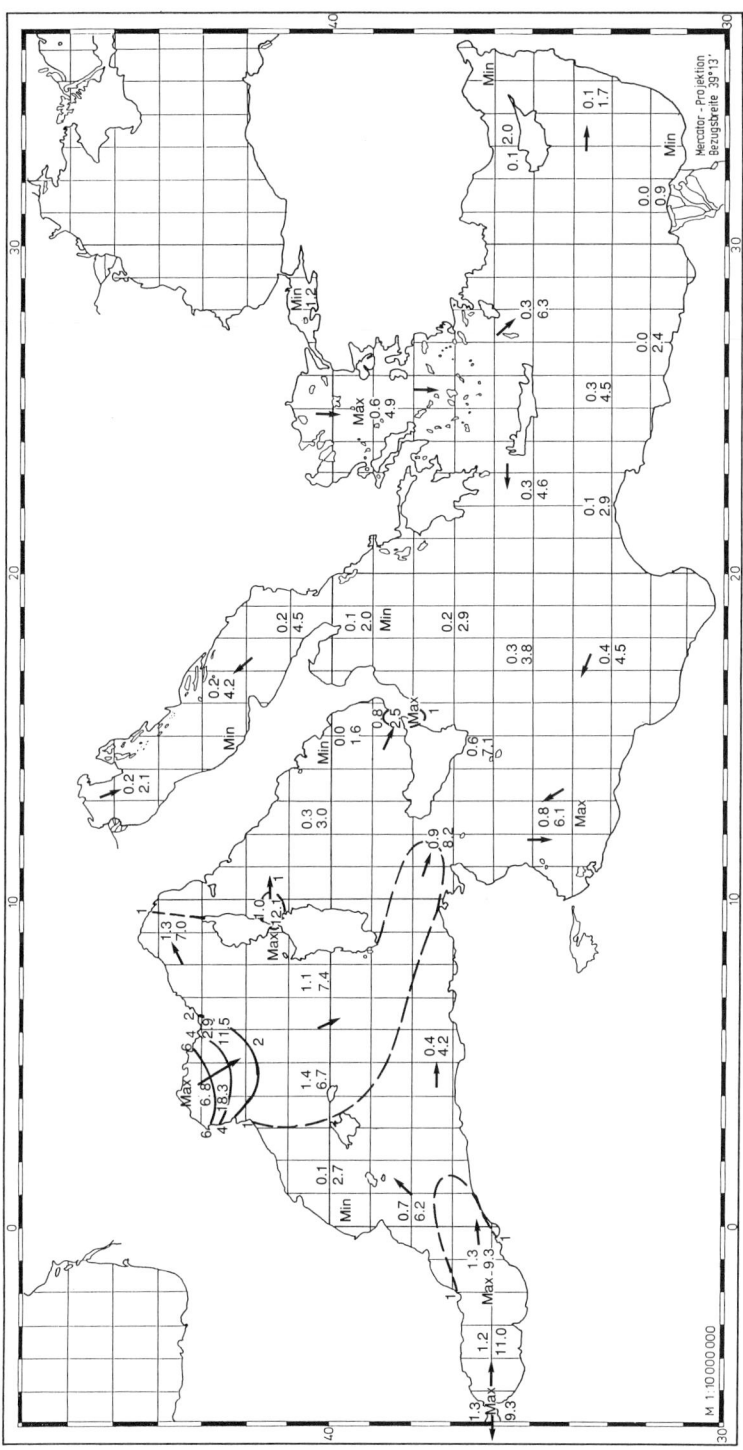

Häufigkeit von Starkwind (6–7 Bft, untere Zahlen) und Sturm ($\geq$ 8 Bft, obere Zahlen und Linien) und vorherrschende Richtungen der Stürme (Pfeile) im Mai.

Häufigkeit von Starkwind und Sturm im Juni.

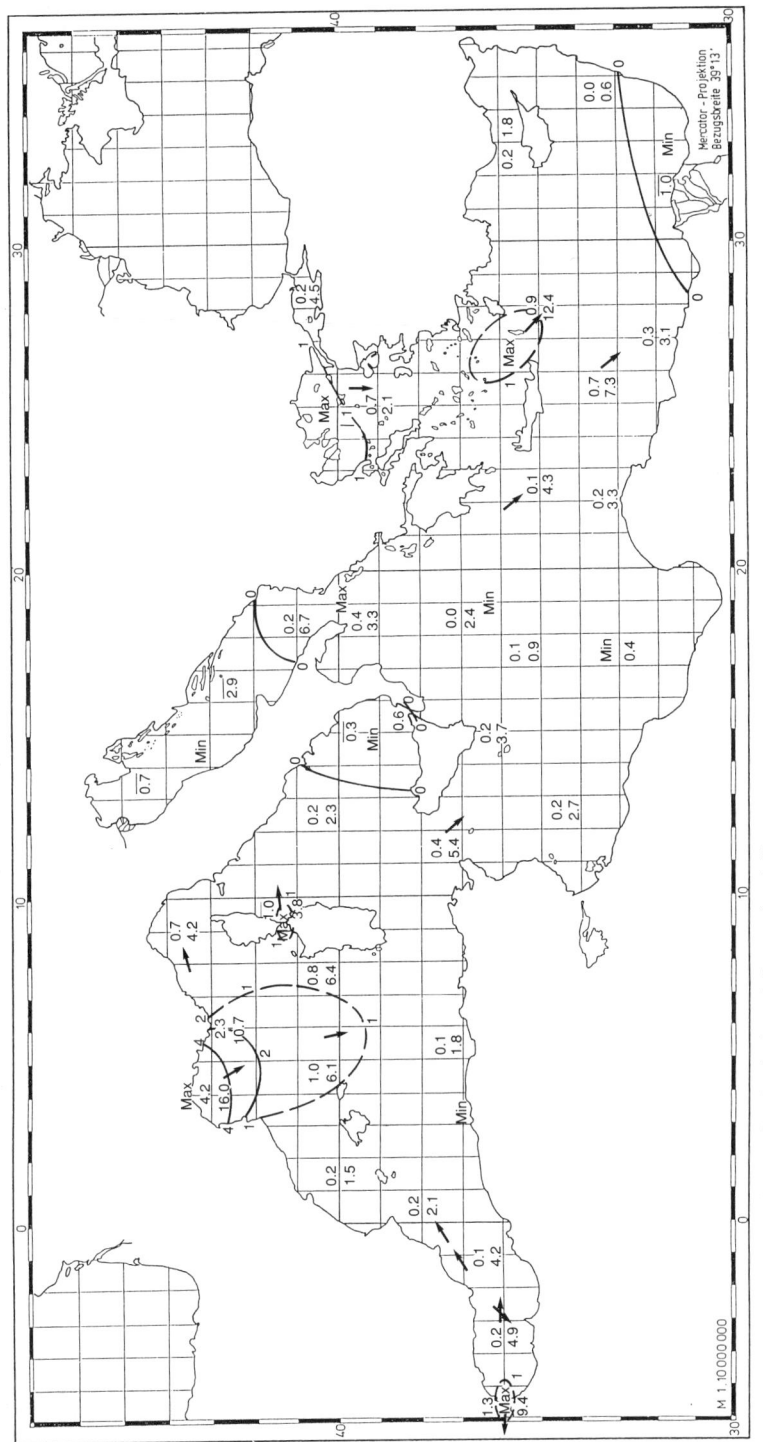

Häufigkeit von Starkwind und Sturm im Juli.

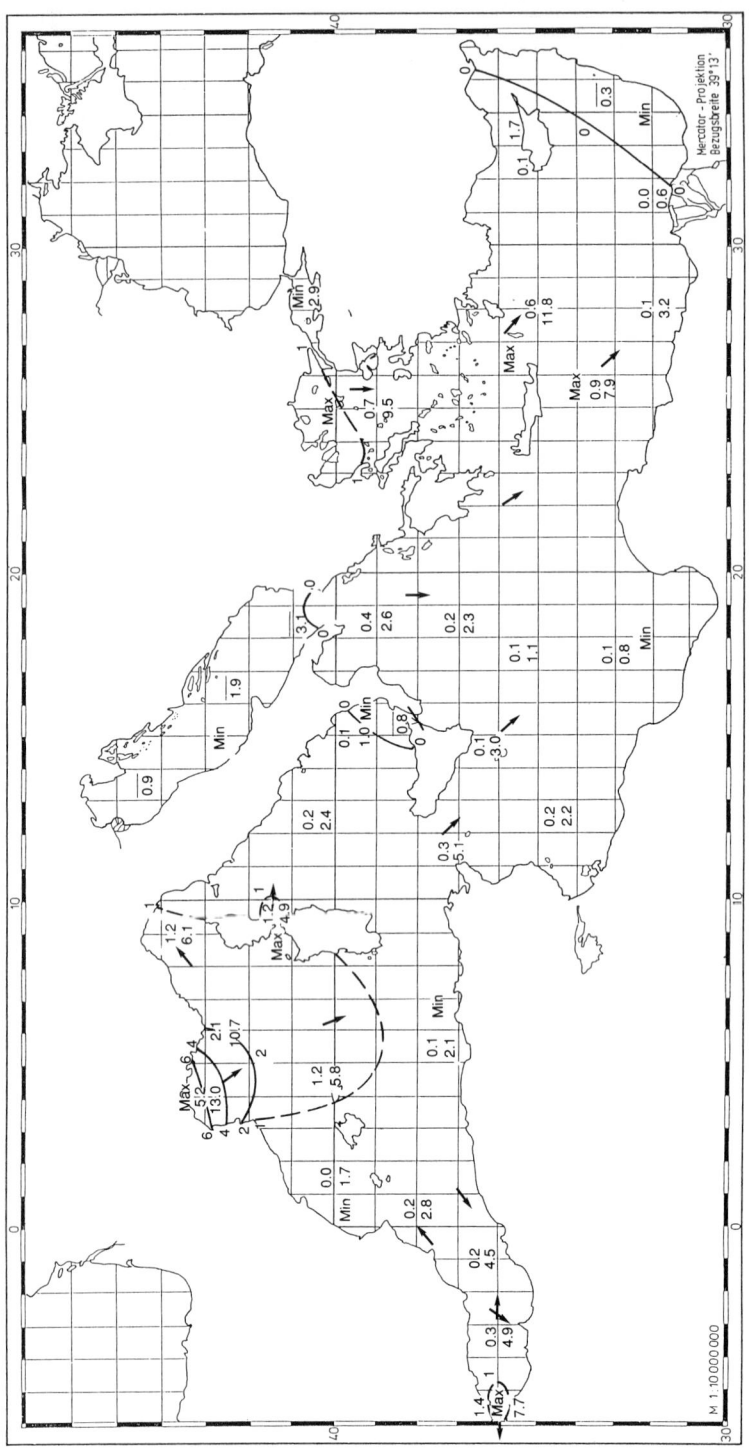

Häufigkeit von Starkwind und Sturm im August.

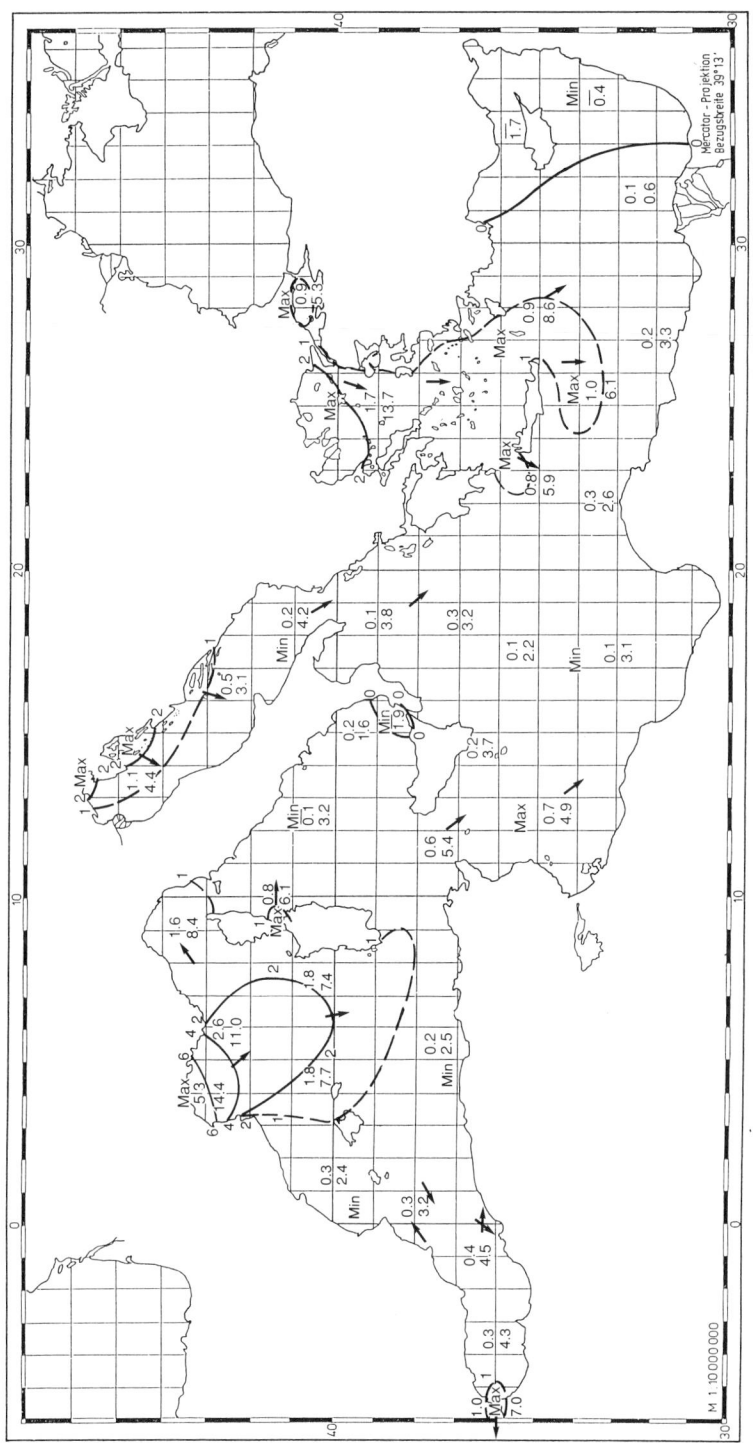

Häufigkeit von Starkwind und Sturm im September.

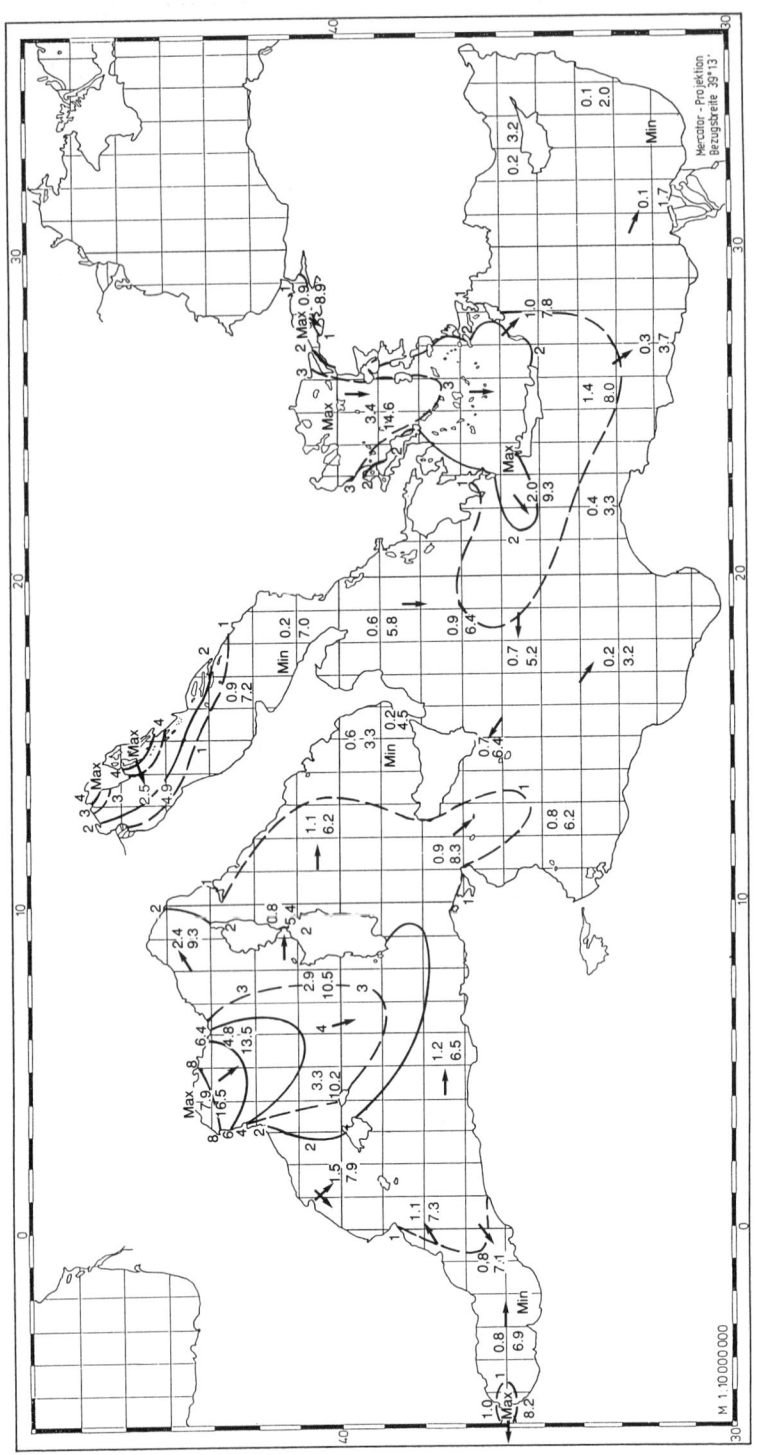

Häufigkeit von Starkwind und Sturm im Oktober.

M 1 : 10 000 000

Mercator - Projektion
Bezugsbreite 39°13'

Klippenbrandung bei Sturm: Haushohe explosionsartige Spritzwasserfontänen.
(Foto: Dr. F. Krügler)

In manchen Seegebieten des Mittelmeeres kommen Orkane praktisch gar nicht vor, wie beispielsweise im östlichen Mittelmeer; auch die Adria ist – mit Ausnahme der Bora-Einfallstraßen – nahezu orkanfrei, das gleiche gilt für die Südwestküste Italiens. Die übrigen Teile des Mittelmeeres bekommen nur im Winterhalbjahr (Oktober bis April) ganz vereinzelt mal einen Orkan.

Die Namen der Winde

Die gebirgige Natur der umgebenden Länder auf fast allen Seiten, die ausgedehnten Wüstengebiete im Süden und Südosten, die zahlreichen Inseln, Buchten und Nebenmeere an vielen Teilen der Küsten führen zum Auftreten einer großen Zahl regionaler und lokaler Winde mit besonderen Namen und Eigenschaften. Orographie und Verlauf der Küstenlinien bestimmen diese Winde. Dazu müssen noch überall die Land- und Seewinde beachtet werden, wie auch in einzelnen Fällen die Berg- und Talwinde eine Rolle spielen. Winde, die von gleichen oder ähnlichen Wettersituationen hervorgerufen werden, haben in den verschiedenen Ländern unterschiedliche Namen [16], [17]. So ergibt sich die große Vielfalt der Winde und deren Bezeichnungen (s. Kapitel 6). Man kann diese aber in 4 Arten einteilen:

1. Etesien: Klimatisch bedingter sommerlicher Nordwestwind (Nordwind) im Ostteil des Mittelmeeres. Auf Türkisch heißt er Meltemi.

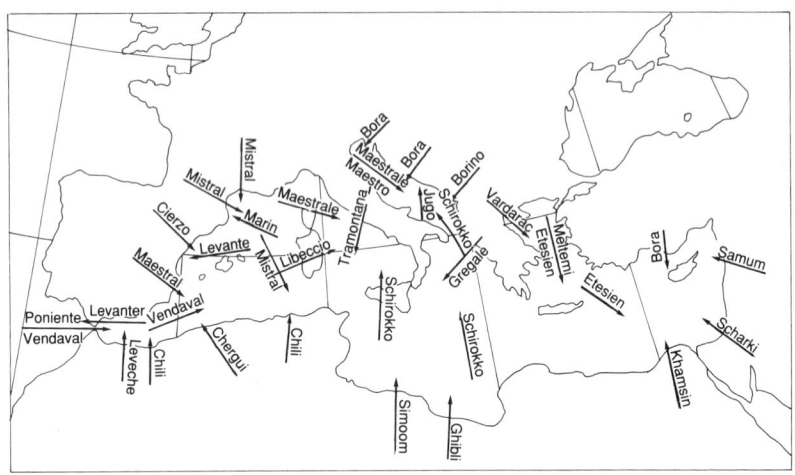

Bezeichnungen und Hauptrichtungen der Winde im Mittelmeer.

2. Mit Kaltluftvorstößen verbundene Nordwinde: Mistral (Maestral), Tramontana, Bora, Gregale, Vardarac.

3. Heißer, im Winter milder bis warmer Wüstenwind aus südlichen Richtungen: Leveche, Chili, Chergui, Marin, Schirokko, Ghibli, Khamsin, Scharki, Samum.

4. Ost- und Westwinde im westlichen Mittelmeer:
   a) Ostwinde: Levanter   ⎫
   b) Westwinde: Libeccio, Poniente, Vendaval ⎬ Contrastes

Etesien

Für Segler besonders interessant sind die sommerlichen Etesien in der Ägäis und in großen Teilen des östlichen Mittelmeeres, weil sie eine ziemlich große Beständigkeit und meistens Windstärken, die zum Segeln geeignet sind, aufweisen. Es handelt sich dabei um überwiegend nordöstliche Winde im Marmarameer und im Nordteil der Ägäis, um nördliche Winde in der mittleren und südlichen Ägäis sowie um norwestliche Winde bei Rhodos und Westwind nahe der türkischen Südküste. Ein weiterer, schwächerer Zweig reicht von der Adria kommend durch die Straße von Otranto, westlich am Peloponnes und an Kreta vorbei bis etwa zur Nilmündung.

Die Etesien wehen von Ende Mai bis September (s. Abbildung, Seegebiet östlich von Kreta); ihre größte Stärke und Beständigkeit erreichen sie im Juli/August. Dann kommen im Marmarameer etwa 75% der Winde aus N, NE und E und nur 7% aus SE, S und SW. Noch zuverlässiger trifft man die Etesien im Seegebiet östlich von Kreta an mit über 90% der Winde aus den Richtungen W, NW und N. Südwind trifft man dann fast gar nicht an. Allerdings erleiden die Etesien in der Ägäis (Richtungen NW, N und NE) im August einen kleinen Einbruch: Ihre Häufigkeit geht von etwa 73% im Juli auf 69% zurück und nimmt zum September hin wieder etwas zu. Südliche Windrichtungen sind dort im Sommer häufiger anzutreffen als in den anderen Etesien-Gebieten.

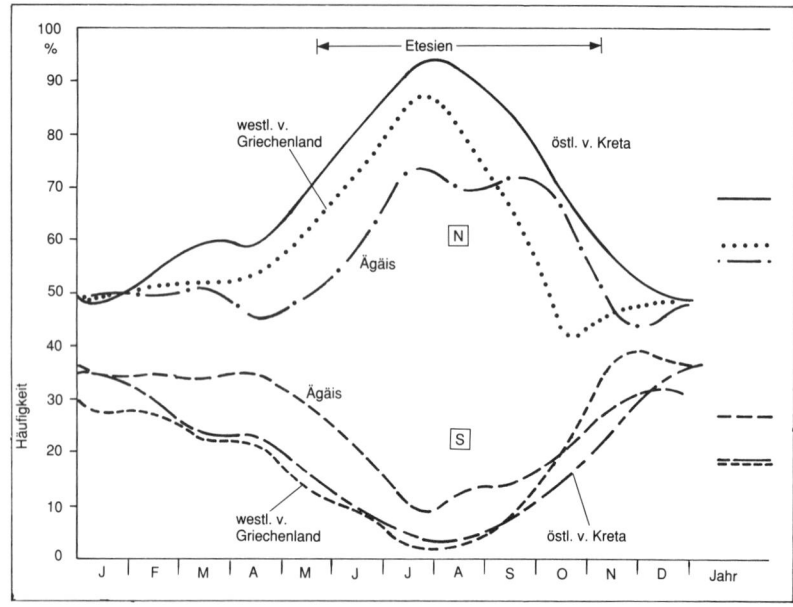

Jahresgang der Häufigkeit von Windrichtungen im Etesiengebiet (Ägäis, westlich von Griechenland und östlich von Kreta): Richtungen W + NW + N, bzw. NW + N + NE (Ägäis) als durchgezogene Linien, SE + S + SW sind gestrichelt aufgetragen.

Der ionische Zweig, obwohl meist mit geringeren Windstärken als in der Ägäis, hat von April bis August wesentlich beständigere NW-Winde; südliche Richtungen sind dort von Dezember bis Juli sogar noch seltener als östlich von Kreta. Allerdings erreicht dort im Oktober die Häufigkeit von nordwestlichen Windrichtungen das Jahres-Minimum.

Ursache für die geringeren Beständigkeiten der Ägäis – vor allem im August – sind Hitzetiefs über dem südlichen Balkan oder dem westlichen Kleinasien, die auch das Windfeld in der Ägäis beeinflussen. Ein Beispiel zeigt die Wetterkarte vom 24. 7. 1993, 12.00 Uhr UTC (Seite 58).

Die eingetragenen Stationsmeldungen sind vereinfacht: Bodenwetter-

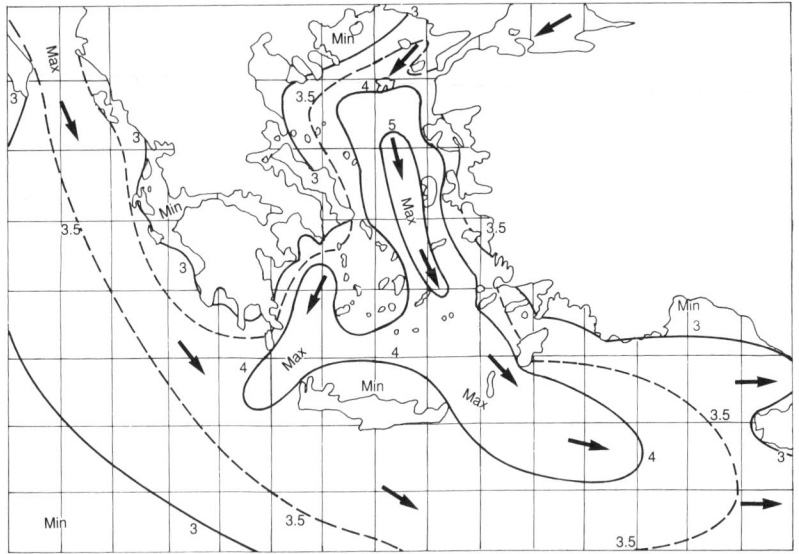

Stärke (in Beaufort) und Richtung (Pfeile) der Etesien im Juli/August.

meldungen enthalten Wind, Bedeckungsgrad, Temperatur (links oben), Taupunkt (links unten) und z. T. Wassertemperatur (unter dem Bruchstrich) sowie die Wettersymbole; die Höhenkarten zeigen Meldungen von Wind und Temperatur. Die Windgeschwindigkeiten sind in Knoten durch die Befiederung angegeben: Ein langer Strich bedeutet 10 kn, ein Dreieck 50 kn.

Bei der verhältnismäßig großen Stärke (im Juli/August – Mittel 5 Bft in der zentralen Ägäis, s. Abbildung) überrascht es nicht, daß verhältnismäßig oft Starkwind (6–7 Bft) und vereinzelt auch Sturm auftritt. Am wenigsten Starkwind und Sturm gibt es im Mai, aber bis zum Juli steigt die Sturmhäufigkeit (gemittelt über die Ägäis und das Seegebiet zwischen Rhodos und Kreta) auf 0,8%, die Starkwind-Häufigkeit sogar auf etwa 11%. Dabei kommt es zwischen manchen Inseln zu Düsenwirkungen, so daß der Wind dort um 1 bis 2 Windstärken höher ist und damit die Sturmhäufigkeit entsprechend groß. Solche Düsen sind beispielsweise zwischen Euböa und Andros, Naxos und Nordost-Kreta anzutreffen, bei Nordostwind auch zwischen Kythira und Nordwest-Kreta. Im ionischen westlichen Ast der Etesien kommt es seltener zu Starkwind und kaum zu Sturm; düsenartige Verstärkungen des Windes gibt es dort nicht.

Schon aus der Abbildung (Seite 13, Luftdruck im Juli) erkennt man die Wetterlage, die die Etesien hervorruft: Aus einem Hochdruckgebiet oder Hochdruckkeil über Osteuropa (Südosteuropa) strömt die Luft über das Schwarze Meer und Marmarameer und über die Ägäis in das vorderasiatische Hitzetief. Dabei handelt es sich meist um kontinentale, erwärmte Polarluft. Daher ist die Sicht sehr gut und der Himmel wolkenlos. Wegen der geringen Feuchtigkeit wirkt die Luft frisch. Auch beim ionischen Ast handelt es sich ursprünglich um trockene und gutsichtige Festlandsluft. Bei ihrem Weg über das Meer nimmt die Luft Wasserdampf und Wärme auf, so daß sie an der Südküste der Türkei sowie bei Zypern und vor der libanesisch-israelischen Küste nicht mehr so frisch ankommt, sondern dort vor allem im August/September tagsüber drückende Schwüle herrscht. Hier kann nur der ablandige nächtliche Landwind Erquickung verschaffen. Auch im südlichen Ionischen Meer kann es zu dieser Zeit sehr schwül sein, weil die Luft über der Adria und dem nördlichen Ionischen Meer schon viel Feuchtigkeit angesammelt hat; dagegen entsprechen die angenehmen Verhältnisse in der Adria etwa denen der Ägäis.

Beim „klassischen Etesien-Typ" liegt ein Hochdruckgebiet oder Hochdruckkeil von etwa 1025 hPa über Deutschland; ein Keil reicht mit 1020 hPa bis nach Rumänien. Dagegen beträgt der Luftdruck an der libanesischen Küste etwa 1005 hPa; manchmal bildet sich bei Zypern ein eigenes Tief von unter 1005 hPa. Ein solcher Fall wird im Folgenden beschrieben (Wetterlage vom 24. 7. 1993, 12.00 Uhr UTC). Es lassen sich noch mehrere Etesien-Typen klassifizieren, so ein antizyklonaler (Hochdrucktyp), bei dem ein intensives Hoch über dem Ostseeraum liegt und einen kräftigen Keil zum Schwarzen Meer und die nördliche Ägäis erstreckt. Dabei kommt der Wind bei Kreta eher aus Nordost und ist zwischen Nordwest-Kreta und Kythira besonders stark.

Um welchen Typ es sich auch handelt: selbst bei zyklonalen Etesien (z. B. Tief westlich von Zypern) bleibt es wolkenlos, denn bei solch einem Tief handelt es sich um ein „Hitzetief", über dem in höheren Schichten ein Hoch mit absinkender Luftbewegung liegt.

Dies ist auf der Wetterkarte vom 24. 7. 1993, 12.00 Uhr UTC, klar zu erkennen: Abgesehen von einigen flachen Cumulus-Wolken und wenigen Stratocumuli ist es wolkenlos.

Die Wetterlage vom 24. Juli 1993

Am 23. Juli war die Kaltfront eines Rußland-Tiefs von Nordwesten nach Südosten über die Ägäis hinweggezogen. Nördlich der Donau hatte sie Gewitter, im Norden Griechenlands noch Wolken gebracht.

Vor ihr herrschten bei leicht fallendem Luftdruck nur geringe Luftdruckgegensätze; der Wind war schwach umlaufend. In seltenen Fällen kann sogar schwacher Südwind wehen. Ein solches Ausbleiben der Etesien, drückende Hitze (Thessaloniki hatte am 22. 7. ein Maximum von 35 °C, ein Minimum von 21 °C, am 24./25. 7. aber ein Maximum von 28 °C, Minimum von 15 °C), nicht aber ein Wolkenaufzug, künden von der bevorstehenden Kaltfront. Hinter ihr steigt der Luftdruck, über Griechenland stärker als über dem Südwesten der Türkei: Damit frischen die Etesien kräftig auf. Manchmal, wie am 24. Juli 1993, bildet sich nordwestlich von Zypern ein Tief, wodurch der Luftdruck bei Rhodos und der Südwesttürkei weiter fällt und die Etesien noch stärker aufbrisen, in „Düsen" bis zur Sturmstärke. Die stärkste Isobarendrängung auf der Wetterkarte (Abbildung) ist zwischen Rhodos und Anafi (nördlich von Kreta) zu finden: Dort weht ein berechneter Mittelwind von 33 Knoten, also Stärke 7–8. Entsprechend hoch sind auch die gemeldeten Windstärken: Ein Schiff nordwestlich von Kos meldet NW mit etwa 35 Knoten, die Stationen Naxos und Serifos (Cycladen) melden Nord 30 Knoten. Kythira hat 30 Knoten Nordostwind und ein Schiff südwestlich von Kreta meldet einen Nordsturm mit 35 Knoten, obwohl dort die Druckunterschiede gar nicht so sehr groß sind (Düsenwirkung). Noch stärker dürfte der Sturm bei dieser Wetterlage zwischen Nordost-Kreta und Rhodos gewesen sein.

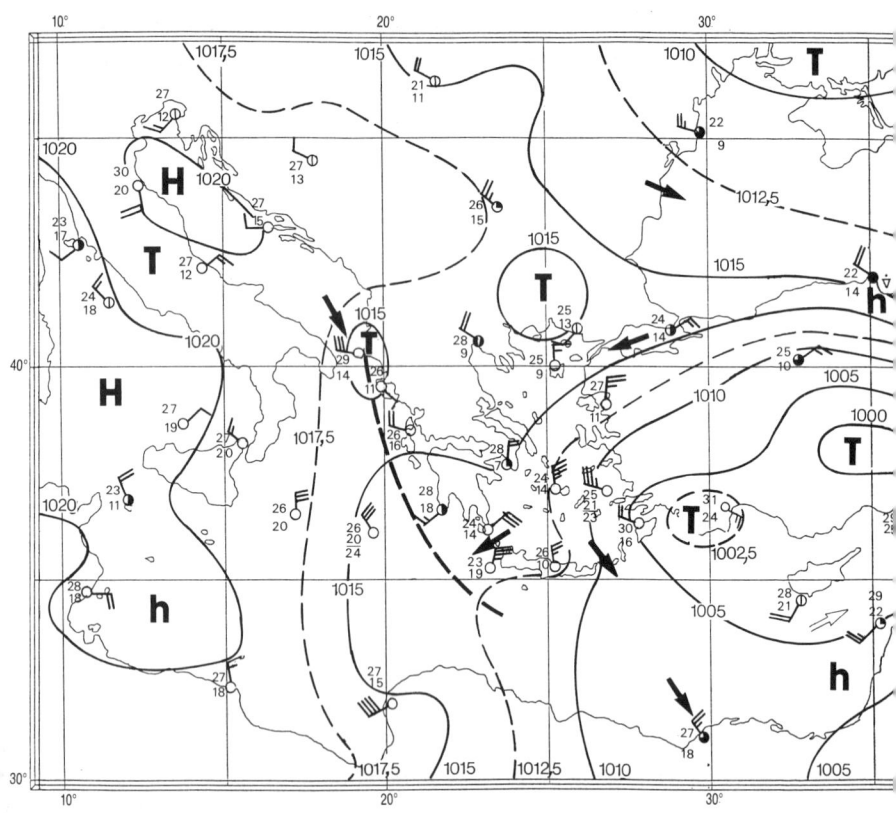

Etesien-Wetterlage vom 24. Juli 1993, 12.00 Uhr UTC. Der Inhalt der Stationsmeldungen ist im Text (Seite 84) erläutert.

Im Marmarameer weht ein mäßiger Nordostwind (15 Knoten). Schwach hingegen ist der Wind in der nördlichen Ägäis, weil nördlich davon ein Hitzetief liegt, das sich nachts wieder abschwächt. Ein weiteres Hitzetief über Albanien sorgt für starken Nordwestwind in der Straße von Otranto; ein drittes ist über dem Westen des Peloponnes zu erkennen. Diese und ein Lee-Trog südlich von Kreta sorgen dafür, daß der NNW-Wind im Ionischen Meer verhältnismäßig stark weht. Sehr unterschiedliche Windverhältnisse sind am südwestlichen Peloponnes anzutreffen: Nordwestlich von Kap Matapan (Akr. Tainaron) weht ein schwacher WSW-Wind, südlich davon Nordoststurm.

In den Folgetagen wanderte das Zyperntief nach Osten ab, der Hochkeil über dem Balkan schwächte sich ab, so daß der Wind abflaute, bis am 28. 7. eine neue Kaltfront die Ägäis überquerte.

Kaltluftvorstöße ins Mittelmeer

Kaltluftvorstöße aus nördlichen Breiten ins Mittelmeer bevorzugen besondere Bahnen, auf die sie durch die Orographie gezwungen werden. Das Winterhalbjahr ist ihre Saison. Sie sind meist stürmisch, immer böig und erreichen teilweise sogar Orkanstärke. Diese Kaltluftvorstöße werden nun anhand geeigneter Wetterlagen beschrieben.

Mistral

Der „ungnädige" König aller Mittelmeerwinde ist der Mistral. Er beherrscht große Teile des Meeres, wie schon die Karten mit der Sturm- und Starkwindhäufigkeit zeigen. Sein Verlauf entspricht dem der mittleren Windrichtungen, er tritt verhältnismäßig häufig auf. Im Gefolge eines kräftigen Mistrals bilden sich oft Tiefdruckgebiete, die im weiteren Verlauf fast alle mediterranen Winde hervorrufen können.

200 km breit ist die Lücke zwischen Pyrenäen und Alpen und in ihrer Mitte liegt noch ein weiteres Gebirge, die Cevennen (Zentralmassiv). Deshalb verbleiben der Kaltluft nur zwei Schneisen, durch die sie ins Mittelmeer eindringen kann, durch die Garonne-Carcassone-Senke nördlich der Pyrenäen und durchs Rhonetal. Westnordwest und Nord sind daher die Richtungen der intensiven Mistral-Ausbrüche. Eine weitere,

Über die Tiefebene der Carmargue kann die Kaltluft ungehindert als Mistral zum Mittelmeer vordringen. (Foto: Dr. F. Krügler)

nicht so bedeutende Schneise stellt das Ebro-Tal dar. In Spanien heißen die kalten Nordwestwinde Maestral oder Cierzo.

Mistral-Ausbrüche werden durch Leetief-Bildung im Golf von Genua unterstützt. Stürmisch (Beaufort 8) wird der Mistral im Löwengolf, wenn der Luftdruck-Unterschied zwischen dem Ostrand der Pyrenäen und dem Westrand der Alpen (etwa bei Toulon) 15 hPa überschreitet.

Die Abbildung zeigt die Häufigkeit von stürmischem Mistral im Löwengolf (Golfe du Lion), unterteilt in die Windstärken 8–9 (offene Säulen) und 10–12 (ausgefüllte Säulen). Zumindest bei schwerem Sturm erreichen die Böen Orkanstärke. Die hier dargestellten Sturm-Häufigkeiten sind zwar geringer als in manchen früheren Veröffentlichungen angegeben, dennoch sollte man die Gefahr nicht unterschätzen: Der Löwengolf ist eines der sturmreichsten Seegebiete der Erde! Verglichen damit ist die nörd-

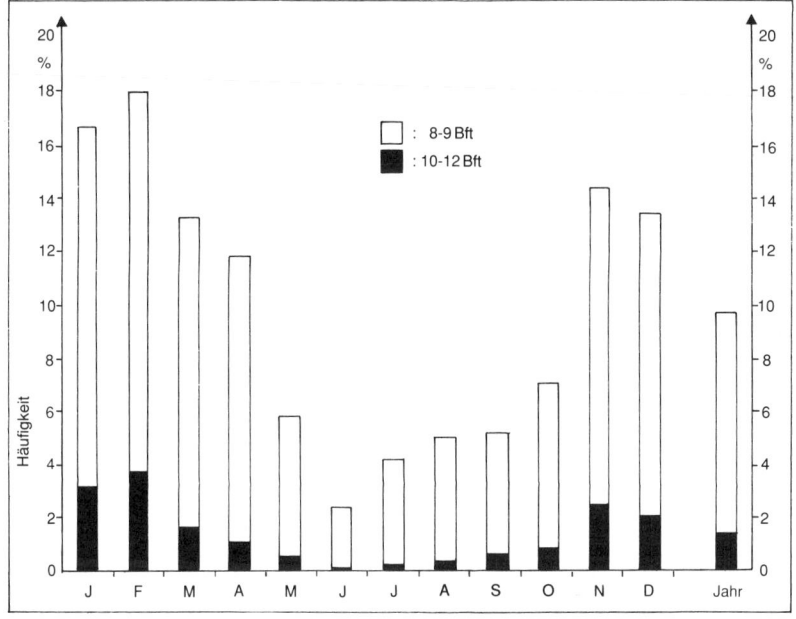

Die Häufigkeit des Mistral im Löwengolf. Offene Säulen: 8–9 Bft; ausgefüllte Säulen: 10–12 Bft.

liche Nordsee geradezu „ruhig". Im Jahresmittel gibt es dort zu 5,6% Stürme mit 8–9 Bft und 0,5% schwere Stürme (10–12 Bft). Im Löwengolf sind es mehr als doppelt so viele (1,3%).

Orkan als Mittelwind kommt im Löwengolf allerdings nicht sehr oft vor, am ehesten noch von Dezember bis Februar mit etwa 0,2% Häufigkeit. Von Juni bis September gibt es Orkan höchstens in Böen, aber nicht im 10-Minuten-Mittel. Der Februar ist der Hauptmonat des Mistral, im Juni kommt er am seltensten vor. – Fast alle Stürme im Golfe du Lion sind Mistral-Ereignisse; nur etwa 10% aller Stürme sind nicht mit Kaltluft-Ausbrüchen verbunden.

61

„Windschur": Der häufige Mistral läßt die Bäume nur nach Lee wachsen. (Foto: Dr. F. Krügler)

Der Mistral hat einen ausgeprägten Tagesgang. Vor allem im Frühling und Sommer wirkt ihm in Küstennähe der Seewind entgegen, so daß das Windstärkemaximum vormittags gegen 10.00 Uhr eintritt und er nachmittags etwas schwächer wird. Im Winterhalbjahr jedoch beobachtet man den stärksten Wind zwischen Mittag und dem frühen Nachmittag. Starke Mistrale können die afrikanische Küste und die Straße von Sizilien erreichen (s. Wetterbeispiel vom 5.12. 1992, Seite 65). Während die Luft im Löwengolf trocken und oftmals sogar wolkenlos ist, gewinnt sie auf ihrem Wege über das verhältnismäßig warme Meer Wärme und Feuchtigkeit, so daß sich zunächst kleinere, dann immer größere Cumulus-Wolken bilden, die im Südteil des westlichen Mittelmeeres zu Schauern und sogar zu Gewittern emporwachsen können.

Während eines Mistrals gibt es auf Grund der Orographie an der Küste sehr unterschiedliche Windverhältnisse: Manche Bereiche sind geschützt, und es ist dort nur schwachwindig, so erreicht beispielsweise die jährliche Sturmhäufigkeit in Toulon 0,7% in Nizza nur 0,1%. In solchen

Häfen können Segler Schutz vor dem Mistral suchen. Andererseits gibt es Düsenwirkungen, wie in der Straße von Bonifacio, wo am Cap Pertusato eine jährliche Sturmhäufigkeit von 9,6% beobachtet wird, genauso wie auf dem offenen Löwengolf; und am Cap Bear, nach der spanischen Grenze, sind es sogar 11,5% im Jahresmittel. Bevor man zu einem Segeltörn im Mistral-Gebiet startet, sollte man sich über mögliche Schutzhäfen informieren und rechtzeitig Wettervorhersagen beziehungsweise eine Törnberatung einholen.

Dauer von Mistral-Lagen

Die durchschnittliche Dauer einer Mistral-Lage beträgt 3 bis 4 Tage. Mistrale, die sich im Winterhalbjahr in einer kräftigen, ins westliche Mittelmeer gerichteten Frontalzone bilden, dauern meist nur 1 bis 2 Tage, da die sie verursachenden Tiefs in der lebhaften Westströmung relativ rasch ostwärts ziehen.

In den Fällen jedoch, wo bei Mistral-Lagen ein Höhentief über dem westlichen Mittelmeer entsteht, kann die Dauer auch eine Woche betragen. Besonders ist das der Fall, wenn sich zusätzlich eine Genua-Zyklone bildet. Solche länger andauernden Mistral-Lagen können sowohl im Winter- als auch im Sommerhalbjahr auftreten.

Daher sollte im westlichen Mittelmeer immer auf einen von Norden erfolgenden Kaltfrontdurchgang und die Entstehung einer Genua-Zyklone geachtet werden. Wichtig ist auch, ob das Azorenhoch einen Keil bis zur Biskaya oder Spanien vorschiebt.

Seegang bei Mistral

Besonders bei Mistral-Lagen entwickelt sich im Golfe du Lion und westlich von Korsika/Sardinien eine sehr hohe See. So sind bei Nordwest- bis Nordorkan schon kennzeichnende Wellenhöhen von 10 m und mehr beobachtet worden. Die größten gemeldeten kennzeichnenden Wellenhöhen liegen in beiden Seegebieten bei 13 m und können auch im Sommerhalbjahr 5 m überschreiten.

Typischer Ablauf eines Mistrals

Anhand eines Wetterbeispiels sei der typische Ablauf eines Mistrals geschildert: Anfang Dezember 1992 bestand eine kräftige Höhenströmung vom Atlantik über die Biskaya bis ins nördliche Mittelmeer. Dabei war es schon zu mehreren kleineren Mistral-Ausbrüchen gekommen. Bei solch einer Wetterlage ist darauf zu achten, ob eine kräftige, entwicklungsfähige Wellenstörung (junges Tiefdruckgebiet) vom Atlantik in Richtung Biskaya – Frankreich zieht.

Dies war am 4. Dezember 1992 der Fall. In den Frühstunden fiel der Luftdruck über der Biskaya mit etwa 4 hPa in 3 Stunden, während er im westlichen Mittelmeer zunächst noch gleich blieb. Cirren und Altocumuluswolken kündigten das Nahen der neuen Störung an.

Am 5.12. um 00.00 Uhr UTC hat die Wellenstörung unter Abschwächung die westliche Ostsee, ihre Kaltfront die Alpen und den Löwengolf erreicht. Bei Marseille bildet sich ein Tief. Die Kaltfront hat bereits die Pyrenäen überquert und verläuft entlang der Costa Brava und weiter über Südspanien nach Portugal.

Nun fällt über dem westlichen Mittelmeer der Luftdruck mit 1 bis 4 hPa in 3 Stunden, am stärksten im Golf von Genua. Dies deutet auf die Entstehung einer Genua-Zyklone und den Ausbruch eines Mistral hin. Zwischen einem nordafrikanischen Hoch und der Kaltfront weht bereits ein starker bis stürmischer Wind:

– In der Adria ein Jugo (Schirokko) mit 6 Bft,
– vor der italienischen Westküste ein Libeccio mit 6–7 Bft, der im Golf von Genua sogar 8 Bft erreicht, bei den Balearen immerhin noch 7 Bft.

Besonders harte Bedingungen sind im

– Alboranmeer und in der Straße von Gibraltar anzutreffen: Im Alboranmeer bläst der Vendaval mit 7–9 Bft aus West und in der Straße von Gibraltar, durch Düseneffekt verstärkt, ein (berechneter) Weststurm von 9–10 Bft.

Hinter der Kaltfront hat der Mistral durchs Ebro-Tal bereits mit 6 Bft eingesetzt und erreicht gerade die Küste, im Löwengolf ist er noch nicht

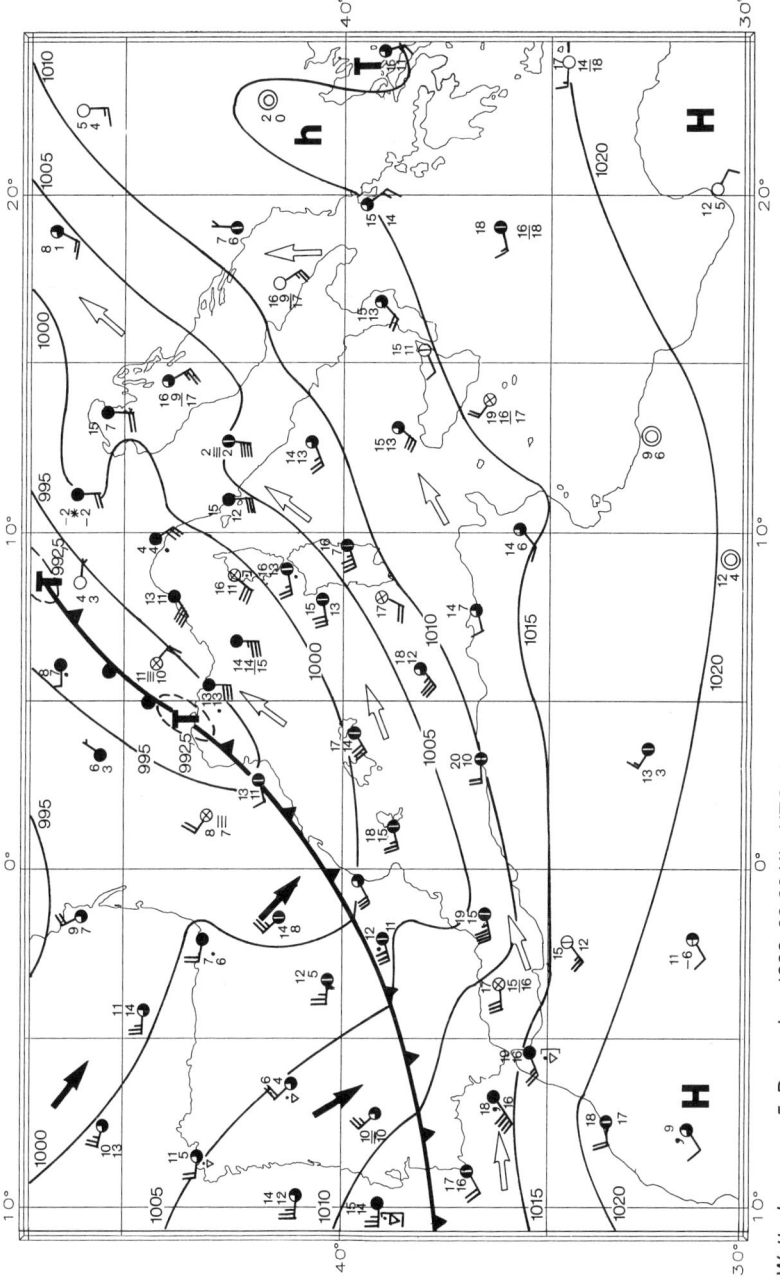

Wetterlage vom 5. Dezember 1992, 00.00 Uhr UTC.: Ausgangslage für einen Mistral.

65

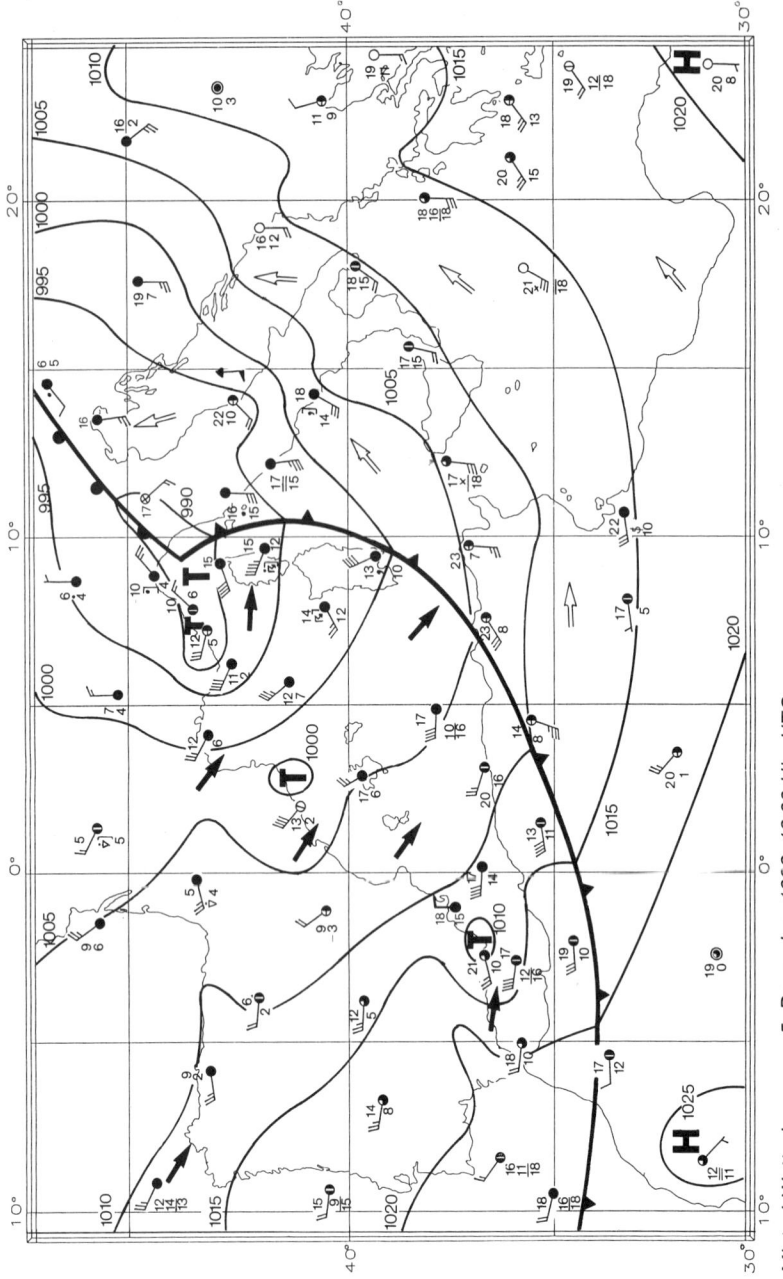

Mistral-Wetterlage vom 5. Dezember 1992, 12.00 Uhr UTC.

angekommen, steht aber unmittelbar bevor. Er kommt zunächst durch die Garonne-Carcassone-Senke.

12 Stunden später hat sich das Bild gewandelt: Um 12.00 Uhr UTC liegt ein voll entwickeltes Tiefdruckgebiet über dem Golf von Genua. Seine Warmfront befindet sich über den Ostalpen, die Kaltfront hat gerade Korsika und Sardinien überquert und verläuft weiter entlang dem Atlas-Gebirge.

Auf der Wetterkarte sind die orographischen Effekte gut zu erkennen: Hochdruckkeile im Stau der Küsten und Gebirge, Leetröge oder sogar Leetiefs hinter gebirgigen Küsten.

In der Adria sind dies der Stau an den Dinarischen Alpen und ein Trog im Lee des Apennin: Dadurch kommt es über der Adria zu einer Winddrehung auf SSE und einer Verstärkung des Jugo, der seine höchste (berechnete) Stärke östlich von Ancona mit 10 Bft erreicht. Vor der italienischen Westküste und der Kaltfront dürfte bei Elba ebenfalls ein Südsturm von 10 Bft wehen (Düseneffekte zwischen Küste und Kaltfront). An der Kaltfront treten Gewitter auf; da im Bereich Korsika/Sardinien sowieso schon 9 Bft wehen, ist in Gewittern mit Orkanböen zu rechnen; auch in der Straße von Bonifacio dürfte infolge der Düsenwirkung schwerer Sturm oder Orkan toben! Die Küstenstationen nördlich des Tiefkerns melden starken Nordostwind, St. Tropez und Toulon aber WNW 7–9 Bft. Dazwischen, etwa bei Monaco, muß es zu starken Verwirbelungen kommen. Der Mistral bläst sowohl durchs Rhonetal als auch durch die Garonne-Carcassone-Senke. Auf dem Meer zwischen der Rhonemündung und der Straße von Bonifacio weht er mit 8 Bft.

Sehr unterschiedliche Windverhältnisse bestehen an der spanischen Ostküste: Im Lee der Pyrenäen und der Sierra Nevada haben sich Tiefdruckgebiete gebildet. An ihrer Südwestflanke wird der Maestral verstärkt: So weht am Ausgang des Ebro-Tales ein WNW 9 Bft und auch im Alboranmeer ein Weststurm mit 8–9 Bft. Nördlich dieser Leezyklonen ist der Wind schwach umlaufend. Achtung: Der Übergang von Windstille zu schwerem Sturm kann an Kaps auf wenigen Metern erfolgen; je nach Stärke und Richtung der Höhenströmung müssen die Leezyklonen nicht ortsfest sein und mit ihnen kann sich auch das Sturmfeld verlagern.

Bei Wetterlagen mit hochreichender Kaltluft, wie beim Mistral, bieten die Leeküsten nicht immer Schutz; besonders die gebirgigen Abschnitte sind durch Fallböen und Wirbelbildung besonders gefährlich! Das gilt auch für Sardinien und Korsika: Berüchtigt ist der Hafen von Bastia, der wegen der heftigen Fallböen nicht als Schutzhafen dienen kann. Auch im vorliegenden Wetterbeispiel muß dort mit Orkanböen gerechnet werden. Desgleichen ist die Bucht von Ciotat zwischen Marseille und Toulon beim Mistral nicht als Schutzhafen geeignet und ebenfalls nicht die Bucht von Pollensa auf Mallorca.

Im vorliegenden Wetterbeispiel dauert der Mistral noch bis zum Mittag des 6. 12. 1992 an. Infolge der langen Andauer und des langen Fetch (Windwirkstrecke) baut sich dabei im Mistral-Gebiet eine hohe See auf. Bei einer Windstärke von 35 kn, einer Wirkzeit von ca. 26 Stunden und einem Fetch von 450 km ergibt sich eine Wellenhöhe von 6 m.

Bora

An der kroatischen Küste der Adria, dort, wo die Gebirge zum Meer hin steil abfallen, lauert ein besonders gefährlicher Wind, die Bora, kroatisch Bura.

Bei ihr handelt es sich um Kaltlufteinbrüche aus Nordost. Die Bora ist zwar nicht so großräumig wie der Mistral, erreicht kaum die italienische Küste und beschränkt sich auf wenige Haupt-Einfallschneisen wie die Senjska Vrata (s. Kapitel 4), aber dort tobt sie mit rasender Gewalt und unzählige Menschen sind ihr schon zum Opfer gefallen. Sie hat die Landschaft geprägt: Kein Baum, kein Strauch kann ihr widerstehen; kahle Felsen sind alles, was in ihren Haupt-Einfallschneisen bleibt.

Bei der Bora handelt es sich um einen kalten Fallwind. Zwar erwärmt sich die Luft beim Absinken um 1 °C pro 100 m Höhenunterschied, aber wenn sie vom schneebedeckten Hochland mit −10 °C herabstürzt, kommt sie immer noch mit etwa 0 °C auf dem verhältnismäßig warmen Meer an. Beim Abstieg nimmt die Luft keine Feuchtigkeit auf, so daß sie unten sehr trocken ankommt. Daher ist die Bora meist von wolkenlosem Himmel begleitet; nur über den Bergen kann man manchmal eine Art „Föhn-mauer" erkennen.

Die Bora kann ohne sichtbare Vorzeichen beginnen; sie ist immer stark böig; die Windstöße setzen plötzlich ein und sind kurz, ebenso wie die Pausen dazwischen. Die Bora erreicht stets Sturmstärke, im Winter oft-mals vollen Orkan. Hauptsaison ist der Winter. Dann weht sie am häufig-sten, stärksten und dauert am längsten an.

Eine Bora-Periode dauert im Mittel 2 Tage, manchmal auch 5 Tage. Die längste bisher bekannt gewordene umfaßte sogar 30 Tage. Es gibt Fälle, wo nur eine Sturmbö auftritt und vor- und hinterher nur schwacher Wind herrscht.

Die Stärke der Bora hat einen Tagesgang. Der Seewind wirkt ihr entge-gen, so daß nachmittags die geringsten, morgens zwischen 07.00 und 11.00 Uhr sowie abends von 18.00 bis 22.00 Uhr die größten Windge-schwindigkeiten gemessen werden. Gegen Mitternacht ist ein Minimum zu verzeichnen.

Mit zunehmendem Abstand von der kroatischen Küste nimmt die Stärke der Bora rasch ab. Daher ist man westlich der äußersten Inselkette eini-germaßen sicher vor Orkan. Nur selten erreicht eine Bora als Sturm (mit Windstärken 8 und mehr) die italienische Ostküste.

Die folgende Tabelle gibt Anzahl der Tage mit Bora im Triest an, einem der Haupteinfallstore der Bora.

Tabelle 4: Tage mit Bora in Triest

Jan.	Feb.	März	Apr.	Mai	Juni	Juli	Aug.	Sep.	Okt.	Nov.	Dez.	Jahr
<u>8</u>	6	4	2	1	0,4	0,8	0,1*	2	3	5	6	39

__: Maximum; *: Minimum

Wichtigste Bedingung für ihr Auftreten ist, daß der Luftdruck nördlich bzw. nordöstlich der Berge höher ist als südwestlich (südlich) davon [3]. Man unterscheidet 2 Typen: Die zyklonale Bora, „Bora scura" genannt, ist mit Wolken und Niederschlägen verbunden (s. Wetterbeispiel vom 22. 2. 1993, Seite 72). Ihre Entstehungsursache ist die Luftdruckdifferenz zwischen einem Hochkeil über dem nördlichen Balkan und tiefem Luftdruck über der südlichen Adria. Nach Jugo (Schirokko), der zumindest den Südteil der Adria erreicht, dreht der Wind auf der Nordseite der Zyklone zurück.

Der zweite, antizyklonale Typ, die „Bora chiara", entsteht, wenn ein kräftiges Hoch über dem Balkan liegt und an der Küste ein starker Luftdruckunterschied zu tieferem Druck über der Adria besteht (s. Wetterlage vom 29.12. 1992, Seite 75).

Nach einer Auszählung von G. Band [6] wurden von insgesamt 125 Borafällen 44 allein durch ein Hochdruckgebiet ausgelöst; bei 58 war auch ein Tief beteiligt, wobei aber das Hoch die Hauptrolle spielte, bei 23 Fällen waren Hoch und Tief gleichberechtigt oder das Tief die Hauptursache. Die Auslösung durch ein Tief alleine konnte G. Band nicht feststellen. Somit waren also 102 Fälle der antizyklonalen und nur 23 der zyklonalen Bora zuzuordnen. Erstere ist also der dominante Typ.

Die Vorzeichen und Warnsignale sind teilweise trügerisch oder fehlen ganz. Als beste Vorwarnung sind die Seewetterberichte geeignet (s. Kapitel 5).

Bei der zyklonalen Bora erlebt man einen Wolkenaufzug, wie er bei einem Tief, das südlich am Beobachter vorbeizieht, stattfindet. Ob es Niederschlag gibt oder nicht, hängt von der Intensität des Tiefs und von seiner Entfernung ab. Nach Erreichen des tiefsten Luftdrucks kann mit steigendem Barometer die Bora einsetzen, allerdings nur dann, wenn sich über dem Festland genug Kaltluft angesammelt hat, der „Topf also überläuft". Das gleiche gilt für die antizyklonale Bora. Wenn sich genug Feuchtigkeit über dem Festland angesammelt hat, kann sich eine Wolkenbank über dem Velebit-Gebirge mit einer nach unten scharfen Abgrenzung zeigen. Aber diese Wolken können nach Wasmayer [4] auch tagelang über dem Gebirge stehen, ohne daß eine Bora einsetzt. Andererseits kann diese auch bei wolkenlosem Himmel losbrechen. Beendet wird die Bora meist am späten Vormittag oder Mittag durch nordwestliche Winde.

Die zyklonale Bora endet frühestens dann, wenn der Himmel von Nordwesten her aufklart. Flaut sie bei anhaltend trübem Wetter und nachlassendem Druckanstieg oder erneutem Druckfall ab, muß man mit einem weiteren Ausbruch rechnen.

Die Bora wirft eine kurze und steile See auf, von den Kämmen wird Gischt abgeblasen. Im Luvbereich steiler Inselküsten kommt es durch reflektierte See zu einer üblen Kreuzsee, und ansonsten gut gegen die Bora geschützte Häfen können unter einer unangenehmen Dünung leiden. Die Sturzböen in der unmittelbaren Nähe der Küsten wirbeln beim Auftreffen aufs Wasser bisweilen haushohe Fontänen auf.

Entwicklung einer zyklonalen Bora

Am 21. Februar 1993 war in den Mittagsstunden ein kräftiger Kaltluftvorstoß durchs Rhonetal ins westliche Mittelmeer erfolgt (Mistral). Dabei bildete sich über dem Golf von Genua ein neues Tiefdruckgebiet, das mit der kräftigen nordwestlichen Höhenströmung nach Südosten zur „Stiefelspitze" Italiens zog.

Am 22. Februar 1993, 00.00 Uhr UTC ist eine vorlaufende Zyklone unter geringer Verstärkung über der nördlichen Ägäis angelangt, aber kräftige Falltendenzen (mehr als 4 hPa in 3 Stunden) kündigen die Verstärkung des süditalienischen Tiefs an.

Noch hat die Bora erst im Nordteil der Adria eingesetzt; sie weht nicht besonders stark, denn auf dem Hochland ist es nicht sehr kalt: Es schneit bei Temperaturen um Null Grad. Im Süden der Adria bis auf die Höhe von Dubrovnik weht der Jugo aus Südost.

Um 12.00 Uhr UTC hat sich das Bild geändert (s. Wetterkarte): Unter Vertiefung ist die Zyklone ostwärts gezogen und hat sich in drei Kerne gespalten. Der nördlichste liegt vor Durres (Albanien). Heftige Niederschläge, in tieferen Lagen Regen, in höheren Schnee, gehen über Griechenland und Makedonien nieder, während die Schneefälle über den Dinarischen Alpen und dem Velebit aufgehört haben.

Während über Serbien der Luftdruck noch fällt, hat über Slowenien Druckanstieg von Norden her eingesetzt. Dies ist der Ausbruch einer heftigen Bora. Während auf Hvar nur NE 3 Bft gemeldet werden, sind es im Süden der Insel Cres und auf See Nordost- bis Ostwinde von 25 Knoten (6 Bft). In den Haupteinfallschneisen dürfte aber trotz des nicht sehr kalten Festlandes schwerer Nordoststurm wüten. In der Straße von

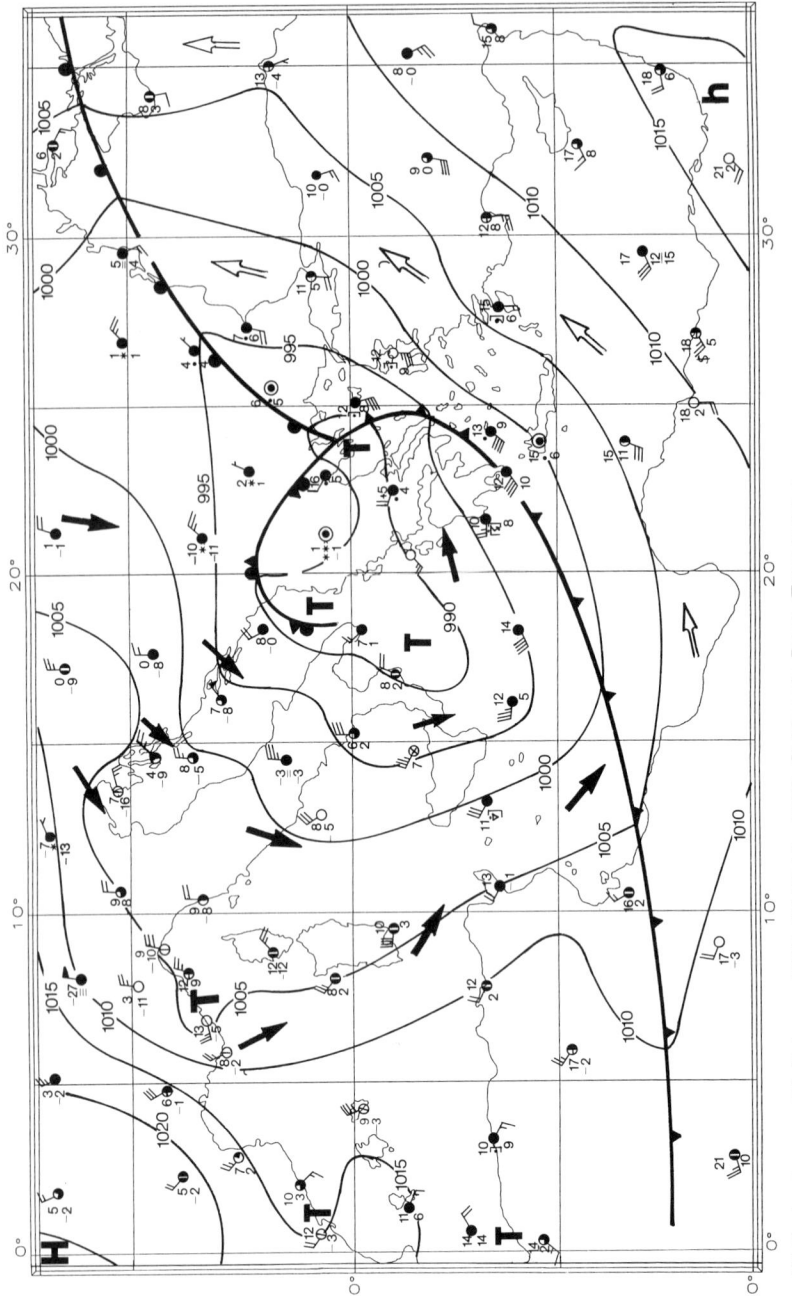

Wetterkarte vom 22. Februar 1993, 12.00 Uhr UTC: Zyklonale Bora, Tramontana.

72

Otranto hat der Wind auf NNW gedreht. Die Taupunkte sind von etwa 0 °C auf −5 bis −9 °C zurückgegangen; es handelt sich also nun um recht trockene Luft, in der nur noch mittelhohe und hohe Wolken auftreten.

In der ganzen Adria ist noch eine Verschärfung der Situation zu erwarten: Von Norden her strömt mit starkem bis stürmischem Nordwind (über Land!) Kaltluft mit −6 bis −10 °C um die Ostalpen herum zum Balkan, füllt das slowenische Becken aus und stürzt dann als Orkan über die Durchlässe auf die Adria. Selbst im Zentrum dieses Meeres (42,8° N, 15,5° E) meldet ein Schiff am 23. 2. um 00.00 Uhr UTC Nordwind mit 40 Knoten (8−9 Bft), eine Lufttemperatur von +4 °C und einen Taupunkt von −5 °C. An der Küste ist der Taupunkt auf −12 °C zurückgegangen, die Lufttemperatur beträgt dort nur noch etwa 0 °C.

Aber auch in anderen Teilen des Mittelmeeres herrschen recht unwirsche Wetterbedingungen: Der Mistral im westlichen Mittelmeer war nur von kurzer Dauer; am Mittag des 21. 2. erreichte er allerdings vor Toulon 50 Knoten (10 Bft), in der Nacht zum 22. 2. verbreitet 9 Bft. Ab Kartentermin flaut er aber unter Sturmstärke ab. Über Italien, dem Ligurischen und Thyrrhenischen Meer bläst der Tramontana aus Nordost bis Nord. Auf den Gebirgspässen des Apennin erreicht er Sturmstärke, auf dem Meer etwa 25 bis 30 Knoten. Örtlich, wie im Golfo di S. Eufemia, wo Sturm selten ist, erreicht er sogar 35 Knoten (8 Bft).

Auch südlich von Sizilien und im zentralen Ionischen Meer weht ein stürmischer Mistral aus West. Recht hart erwischt es auch die Ägäis. In ihrem Nordteil bildet sich ein neues Tief, das den SSW-Wind „Notos" oder „Lips" genannt (Schirokko), auf 9 Bft verstärkt. Die gewittrige Kaltfront bringt zusätzlich schwere Sturmböen.

Antizyklonale Bora

Am 23. Dezember 1992 wanderte ein Hochdruckgebiet unter Verstärkung von Südskandinavien zum Balkan. Weil aber auch über Italien der Luftdruck hoch war, blieb die Bora verhältnismäßig schwach und erreichte in ihren Ausfallschneisen gerade Sturmstärke.

Über Weihnachten verschärfte sich die Situation: Während der Luftdruck über dem Balkan langsam weiter stieg, fiel er über Italien und der Adria geringfügig. Außerdem wurde mit der Höhenströmung Kaltluft aus Nordost in Richtung Kroatien geführt, so daß die Temperaturen sanken und die Kaltluft, die sich hinter den Dinarischen Alpen aufgestaut hatte, Wege zur Adria suchte. Ab dem 25. Dezember tobte in diesen Schneisen der Nordost-Orkan.

Zu einer kurzen Atempause kam es am 25.12. als sich das Hoch abschwächte, doch schon deutete sich Schlimmeres an: Ein neues, noch kräftigeres Hoch wanderte mit einem Kerndruck von 1048 hPa von Jütland zum Balkan. An seiner Südostflanke verstärkte sich – auch in der Höhe – der Kaltluftzustrom aus Nordosten, bis sich am 28. Dezember ein eigenes Höhentief gebildet hatte. Dieses zog vom 28. zum 29.12. mit Schneefällen (bei 1033 hPa!) von Ungarn zur Straße von Sizilien.

Hinter dem Höhentief stieg der Luftdruck über dem Balkan erneut an, während sich der Luftdruck über dem relativ warmen Wasser der Adria (14°C) nur wenig erhöhte. Damit erreichte die Bora am 29.12. ihren Höhepunkt (s. Wetterkarte).

Bei dieser Wetterlage muß man in allen Ausbruchsschneisen der Bora mit Orkan rechnen. Schlimm erwischt es auch die griechische Westküste: Hier drängen sich die Isobaren besonders stark, so daß aus dem Golf von Korinth ein extrem heftiger Ost-Orkan weht. Dicht daneben meldet die Station Killini Windstille, weiter nördlich die Südspitze der Insel Levkas NE mit 40 Knoten. Die albanische Küste hingegen ist flach, so daß dort die Bora (durch die Reibung am Boden) erlahmt. In dem davorliegenden Seegebiet dürfte deshalb wahrscheinlich nur mäßiger bis starker Wind aus Ost bis Südost wehen.

Mit unterschiedlicher Intensität dauert die antizyklonale Bora-Wetterlage noch bis zum 7. Januar 1993 an. Erst dann schwächt sich das Balkan-Hoch unter 1030 hPa ab, während der Luftdruck im südlichen Tyrrhenischen Meer ansteigt.

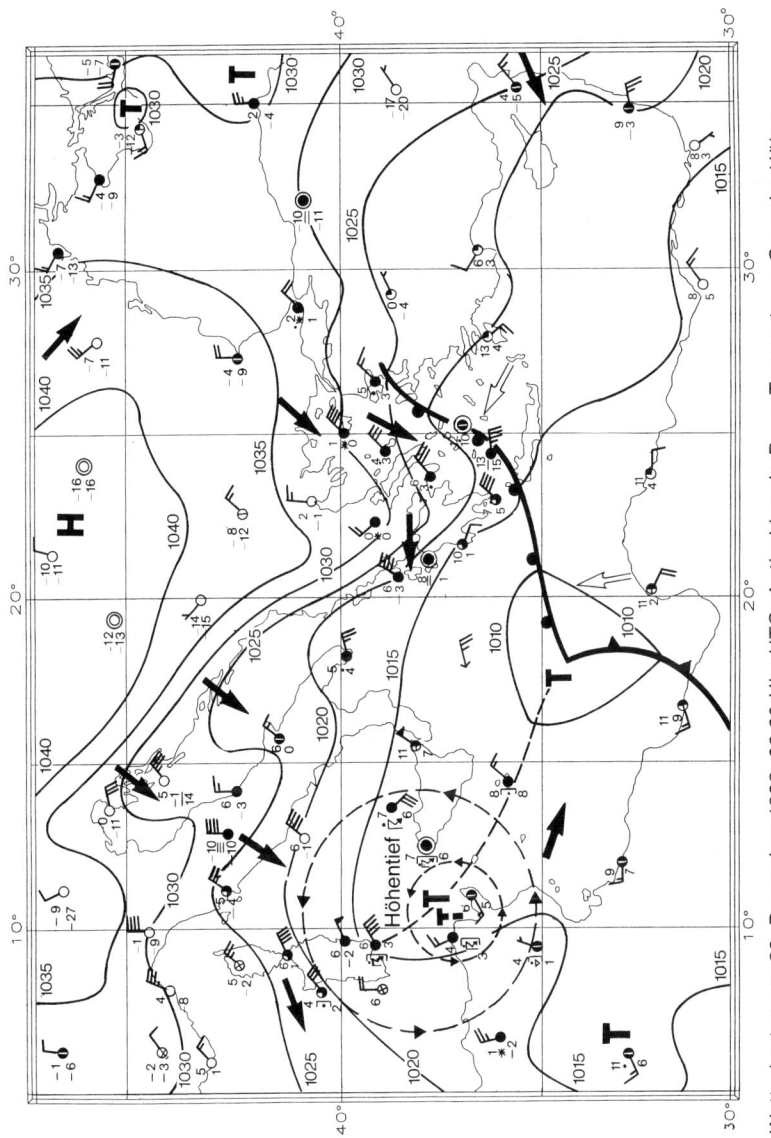

Wetterkarte vom 29. Dezember 1992, 00.00 Uhr UTC: Antizyklonale Bora, Tramontana, Gregale, Höhentief bei Tunis, Saharazyklone vor Libyen, Kaltluftausbruch über der Ägäis.

Kaltluftausbrüche über der Ägäis

Ähnlich wie durchs Rhonetal oder durch die Garonne-Carcassone-Senke beim Mistral können Kaltluftausbrüche auch über das Marmarameer, über Thrakien oder durch das Vardaractal in die Ägäis erfolgen. Dies ist aber seltener als die Mistral-Vorstöße ins westliche Mittelmeer, weil – durch unsere Klimazone bedingt – die Kaltluft meist von Nordwesten herannaht. Dabei stellen sich ihr die Berge des Balkan in den Weg. Lediglich die Täler der Morava und des Vardar bilden einen engen Durchlaß. Nur die überwiegend von Hochdruckgebieten erzeugten (antizyklonalen) Kaltluftvorstöße aus Nordost finden über die thrakische Ebene und das Marmarameer einen ungehinderten Zugang zur Ägäis.

Einen solchen antizyklonalen Nordoststurm zeigt die Wetterkarte vom 29.12.1992 (s. Seite 75). Zwischen einem kräftigen Hoch über dem Balkan und tieferem Druck über dem südlichen bzw. südöstlichen Mittelmeer fließt die Kaltluft mit stürmischem Wind nach Südwesten. Der „Hauptausgang" liegt dabei zwischen Kythira und Kreta, wo dann schwerer Sturm oder sogar Nordostorkan toben. Weitere Düsen mit Windverstärkung liegen zwischen Euböa und Andros, Keos und Kap Sounion und zwischen den Kykladen.

Windschwächer hingegen sind die Gebiete im Lee der südwest-türkischen Gebirge. Durch Bildung eines Leetiefs oder -trogs ist es bei antizyklonalen Kaltluftausbrüchen südöstlich von Kos, also um Rhodos und an der türkischen Südküste relativ ruhig, ebenso im Thermaikos Kolpos vor dem Vardartal, weil der Wind quer zum Tal weht.

Anders dagegen bei zyklonalen Kaltluftausbrüchen durch die Ägäis, bei denen sich westlich von Zypern ein Tiefdruckgebiet bildet (s. Wetterkarten vom 13. bis 16.12.1992, Seiten 80 ff.).

Dieses lenkt die Kaltluft nach Südosten um (ähnlich wie die Etesien im Sommer), so daß der Hauptausfluß der Kaltluft – und damit der stärkste Sturm – durch die Düse zwischen Rhodos und Kreta erfolgt.

Bei solchen Entwicklungen erfolgt der Hauptvorstoß zunächst durch das Vardartal (Vardarac), wie am 13.12.92, bevor das nachrückende Hoch über dem Balkan angekommen ist (15.12.).

Zyperntief

Die folgenden Abbildungen zeigen anhand der Boden- und Höhenwetterkarte (500 hPa) die Entstehung einer Zypernzyklone.

Zwischen einem Sturmtief über dem Baltikum und einem Hoch über Westfrankreich fließt in breitem Strom Kaltluft über Mitteleuropa südostwärts. Die Bodenwetterkarte vom 13. 12. zeigt die Kaltfront über dem Balkan, Mittelitalien und dem westlichen Mittelmeer. An der südfranzösischen Küste entwickelt sich kurzzeitig ein Mistral. In der Höhenkarte vom 13. 12. liegt ein breiter Trog über Osteuropa, in den sehr kalte Luft strömt (unter −30 °C) und für seine Verschärfung sorgt. Innerhalb von 24 Stunden geht die Entwicklung sehr rasch vonstatten. In der Bodenwetterkarte vom 14. 12. ist bereits ein abgeschlossenes Tief mit Kern von 1003 hPa vor der südwesttürkischen Küste vorhanden. Der Höhentrog liegt mit Temperaturen unter −30 °C über der Ägäis. Ein steifer bis stürmischer Nordwind steht über der Ägäis, und Zypern hat Gewitter. Unterstützt wird die kräftige Strömung durch das nachrückende westeuropäische Hoch. Gleichzeitig verstärken sich am Boden die Temperaturgegensätze, denn an der Vorderseite des Tiefs fließt afrikanische Warmluft nordostwärts: Kairo hat mittags eine Lufttemperatur von 20 °C und Bukarest von 7 °C. Im Laufe des 14. Dezember entwickelt sich über der Westtürkei in der Höhe ein abgeschlossenes Tief, ein sogenanntes Cut off low. Die Bodenzyklone wandert unter Vertiefung langsam ostwärts. Ihr Starkwindfeld mit Sturmböen überdeckt jetzt den gesamten östlichen Mittelmeerraum. Gewitter treten verbreitet auf, weil zu dieser Jahreszeit die Wassertemperaturen noch sehr hoch sind und die in der Höhe vorhandene Kaltluft zu Verstärkung der Labilität beiträgt.

Auch am 15. 12. dauern Starkwind und Gewittertätigkeit an. Das Bodentief ist unter deutlicher Auffüllung etwas nach Osten gezogen, das Höhentief nach Zypern, wie es die Karten vom 16., 00.00 Uhr UTC, zeigen. Erst am folgenden Tag zieht die Bodenzyklone über Syrien ostwärts ab und der Wind läßt nach. Damit hat das „Zyperntief" gut drei Tage lang eine Schlechtwetterphase über Ägäis und östliches Mittelmeer gebracht. An den gebirgigen Küsten Griechenlands und der Türkei sind die nörd-

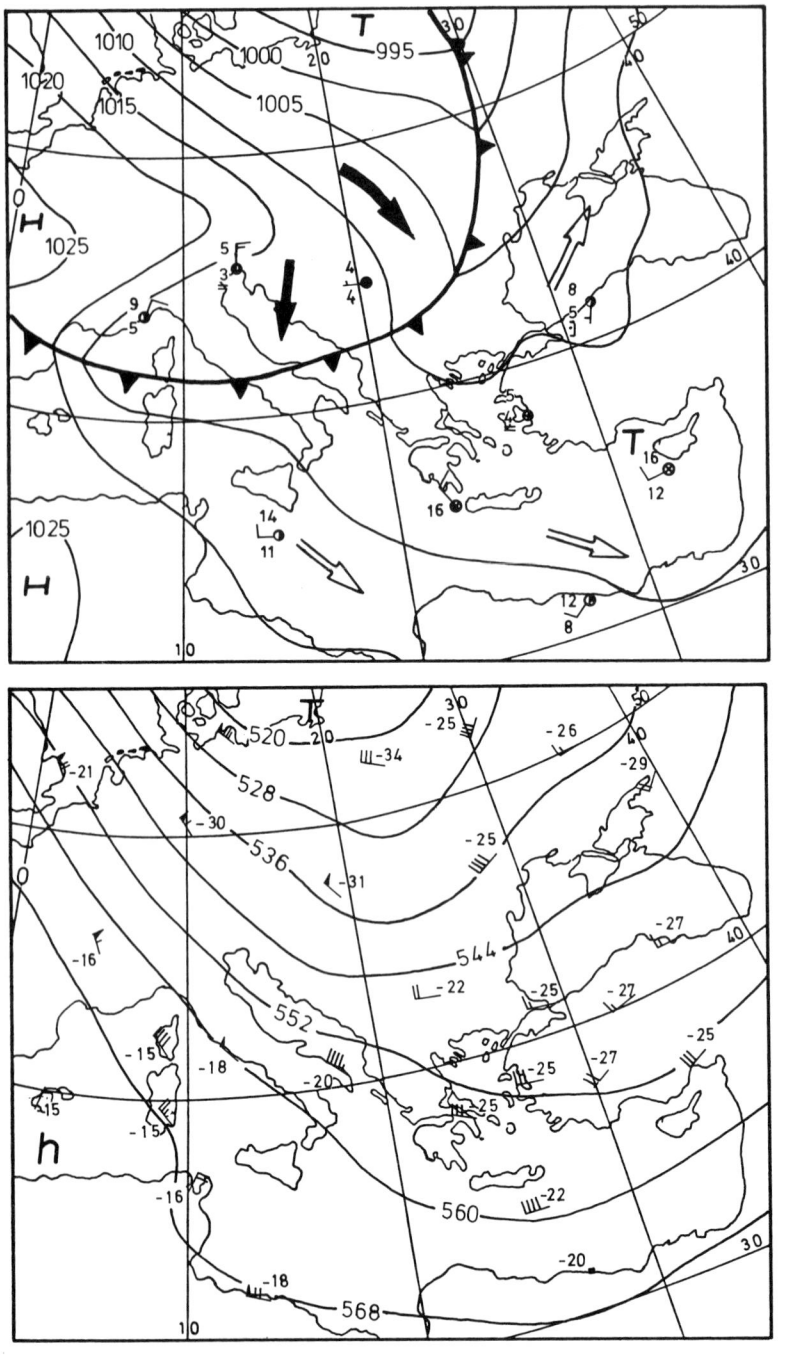

Entwicklung einer Zypernzyklone vom 13.–16. 12. 1992 anhand der Boden- und Höhen-(500-hPa-)wetterkarten zum 00.00 UTC-Termin. Wettermeldungen vereinfacht eingetragen (Erläuterungen Seite 79). Hier die Wetterlage vom 13. 12. 1992.

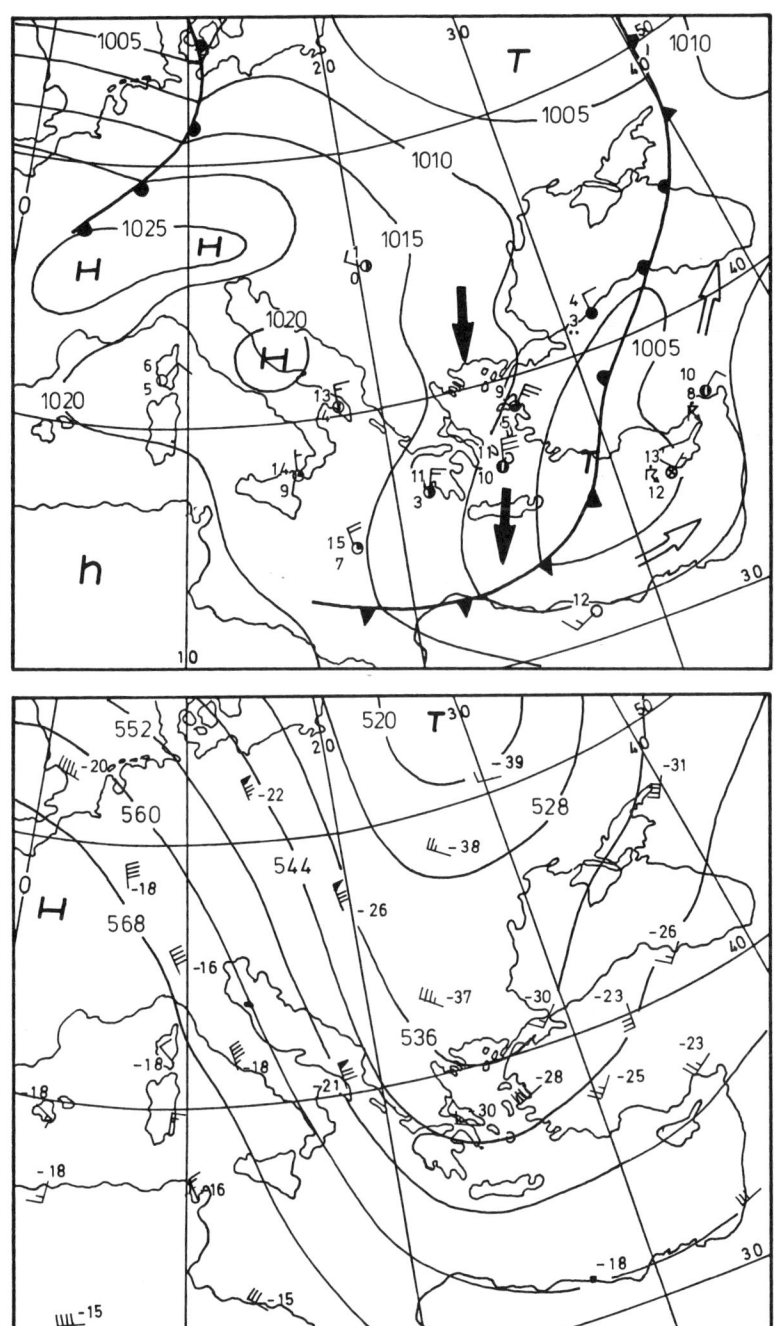

Die Wetterlage vom 14. 12. 1992, 00.00 Uhr UTC.

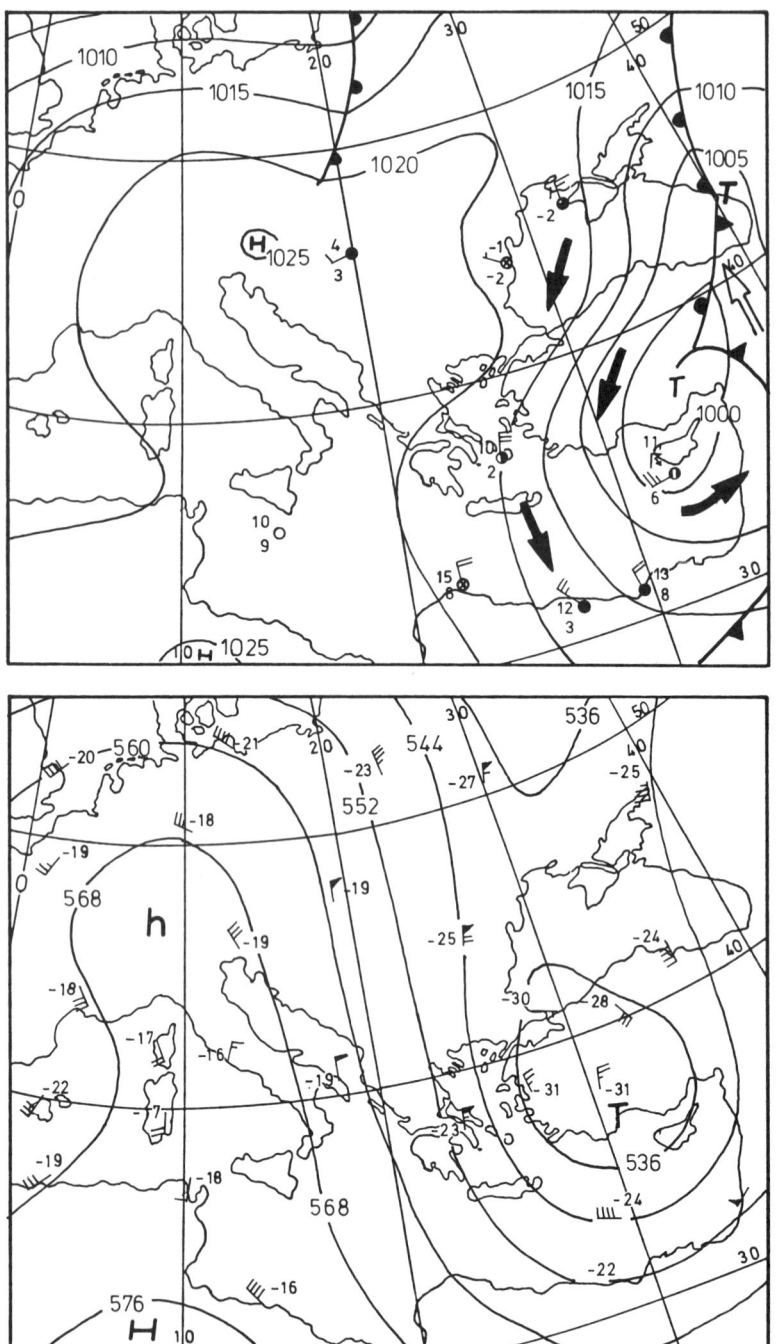

Die Wetterlage vom 15. 12. 1992, 00.00 Uhr UTC.

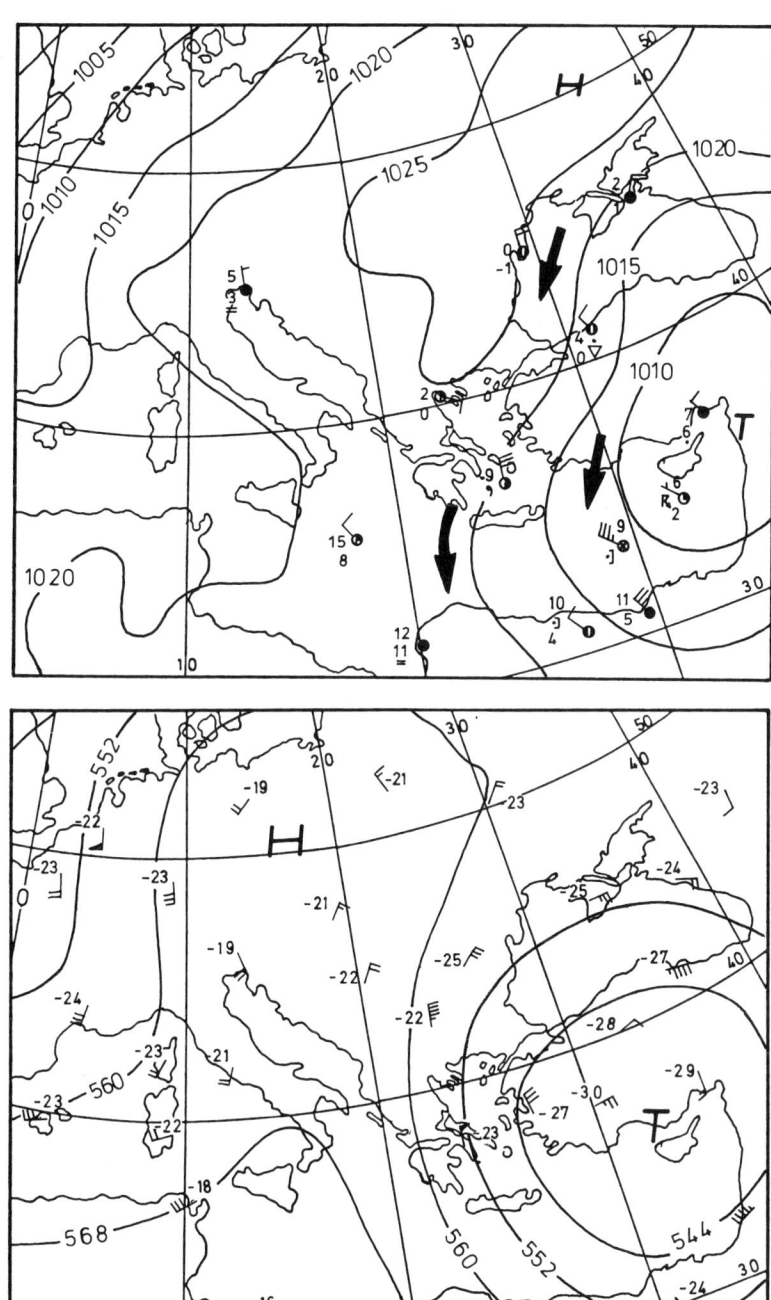

Die Wetterlage vom 16. 12. 1992, 00.00 Uhr UTC.

lichen Winde verbreitet als Bora aufgetreten; der Seegang hat an der ägyptischen Nordküste und der Levanteküste sehr kräftige Brandung hervorgerufen. Zahlreiche Wasserhosen gehören ebenfalls zum Erscheinungsbild.

Das beste Beispiel für die ungewöhnliche Intensität der Wettererscheinungen in einer frühwinterlichen Zypernzyklone zeigen die Niederschlagsmengen, die in Tel Aviv niedergingen: Am 14. Dezember wurden 128 und am 15. sogar 152 l/m² gemessen. Addiert ergibt das mit 280 l/m² (= mm) eine Menge, die im Mittel an 2–3 Wintermonaten insgesamt fällt oder anders ausgedrückt: hier regnete es an zwei Tagen soviel, wie normalerweise in Deutschland während des ganzen Sommers!

Für die Entwicklung von Bedeutung ist natürlich auch das kräftige Hochdruckgebiet, das von Westfrankreich über die Alpen zur Ukraine zog. An seiner Ost- und später Südseite floß in Bodennähe kalte Luft aus zum Teil schon schneebedeckten Gebieten nach Süden. Das zeigen auf der Wetterkarte vom 16. Dezember, 00.00 Uhr UTC, deutlich die Lufttemperaturen von rund 9 °C über dem östlichen Mittelmeer und 6 °C bei Zypern, wobei die Wassertemperatur immerhin noch 18–20 °C betrug.

Zur prognostischen Situation sei hinzugefügt, daß die Bodenvorhersagekarten derartige Entwicklungen noch nicht sehr gut wiedergeben, aber die Vorhersagen der Höhenkarten deutlich besser sind und somit wertvolle Hinweise geben können.

Legende zu den Wetterkarten Seite 80–83

Beispiel einer Stationsmeldung

▲▲▲▲ (round)	Warmfront	
▲▲▲▲	Kaltfront	
T	Tiefdruckzentrum	◖ Bewölkungsgrad in Achteln des Himmels, hier 2/8
H	Hochdruckzentrum	⟫ Windrichtung und -stärke, hier Südostwind Stärke 4
⇒	Warmluft	T Lufttemperatur in °C
➡	Kaltluft	Td Taupunkt in °C
		Tw Wassertemperatur in °C
		$ Staub- oder Sandtrübung

Warmluftvorstöße ins Mittelmeer

Jedes Tief transportiert auf der Nordhalbkugel an seiner Rückseite mit nördlichen Winden Kaltluft südwärts und an seiner Vorderseite mit südlichen Winden Warmluft nach Norden. Auf See sprechen wir immer dann von Kaltluftadvektion (= -zufuhr), wenn die Lufttemperatur niedriger als die Wasseroberflächentemperatur ist und von Warmluftadvektion, wenn die Luft wärmer als das Wasser ist. Musterbeispiele für Kaltluftzufuhr im Mittelmeer sind Mistral und Etesien, für Warmluftadvektion Schirokko und alle Wüstenwinde.

Warmluftzufuhr kann in größerem Rahmen auch durch Hochdruckgebiete erfolgen. Stellen wir uns ein sommerliches Hoch über Mittel- und Südosteuropa vor. An seiner Südost- und Südflanke kann durchaus mit nordöstlichem Wind sehr warme Festlandsluft ins Mittelmeer fließen. Örtliche Effekte lassen sich auch nicht ausklammern, wie der Föhn.

Strömt Warmluft über das zu ihm relativ kühlere Meer, und das gilt auch bei Wassertemperaturen von beispielsweise 27 Grad und einer Lufttemperatur von 30 Grad, stellt sich eine stabile vertikale Luftschichtung ein. Sie reicht von der Meeresoberfläche mitunter mehrere Kilometer hoch. In dieser stabilen Schicht bilden sich Inversionen (Temperaturzunahme mit der Höhe) aus.

Die erste Inversion liegt immer dicht über der Wasserfläche mit einer Höhe von 10 bis höchstens 100 m, die sogenannte Bodeninversion. An ihr entstehen Luftspiegelungen, aber auch Spiegelungen von Radar- und Funkwellen. Im UKW-Bereich sind die Überreichweiten darauf zurückzuführen. Ortungsfehler sind unter solchen Umständen nicht auszuschließen. Zu Funkortungsstörungen tragen allerdings weitere, etwas höher liegende Inversionen ebenfalls ihren Teil bei.

Eine andere, jedoch angenehme, Konsequenz für den Wassersportler ist die Auswirkung auf den Seegang: Die relativ gleichmäßige Luftströmung weist keinen großen Vertikalaustausch an Energie auf und führt daher auch zu wesentlich kleinerem Seegang, als er der Windstärke entsprechen würde.

Schirokko

Zu den im Mittelmeer auftretenden Warmluftvorstößen, die von großräumiger Bedeutung sind und unter Umständen mehrere Tage anhalten können, gehört der **Schirokko**. Er stellt einen südlichen Wind dar, der in der Sahara seinen Ursprung hat. An der nordafrikanischen Küste weht er als trockener und warmer oder heißer, oft mit Staub und Sand beladener Wind unter den verschiedensten Namen, wie Chili, Ghibli oder Khamsim. Über dem Mittelmeer nimmt er Wasserdampf auf und kommt auf den Inseln, Halbinseln und an den nördlichen Küsten als feuchter, schwüler Wind an. Inzwischen hat sich Bewölkung gebildet und es gibt leichten Regen, mitunter auch Gewitter. Stellen sich Gebirge in den Weg, wird im Luv durch zusätzlichen Stau Starkregen erzeugt und im Lee stellt sich Föhn ein. Die Wetterlage vom 8. 3. 1993 [13] mit Boden- und 500-hPa-Karte möge uns das einmal verdeutlichen.

Am 6. März lag ein umfangreiches Sturmtief mit seinem Zentrum und einen Kerndruck von 973 hPa westlich der Biskaya. Während es sich langsam aufzufüllen begann, weitete sich das Höhentief vor der Biskaya und Portugal aus und ein Höhentrog erstreckte sich entlang der nordwestafrikanischen Küste bis fast 25° N. Von den Magrebländern reichte in breitem Strom eine südwestliche Höhenströmung bis nach Mitteleuropa. Am 8. März ging sie in eine Süd- bis Südwestströmung über. Gleichzeitig schwenkte die Kaltfront in das westliche Mittelmeer, lag am 9. März um 00.00 Uhr UTC über Sizilien und beendete im Laufe des Tages die Schirokkolage für Italien.

Einige Zahlen mögen die Auswirkungen dieser Wetterlage verdeutlichen: In Locarno wurden am 8. und 9. März über 100 mm Niederschlag gemessen. Die Höchsttemperaturen betrugen, und das Anfang März, in Tripolis 33 °C, in Neapel und Rom bei bewölktem Himmel und Regen 26 bzw. 23 °C. In Deutschland wurden am 8. März verbreitet Ablagerungen von Saharastaub beobachtet und der Föhn brach am Alpennordrand zahlreiche Temperaturrekorde, so in München mit 22,6 °C.

Eine Schirokkolage im östlichen Mittelmeer wird auch im regionalen Teil (Kapitel 4, Ägyptische Mittelmeerküste und Ostküste Libyens) beschrieben. Wir stellen sie dort als eine Khamsinwetterlage vor. Wenn man die

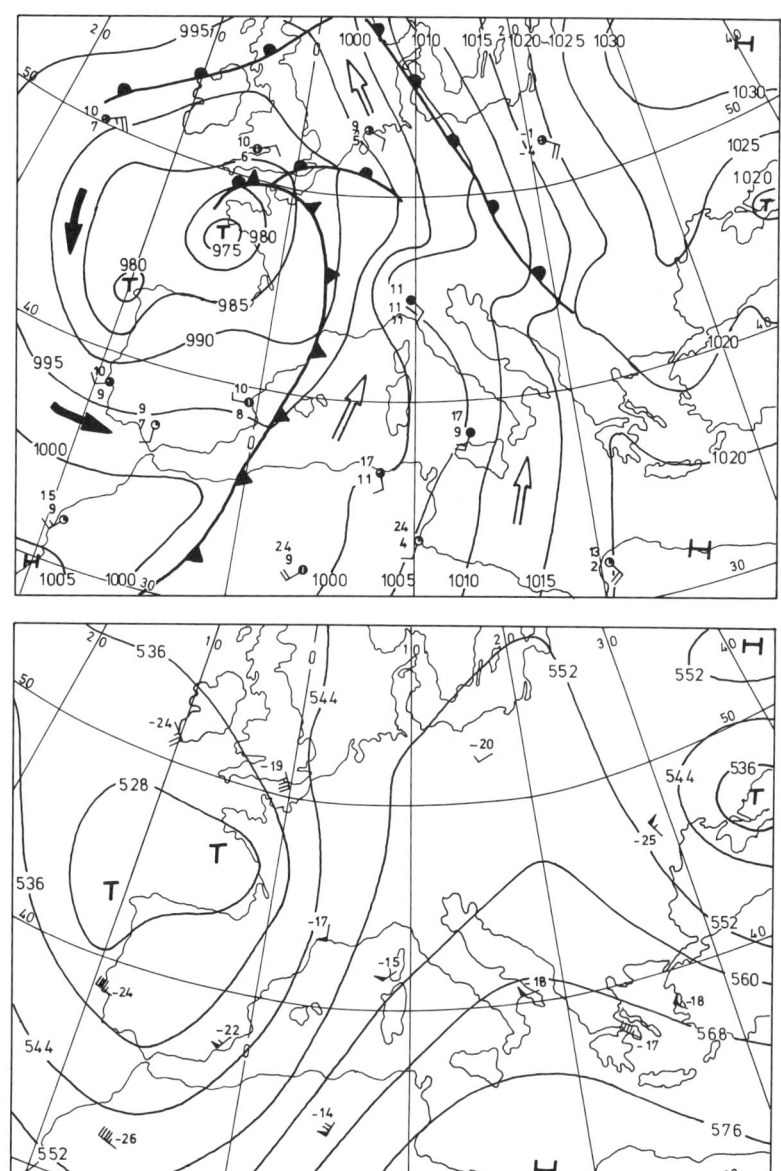

Boden- und Höhenwetterkarte vom 8. März 1991, 00.00 Uhr UTC: Schirokko-Wetterlage.

87

dortigen Wetterkarten vom 15. und 18. April 1993 schon jetzt einmal kurz betrachtet, sieht man, daß die sehr heiße Saharaluft auch die türkische Südküste erreicht. Sie hat sich über dem Wasser inzwischen etwas abgekühlt, ist aber wolkenbeladen und führt zu Niederschlägen. Zypern bekommt sogar Gewitter. In Adana steigen die Tageshöchsttemperaturen von rund 21 Grad vorübergehend auf 29 Grad an.

Jedes kleinere, rasch über das Mittelmeer ziehende Tief erzeugt derartige Situationen ebenfalls. Ausdehnung und Intensität sowie Andauer haben dann natürlich insgesamt merklich kleinere Dimensionen. Für die länger anhaltenden Schirokkolagen ist immer eine starke Höhentrogentwicklung Voraussetzung. Bei den kleineren Entwicklungen ziehen in den Höhenwetterkarten meist nur flache Tröge mit.

Nordafrikanische Zyklonen (Sahara-Zyklonen)

An der afrikanischen Küste von Tunis bis in das östliche Mittelmeer sorgen die **nordafrikanischen Zyklonen** im Frühjahr für häufige, meist jedoch kurze Warmluftvorstöße. Diese Tiefs bilden sich am Südrand des Atlasgebirges oder über Tunesien und ziehen in der Regel ost- oder nordostwärts (Abbildung Seite 12). Sie entstehen mitunter sehr schnell und haben außerdem sehr unterschiedliche Zuggeschwindigkeiten. In Kapitel 4, Tunesische Ostküste, Kleine und Große Syrte) werden sie ausführlicher beschrieben. Neben großer Hitze ist vor allem der mitgeführte Staub und Sand lästig. Mitunter entstehen dabei kräftige Staub- und Sandstürme. Aber auch bei relativ schwachem Wind können im Hafen von Land heranziehende kleine Staub- und Sandtromben (kleine Windhosen, dust devils) für plötzliche „Bewegung" sorgen und das Deck abräumen.

Ost- und Westwinde im westlichen Mittelmeer

Im westlichen Mittelmeer, wo sich Gebirge und Küsten von Westen nach Osten erstrecken, werden die Winde in diese Richtungen geführt. Nördliche und südliche Windrichtungen kommen daher nur selten oder kurzzeitig vor. Auch sind die Windgeschwindigkeiten bei westlichen und östlichen Richtungen meist höher.

Poniente, Ponente

Die westlichen Winde werden bei Gibraltar als Poniente bezeichnet. Meist treten sie als Folge von Tiefdruckgebieten mit starker Bewölkung und Regen auf. Vor allem im Winter können diese Winde Sturmstärke erreichen und werden durch die Düsenwirkung der Meeresenge noch um 2 Bft verstärkt. Auch Bewölkung und Niederschlag erfahren durch den Stau vor der Meeresenge eine Verstärkung. In Italien und an der französischen Mittelmeerküste werden westliche Winde Ponente genannt.

Vendavales

Dies sind starke südwestliche bis westliche Winde im Alboranmeer, dem Seegebiet östlich der Straße von Gibraltar sowie zwischen der spanischen Ostküste und den Balearen. Sie treten auf der Vorderseite von Tiefdruckgebieten über Westeuropa auf, insbesondere wenn Tiefs durch die Garonne-Carcassone-Senke ins westliche Mittelmeer ziehen. Ihre größte Häufigkeit liegt zwischen September und März. Sie bringen unbeständiges rauhes Wetter mit heftigen schauerartigen Regenfällen. Im Hochwinter sind die Vendavales oft von schweren Sturmböen in Schauer- oder Gewitternähe begleitet, in denen der Wind rechtdreht (in Richtung Nordwest). Zwischen den Schauerstaffeln ist der Himmel meist klar. Die höchste Windgeschwindigkeit wird kurz vor der Passage der Kaltfront oder des nachfolgenden Troges erreicht. Durch den sogenannten Düseneffekt erreicht der Vendaval in der Straße von Gibraltar höhere Windgeschwindigkeiten als im Alboranmeer. Nur wenn er genau aus Südwesten kommt, wird man bei Gibraltar durch Leewirkung geringere Windgeschwindigkeiten vorfinden. An der Nordostküste Spaniens ist der Vendaval seltener, kann aber gefährlich werden und, wie in Barcelona, beträchtlichen Schaden anrichten.

Ein Beispiel für einen besonders intensiven Vendaval und Poniente zeigt die Wetterlage vom 9./10. 1. 87. Hier verlief die Zugbahn der Zyklone von Portugal nördlich der Sierra Nevada ins westliche Mittelmeer. Diese Bahn kommt nicht häufig vor. Der Vendaval erreichte kurz vor Passage des Troges 9–10 Bft, der rückseitige Poniente nahm auf 10–12 Bft zu.

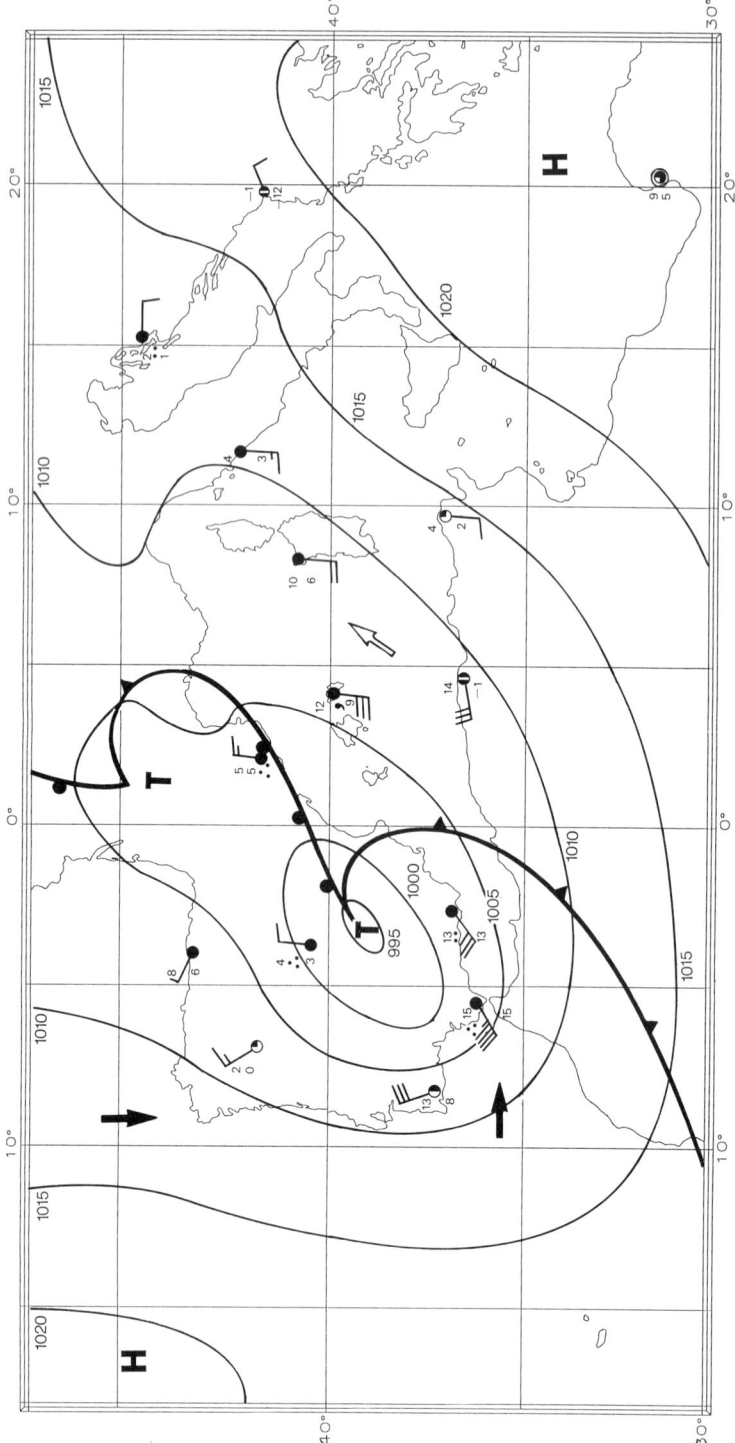

Wetterkarte vom 10. Januar 1987, 03.00 Uhr UTC: Südweststurm (Vendavales) im westlichen Mittelmeer.

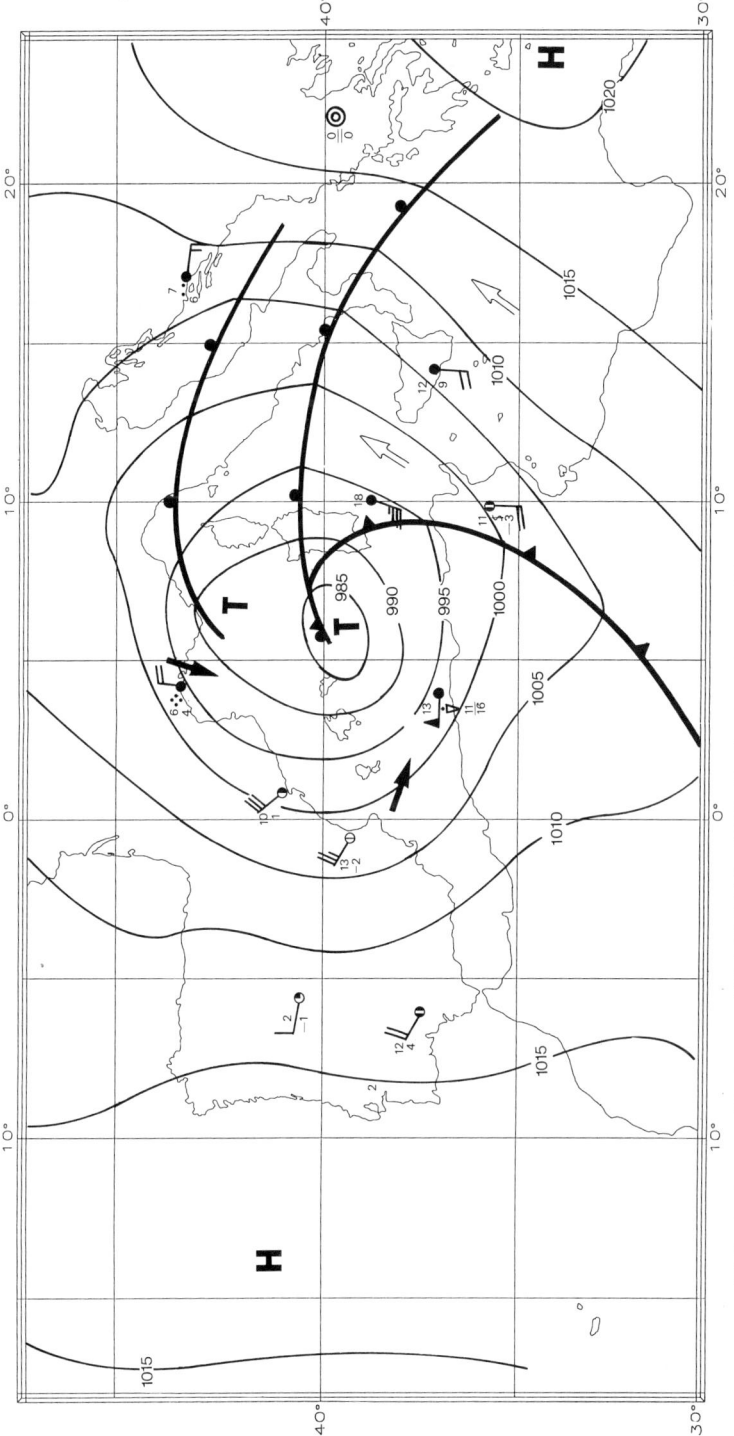

Wetterkarte vom 10. Januar 1987, 18.00 Uhr UTC: Poniente, schwerer bis orkanartiger Sturm aus West.

Libeccio

Im italienischen Sprachbereich bezeichnet man einen stürmischen Süd-west- bis Westwind als Libeccio. Wegen seines plötzlichen Auftretens und seiner starken Böen kann er Sportbooten gefährlich werden. An der nordkorsischen Küste und im Ligurischen Meer herrschen westli-che und südwestliche Windrichtungen vor; zum stürmischen Libeccio wird dieser Wind dann, wenn sich über dem Golf von Genua ein Tief bildet oder verstärkt. Er ist in der Regel von Schauern und Gewittern begleitet und baut eine rauhe See auf.

Über der Adria kommt der Libeccio recht selten vor, er wird von den Kroaten Garbin, Garbinada oder Lebic genannt. Wegen seines seltenen Vorkommens beachten Sportbootfahrer, die dort zum ersten Male fah-ren, seine Vorboten manchmal nicht.

Diese bestehen oftmals aus einem nach unten hin scharf begrenzten Dunststreifen über dem südwestlichen Horizont, der bei fallendem Baro-meter mächtiger wird und in eine dichte Wolkenbank übergeht. Zwischen der Wolkenuntergrenze und dem Horizont bleibt ein heller Streifen, der sich mitunter nach oben wölbt. Je stärker der Luftdruck fällt, desto heftiger wird der Libeccio einsetzen.

Levante

Dies ist die spanische Bezeichnung für Winde zwischen Nordnordost und Ostnordost an der spanischen Mittelmeerküste. Da dieser Wind meist über eine längere Strecke des westlichen Mittelmeers weht, erzeugt er relativ hohen Seegang. Erreicht der Levante Sturmstärke, spricht man von Levantades.

Folgende Druckverteilungen sind für den Levante charakteristisch:
1. Ein Azorenhochkeil liegt über Spanien (z. B. im Winter) oder über Frankreich und gleichzeitig tiefer Druck über dem Mittelmeer und Marokko.
2. Aus einem kräftigen Hoch über Mitteleuropa strömt die Luft in ein Tief über Nordwestafrika oder vor der Küste Marokkos.

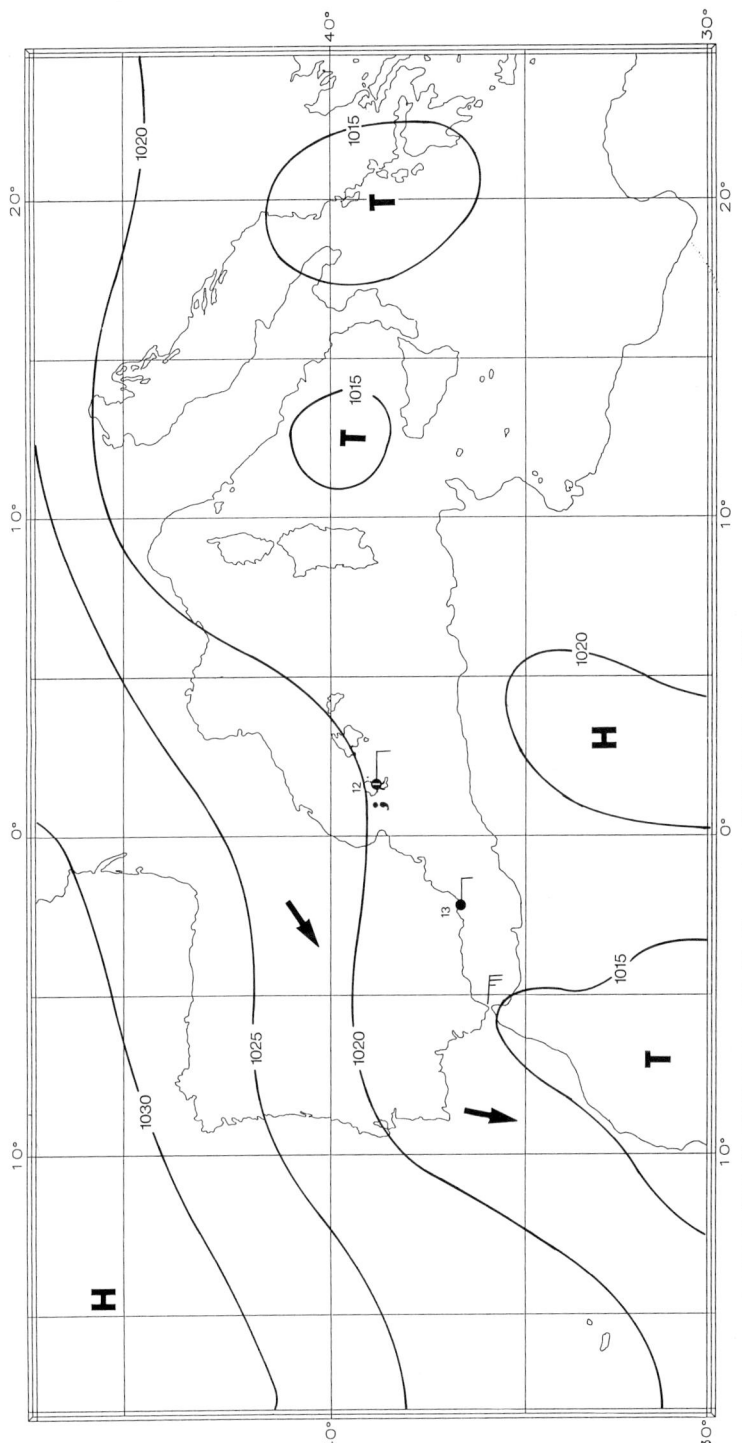

Levante (Typ 1). Wetterlage vom 11. Dezember 1992, 00.00 Uhr UTC.

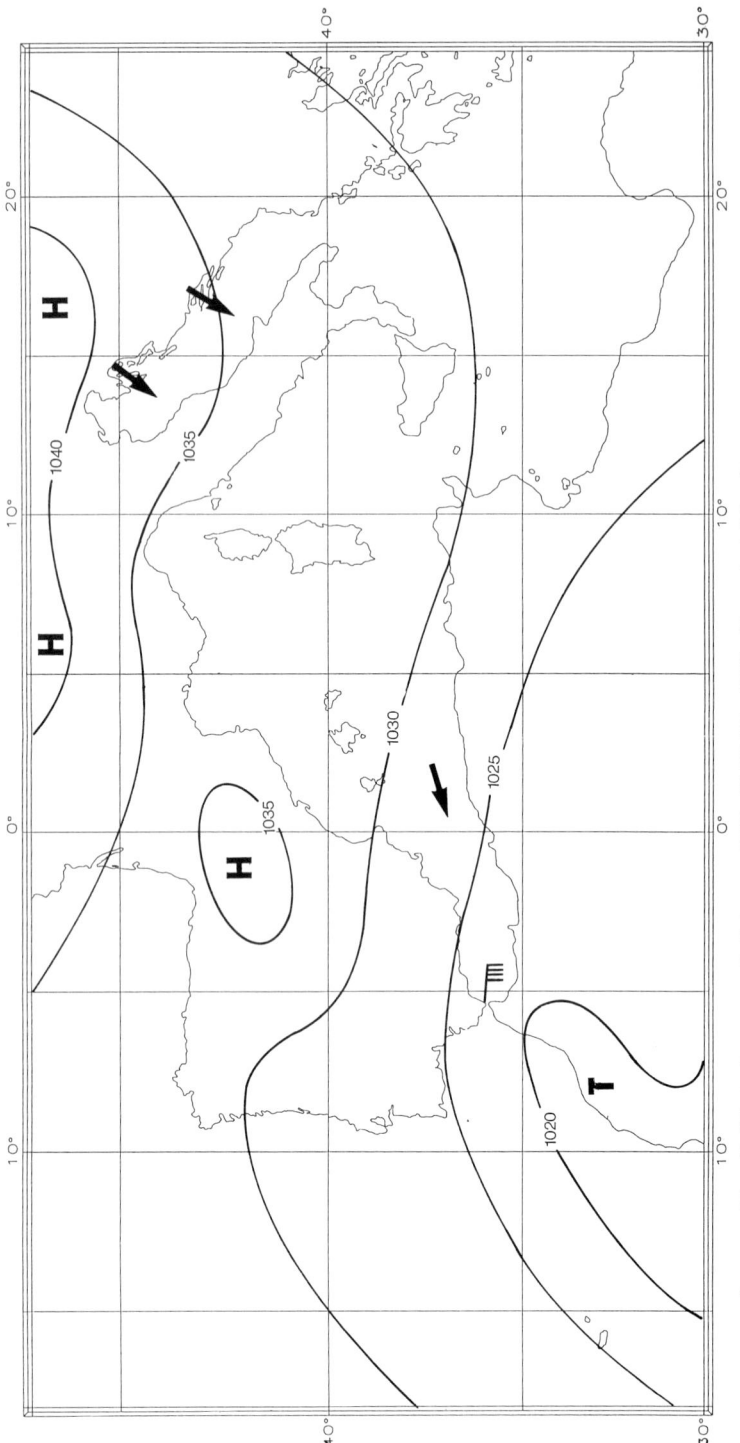

Levante (Typ 2). Wetterlage vom 3. Februar 1993, 00.00 Uhr UTC. Sturm bei Gibraltar.

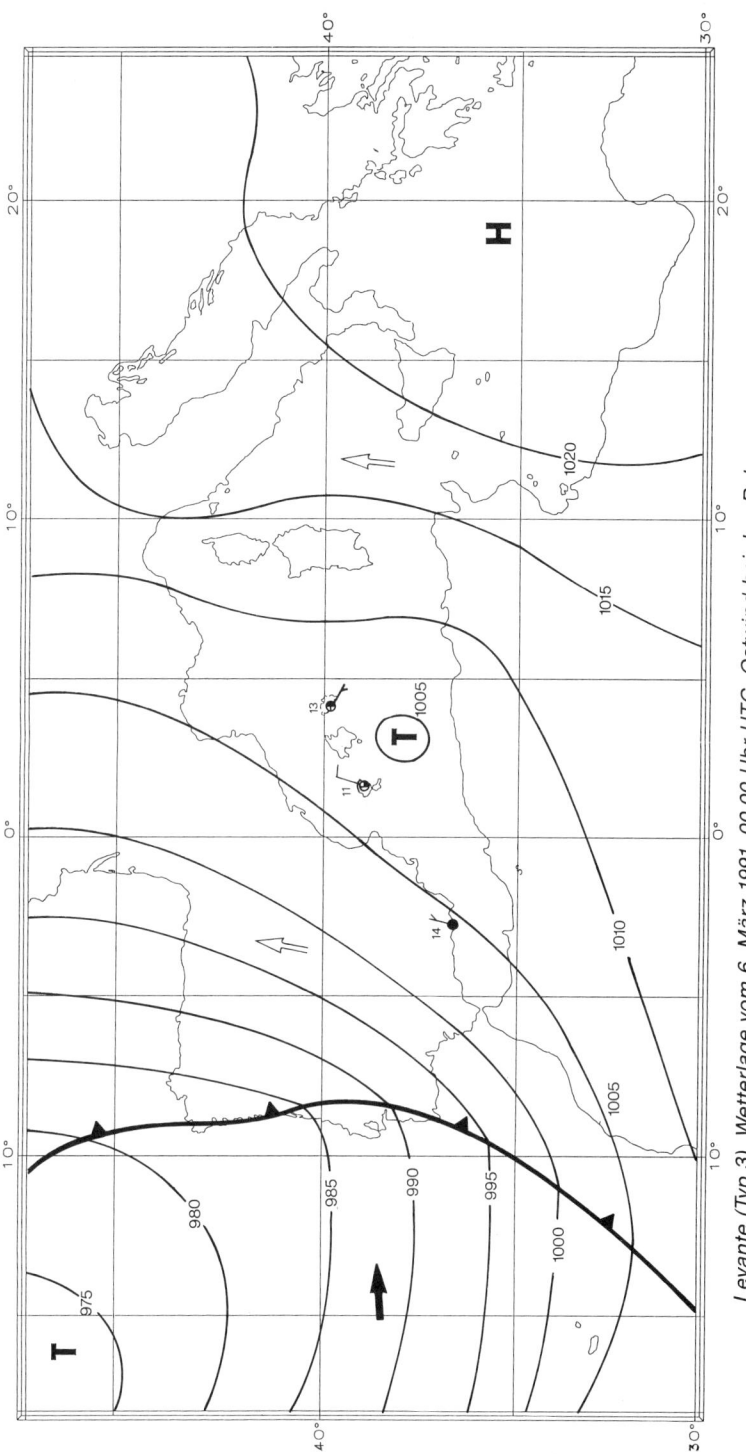

Levante (Typ 3). Wetterlage vom 6. März 1991, 00.00 Uhr UTC. Ostwind bei den Balearen.

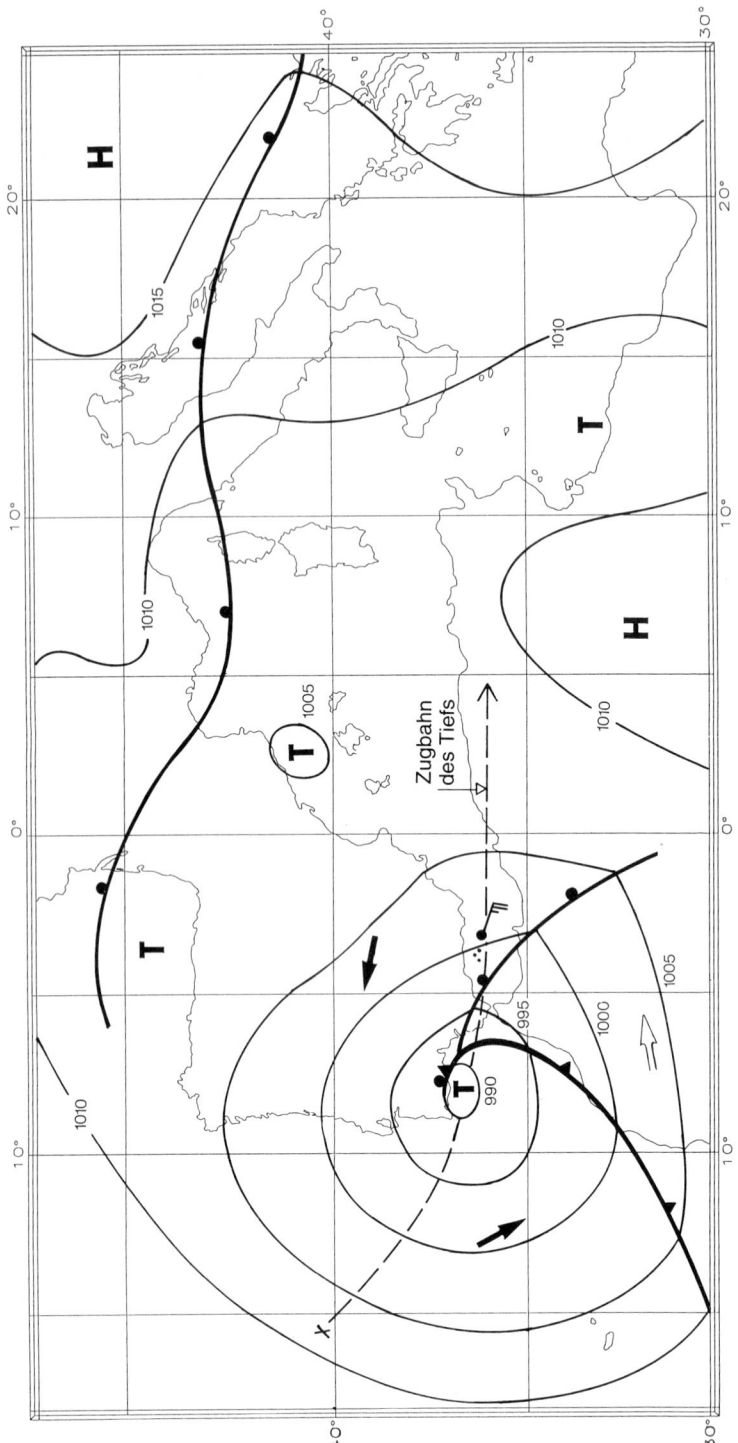

Levante (Typ 4). Wetterlage vom 18. Februar 1991, 00.00 Uhr UTC.

3. Es bildet sich ein (Lee-)Tief bei den Balearen. Dies passiert oft in den kühleren Jahreszeiten, wenn sich eine Kaltfront von Westen nähert.
4. Ein Tief zieht durch die Straße von Gibraltar ins westliche Mittelmeer.
5. Es bildet sich als Folge eines Kaltluftausbruchs ein Tief im Seegebiet südlich der Balearen. Bei diesen Wetterlagen sind Sturmentwicklungen recht häufig. Häufigste Jahreszeit für Stürme dieser Art sind das Frühjahr und der Herbst. Beispiel: Oran-Orkan.

Ein Levante setzt oft dann ein, wenn die Kaltfront einer Genuazyklone über die Ostküste Spaniens hinwegschwenkt. Dabei dreht der Wind von Südsüdwest auf Nordost, verbunden mit Schauerwolken und Böen. Im Winter kann der Levante bei einem ortsfesten Hochdruckgebiet über Westeuropa auch länger andauern.

Der Oran-Orkan vom Dezember 1980

Eine für das westliche Mittelmeer charakteristische winterliche, allerdings extreme Wetterlage war der „Oran-Orkan" vom 28. 12. 1980 (s. Wetterkarte). Dieser außergewöhnliche Levante brachte im Seegebiet bei den Balearen und vor Oran einen der heftigsten Stürme des Jahrhunderts. Dabei gingen zahlreiche Schiffe unter, und es gab große Zerstörungen im Hafen von Oran.

Dieses Orkantief entstand an der Ostflanke eines kräftigen nach Norden verschobenen Azorenhochs. Bei derartigen Lagen des Subtropenhochs entstehen oft Sturmzyklonen über Westeuropa. In diesem Fall hatte sich aus einer Warmfrontwelle über dem Nordatlantik bis zum 27. 12. ein Tief über dem Ärmelkanal entwickelt, das bis zum nächsten Tag mit einem Kerndruck unter 1000 hPa das westliche Mittelmeer erreichte.

Die stärksten Druckgegensätze fand man an seiner Nordwestflanke, verursacht durch den Keil des kräftigen Hochs über dem Atlantik.

An der Nordküste von Mallorca erreichte der Sturm Orkanstärke mit Mittelwinden von 70 Knoten und Böen von 90 Knoten, wobei er erhebliche Schäden anrichtete. Das Orkangebiet erstreckte sich mit Mittelwinden von 60 bis 70 Knoten bis vor die westalgerische Küste. Die kennzeichnenden Wellenhöhen erreichten Werte bis 12 Meter.

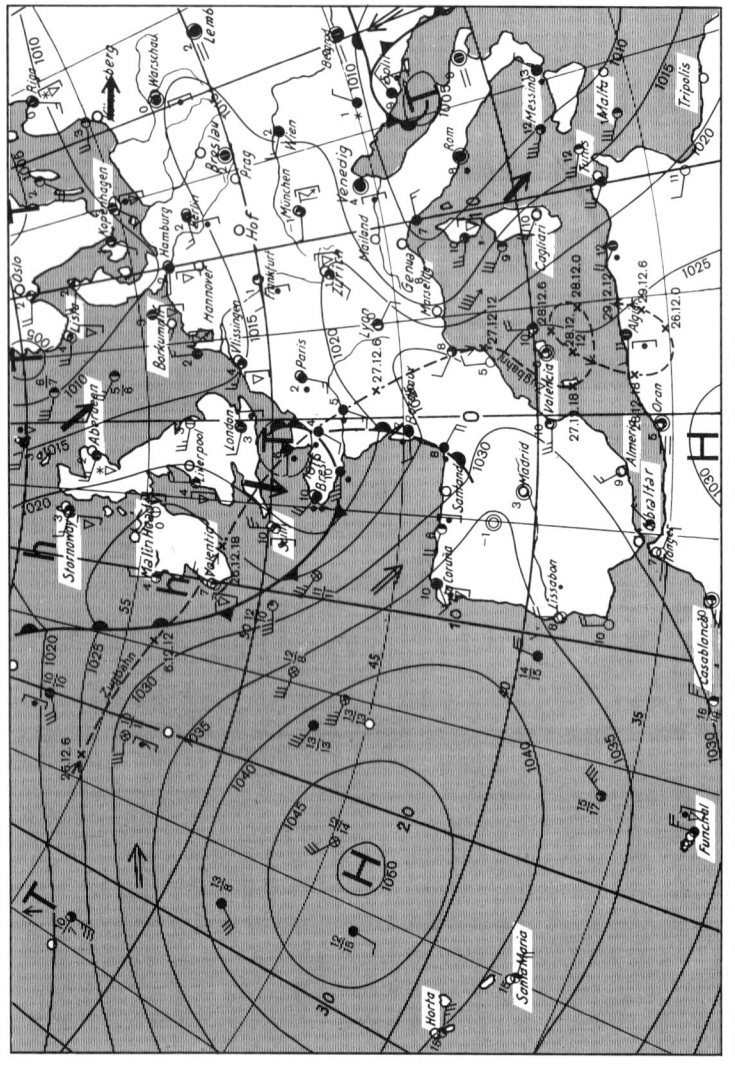

27. Dezember 1980, 00.00 Uhr UTC: Die Ausgangslage für den Oran-Orkan.

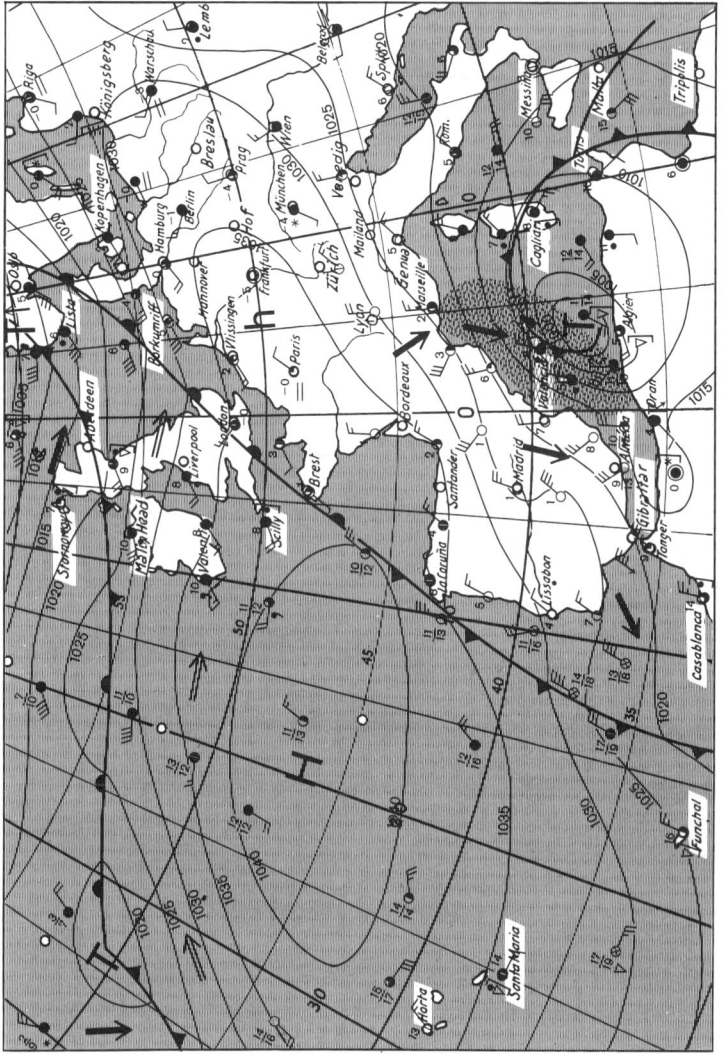

28. Dezember 1980, 00.00 Uhr UTC: Orkantief bei den Balearen, kräftiger Hochkeil über der Biskaya und Frankreich. Gerastert: das Sturmfeld auf See.

Levanter

In der Straße von Gibraltar und im Alboranmeer können die Winde durch die begrenzenden Steilküsten meist nur aus östlichen oder westlichen Richtungen wehen. Beide Windrichtungen sind etwa gleich häufig. Außerhalb der Meerenge von Gibraltar kann die Windrichtung zwischen Nordost und Südost, beziehungsweise zwischen Nordwest und Südwest liegen, während unmittelbar bei Gibraltar der Wind ziemlich genau aus Ost oder West kommt und durch den Düseneffekt beträchtlich an Stärke zunimmt, je mehr man sich dem engsten Teil bei Tarifa nähert.

Östliche Winde werden als Levanter, westliche als Poniente bezeichnet. Der Levanter entsteht bei den gleichen Wetterlagen wie der Levante (siehe oben).

Im Sommer ist er als Ausgleichsströmung zwischen einem Azorenhochkeil über der Biscaya und tiefem Druck über Nordafrika charakteristisch (s. Karte der mittleren Druckverteilung, Seite 13).

Im Winter beginnt der Levanter oft mit starkem frontalen Regen, der dann in Schauer übergeht. Die Sicht ist meist schlecht. Er kann auch in dieser Jahreszeit sehr lange wehen, manchmal 1 bis 2 Wochen ohne Unterbrechung.

Liegt ein kräftiges Hoch über Westeuropa und gleichzeitig ein ausgeprägtes Tief südwestlich von Gibraltar oder über Marokko, erreicht der Levanter Sturmstärke.

Bei Gibraltar erzeugt dieser Wind durch Stau eine typische Wolke, aus der es selbst bei Hochdruckwetterlagen regnen kann. Sonst bringt der Levanter im Sommer selten Regen, aber häufig diesiges Wetter, tiefe Wolken oder sogar Nebel. Durch einen starken Levanter werden im Lee des Felsens heftige Wirbel erzeugt, die für Segelboote (und Flugzeuge) gefährlich werden, da manchmal schon auf 50 m Entfernung unterschiedliche Windrichtungen auftreten.

Wenn der Wind Beaufort 7 oder mehr erreicht, hebt die Levanter-Wolke an und verschwindet.

Starker Tau und Dunst weisen oft schon 24 Stunden vorher auf den Beginn eines Levanters hin. Auch Dünung aus östlicher Richtung kann manchmal als Vorbote betrachtet werden.

Levanter-Wolke über Gibraltar. Aus: Meteorological Magazine, April 1935.

Contrastes

Bei bestimmten Wetterlagen können Poniente oder Vendaval und Levanter auf kurze Entfernung gleichzeitig vorkommen. Diese Konstellation wird als Contrastes bezeichnet. Verursacht werden solche Wetterlagen durch ein langgestrecktes Tief mit einer breitenkreisparallelen Luftmassengrenze, die auf engstem Raum West- bis Südwestwinde im Süden von Ost- bis Nordostwinden im Norden trennt. Bei einer Durchquerung der Konvergenzlinie ändert der Wind innerhalb von wenigen Minuten seine Richtung. Es kommt dann zu heftigen Schauern mit schweren Sturmböen aus unterschiedlichen Richtungen, verbunden mit einer steilen Kreuzsee. Bei solchen Wetterlagen bilden sich zahlreiche Wasserhosen. Am häufigsten treten diese Bedingungen bei Tarifa auf. Östlich von Gibraltar sind bei zusammenströmenden Südwest- und Nordostwinden die Wettererscheinungen nicht so intensiv.

101

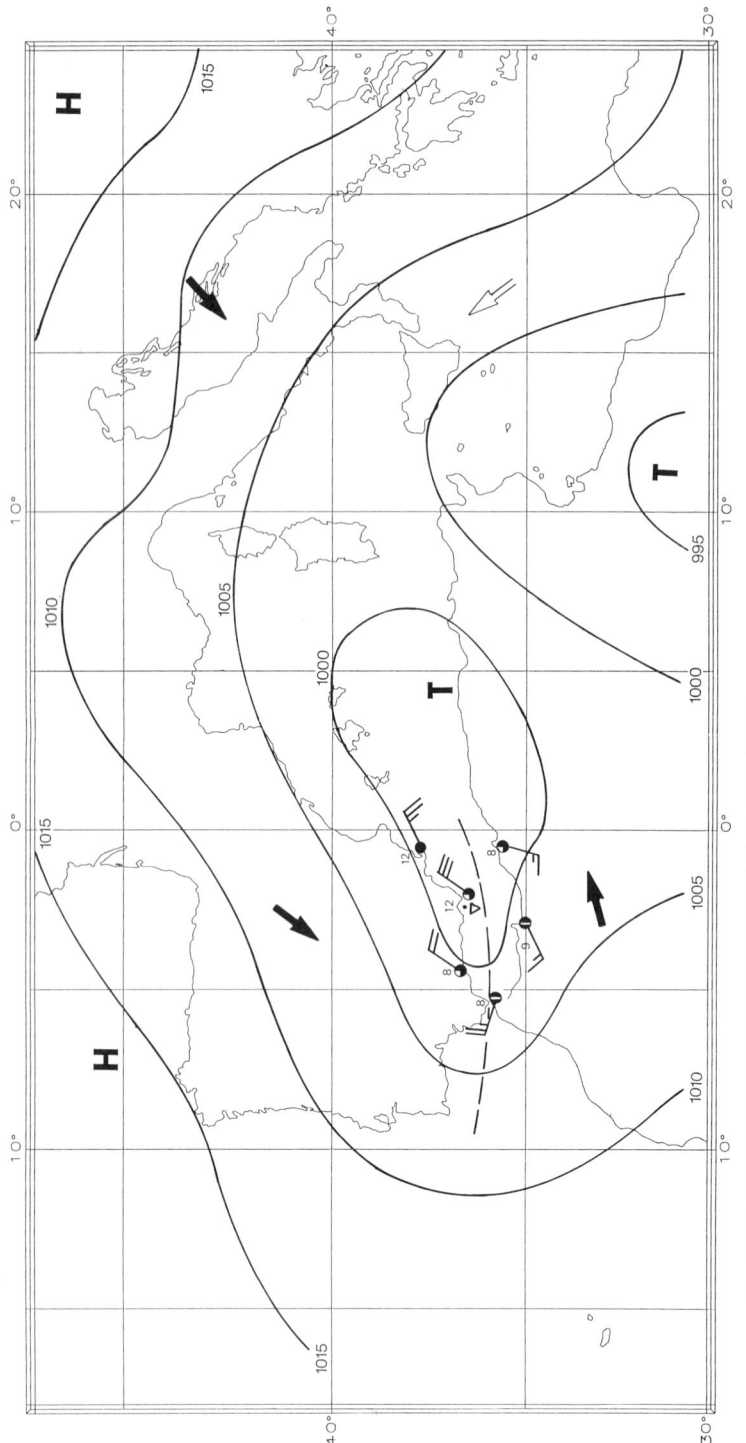

Typische „Contrastes"-Wetterlage im westlichen Mittelmeer.

Winde von der Art der Contrastes gibt es auch in anderen Regionen des Mittelmeeres, insbesondere an der südfranzösischen Küste, in der Straße von Bonifacio und von Messina sowie in griechischen Gewässern.
Bedingungen für Contrastes sind auch gegeben, wenn an gebirgigen Küsten des Mittelmeers kalte Luft abfließt und auf auflandige Winde über See trifft.

Maestral

Dies ist die spanische Bezeichnung für den Mistral. An der spanischen Nordostküste ist er größtenteils nicht so intensiv wie über dem Golfe du Lion, erreicht aber in Tälern und vor Flußmündungen, wie zum Beispiel im Ebrotal zwischen Tortosa und Tarragona, hohe Geschwindigkeiten.

Leveche

An der spanischen Mittelmeerküste werden alle Winde aus südlichen und südsüdöstlichen Richtungen so genannt. Im Sommer führt dieser Wind trockene und heiße Luft aus Afrika heran. An der afrikanischen Mittelmeerküste trägt dieser Wind die Bezeichnung **Chili**.

Seegang

Neben dem Wind ist der Seegang für Segler – hoher Seegang auch für die Berufsschiffahrt – das wichtigste Wetterelement. Die Wellen behindern nicht nur die Fahrt und beeinträchtigen die Mannschaft (Seekrankheit!), sondern stellen im Extremfalle auch eine ernste Gefahr für die Seefahrenden dar.
Deutlich niedriger als im Winter sind die Wellen im Mai. Viele Gebiete der Mittelmeer-Osthälfte verzeichnen dann sogar die niedrigsten Wellen. Im Westteil weisen sie dagegen im Juli oder August die geringsten Höhen auf, während die starken und beständigen sommerlichen Etesien im

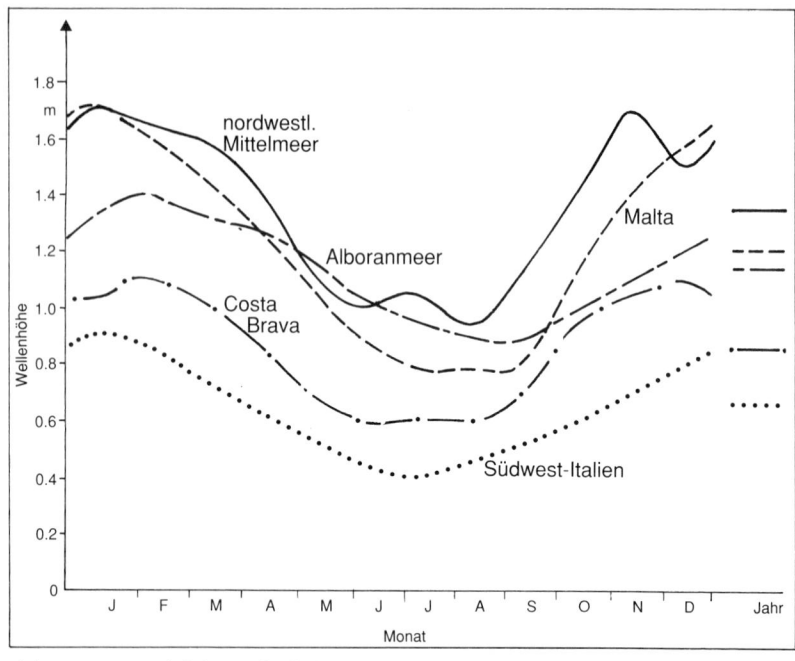

Jahresgang und Jahresmittel der kennzeichnenden Wellenhöhen in verschiedenen Regionen des Mittelmeeres.

östlichen Mittelmeer, am stärksten östlich von Kreta, ein Wellenhöhen-Maximum hervorrufen (s. Abbildung). Dort ist der Oktober wieder ein sehr ruhiger Monat mit niedrigen Wellen, während in den übrigen mediterranen Gebieten die Wellenhöhen schon wieder anwachsen und in diesem Monat etwa dem Jahresmittel entsprechen.

Zwar sind es nicht die mittleren Wellenhöhen, die die Schiffahrt gefährden, aber dennoch gibt die Graphik der Jahresgänge schon wichtige Hinweise, in welchen Seegebieten man vor allem mit hohen Wellen zu rechnen hat.

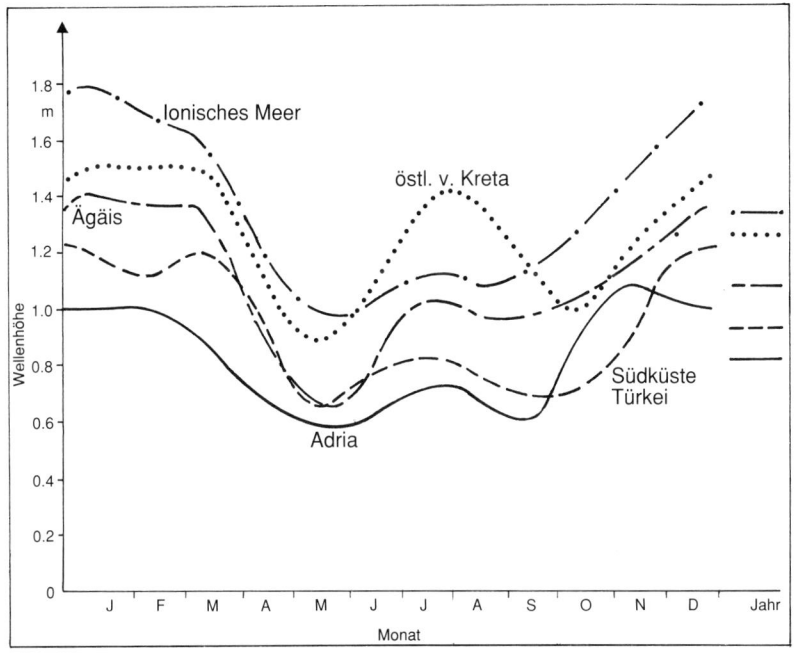

Jahresgang und Jahresmittel der kennzeichnenden Wellenhöhen in verschiedenen Regionen des Mittelmeeres.

Es sind dies – infolge des mächtigen Mistral – das nordwestliche Mittelmeer, aber auch, verursacht durch den langen Fetch, das Ionische Meer. Dagegen wirft die Bora keinen hohen Seegang auf, da sie quer zur Adria bläst und ihre größte Stärke nur an der Küste erreicht. Exemplarisch seien in Tabelle 5 die Häufigkeiten von Seegangsstufen für das nordwestliche Mittelmeer, Südwest-Italien, das Ionische Meer und die Ägäis wiedergegeben. Die Seegangsverhältnisse der übrigen Teile des Mittelmeeres werden bei den einzelnen Küstenabschnitten in Kapitel 4 behandelt.

Tabelle 5: Häufigkeit von Seegangsstufen, Windsee und Dünung, in Prozent

Seegangsstufe	Seegebiet	Jan.	Feb.	März	April	Mai	Juni	Juli	Aug.	Sept.	Okt.	Nov.	Dez.	Jahr
sehr hoch ≥ 5 m	Löwengolf	3,2	2,5	2,6	2,5	1,2	0,8*	1,3	1,4	1,4	2,0	2,6	3,0	2,2
	Südwest-Italien	0,3	0,3	0,2	0,1	–	–	–	0	0,1	0,1	0,1	0,2	0,1
	Ion. Meer	2,9	1,7	1,5	0,7	0,4	0,2	0*	0,2	0,2	0,9	1,6	2,0	0,9
	Adria	0,2	0	0,1	0	–	–	–	–	–	0,1	0,5	0,6	0,1
	Ägäis	1,5	1,4	1,4	0,6	0,1*	0,1	0,2	0,1	0,2	0,5	0,6	0,9	0,6
hoch 3,5–4,5 m	Löwengolf	7,0	8,4	7,5	3,7	1,8	1,6*	2,8	1,8	2,2	4,6	5,7	5,2	4,4
	Südwest-Italien	1,6	1,3	1,3	1,0	0,3	0,2	0,1*	0,2	0,3	0,7	1,0	1,6	0,8
	Ion. Meer	7,8	6,0	5,8	4,0	1,6	0,4	0,3*	0,3	1,1	2,4	4,1	7,1	3,3
	Adria	1,3	0,7	0,7	0,6	0,3	0,2	0,1*	0,1	0,2	0,7	1,4	1,5	0,6
	Ägäis	4,4	3,5	3,8	2,0	0,5*	0,8	0,6	0,8	1,4	1,5	1,8	3,4	2,0
grob 2–3 m	Löwengolf	28	30	28	23	19	16	15	13*	17	20	26	25	22
	Südwest-Italien	13	10	8	6	4	3	2*	3	4	7	10	11	7
	Ion. Meer	32	31	29	22	15	9	7*	8	11	18	26	30	20
	Adria	11	12	12	7	2	1	2	1*	5	7	12	13	7
	Ägäis	22	22	19	12	6*	7	11	12	14	16	15	19	14
mäßig 1–1,5 m	Löwengolf	40	37	36	42	40	34	32*	34	34	37	39	39	37
	Südwest-Italien	36	36	30	25	19	18	11*	15	20	23	26	26	23
	Ion. Meer	40	43	43	44	42	38*	42	40	38*	42	42	41	42
	Adria	43	41	32	27	26	23*	34	29	31	39	43	41	34
	Ägäis	40	37	38	35	29*	30	39	40	39	38	38	41	37
ruhig 0–0,5 m	Löwengolf	22*	22	26	29	38	48	49	50	45	36	27	28	35
	Südwest-Italien	49*	52	61	68	77	79	87	82	76	69	63	61	69
	Ion. Meer	17*	18	21	29	41	52	51	52	50	36	26	20	34
	Adria	44	46	55	65	72	76	64	70	64	53	43*	44	58
	Ägäis	32*	36	38	50	64	62	49	47	45	44	45	36	46

– : nicht aufgetreten, 0 : weniger als 0,05

In den meisten Mittelmeer-Gebieten ist der Seegang überwiegend ruhig, das heißt, nur 0 bis 0,7 m hoch. Das gilt für manche Regionen sogar im Winter, wie Südwest-Italien oder Marmarameer. Im Sommer (Juni bis September) ist dies im gesamten Mittelmeer die häufigste Seegangsstufe.

Für eine hohe See sind entweder Stürme oder langandauernde Starkwinde mit großem Fetch verantwortlich. Diese Seegangsstufe kommt in allen Gebieten des Mittelmeeres zu allen Monaten vor, allerdings ist sie im Sommerhalbjahr (Mai bis Oktober) in den meisten Regionen selten.

Vor sehr hohem Seegang (etwa 5 m und mehr) sollten sich Wassersportler in Acht nehmen. Er wird von schwerem Sturm und Orkan hervorgerufen. Die Tabelle 5 zeigt, daß nur wenige Monate in den geschützteren Seegebieten frei von dieser gefährlichen Wettererscheinung sind, aber selbst in der Ägäis muß man in allen Monaten damit rechnen. Im Löwengolf kommt sehr hoher Seegang auch im Sommer mit Ausnahme des Juni

Windstärke 2 mit sogenannten Slicks (Glattwasserstreifen). Sie bilden sich über internen Wellen und täuschen Windstille vor (Reede von Monaco). (Foto: Dr. F. Krügler)

107

noch zu mehr als 1% Häufigkeit vor. Dagegen ist die südliche Nordsee mit nur 0,1 bis 0,2% sommerlicher Häufigkeit sehr hoher Wellen geradezu ein „Ententeich". Der Wassersportler tut also gut daran, in allen Monaten vor Beginn eines jeden Törns den Seewetterbericht zu hören und vor längerer Reise in die Hochwellen-Gebiete (Alboranmeer, nordwestliches Mittelmeer, Ionisches Meer, Ägäis) eine Törnberatung durch das Seewetteramt anzufordern.

Die größten kennzeichnenden Wellenhöhen treten im Winter, also etwa von November bis März, zum Teil auch noch bis April auf.

Infolge der Gewalt des Mistral überschreiten sie in seinem Einflußbereich die 10-Meter-Marke. Im Löwengolf und im nordwestlichen Mittelmeer bis zur algerischen Küste werden kennzeichnende Wellen bis zu 14 m Höhe angetroffen; Einzelwellen können sich dort also mehr als 20 m hoch auftürmen! Auch in anderen offenen Regionen des Mittelmeeres kommen kennzeichnende Wellenhöhen von 9–10 m vor.

Im Sommer werden die Wellen natürlich nicht so hoch. Für verschiedene beliebte Urlaubsgebiete seien deshalb die größten kennzeichnenden Wellenhöhen der Windsee und Dünung aufgeführt.

Tabelle 6: Größte kennzeichnende Höhe von Windsee (erste Zahl) und Dünung (zweite Zahl) im Sommer (nördlich von 40° N: Juni bis August, südlich von 40° N: Mai bis September) in Metern

Alboranmeer:	8 /7	Ostküste Tunesiens:	4 /4,5
Ostküste Spaniens:	5,5/6	Malta:	4,5/5
Balearen:	7 /6,5	Adria:	3,5/3
Löwengolf:	9 /6,5	Westgriech. Inseln:	5 /5
Cote d'Azur:	7 /7	Ägäis:	5,5/5
Golf v. Genua:	6 /6	Marmarameer:	3 /3
Westküste Korsikas und Sardiniens:	7 /7	Rhodos/Kreta:	6 /6
		Südküste Türkei:	4 /4
nördl. Tyrrhen. Meer:	5 /5	vor Libanon und Israel:	4 /4
südl. Tyrrhen. Meer:	4 /4,5		

4 Regionale Besonderheiten

Süd- und Ostküste Spaniens

Stichworte: Heiße Sommer – Milde Winter – Im Sommer nur im Norden manchmal Regen – Hitzetief (ohne Wolken) über Spanien – Sommerliche Seewinde an der Küste – Häufiger Nebel bei Gibraltar – Schlechte Sicht bei Staubstürmen – Rissaga

Das Klima an diesen Küsten ist durch wolkenarme und trockene, meist auch heiße Sommer sowie milde Winter gekennzeichnet. Intensive Niederschläge fallen im Winter sowie im Frühjahr und Herbst mit einem Maximum, das meist im Oktober auftritt. Gelegentlich erreichen atlantische Tiefausläufer auch im Sommer mit Schauern und Gewittern das nordwestliche Mittelmeer. Im Winter, wenn sich der subtropische Hochdruckgürtel weiter nach Süden verlagert, gelangt das Mittelmeer in die Randzone der Westwinddrift. Dann überqueren manchmal Tiefausläufer den Bereich, wobei sie über der Iberischen Halbinsel oft an Intensität abnehmen. Über dem relativ warmen Wasser des Mittelmeers kommt es aber weiter östlich nicht selten zur Neubildung von Tiefdruckgebieten. Trübe regnerische Tage, wie man sie von Mitteleuropa her kennt, sind auch im Winter ziemlich selten. Meist handelt es sich um schauerartige Niederschläge, die mit kurzzeitigen sonnigen Abschnitten wechseln.
Das westliche Mittelmeer bestimmt mit relativ warmem Wasser das Klima an den spanischen Küsten. So ist es im Winter hier erheblich wärmer als im Landesinneren. Im Sommer sind die Temperaturen durch Seewinde erträglicher als im Binnenland.
Die spanische Küste zwischen Gibraltar und Cabo de Antonio hat nur wenige natürliche Häfen oder Buchten, die Schutz vor östlichen Stürmen bieten.

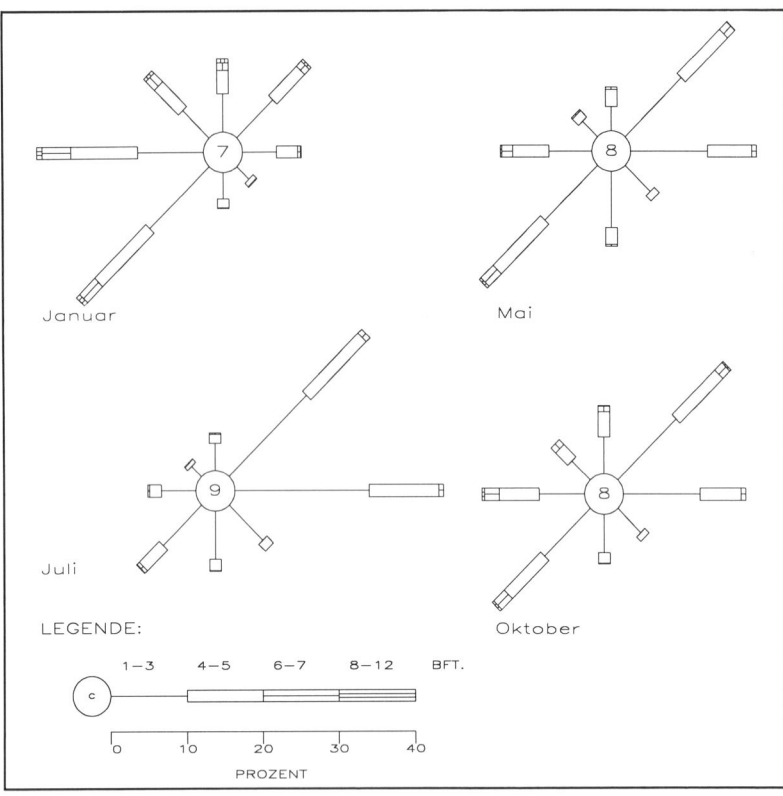

Windsterne: Sie zeigen die Häufigkeit von Windrichtungen an, unterteilt in mehrere Stärke-Klassen. Windverteilung bei Cabo Palos.

Besonderheiten des Windes an der spanischen Mittelmeerküste

Generell sind die Winde an der Küste schwächer als in den Seegebieten östlich und südöstlich davon. Außerdem sind sie stark von der Topographie abhängig und werden durch den Land- und Seewind modifiziert. Die mittlere Druckverteilung im Winter zeigt einen flachen Tiefdrucktrog über dem Mittelmeer sowie hohen Luftdruck über Nordafrika und der Iberischen Halbinsel. Entsprechend kommt es an der spanischen Küste vorherrschend zu Nordost- bis Nordwinden. Im Alboranmeer stoßen südwestliche und nordöstliche Winde aufeinander (Contrastes).

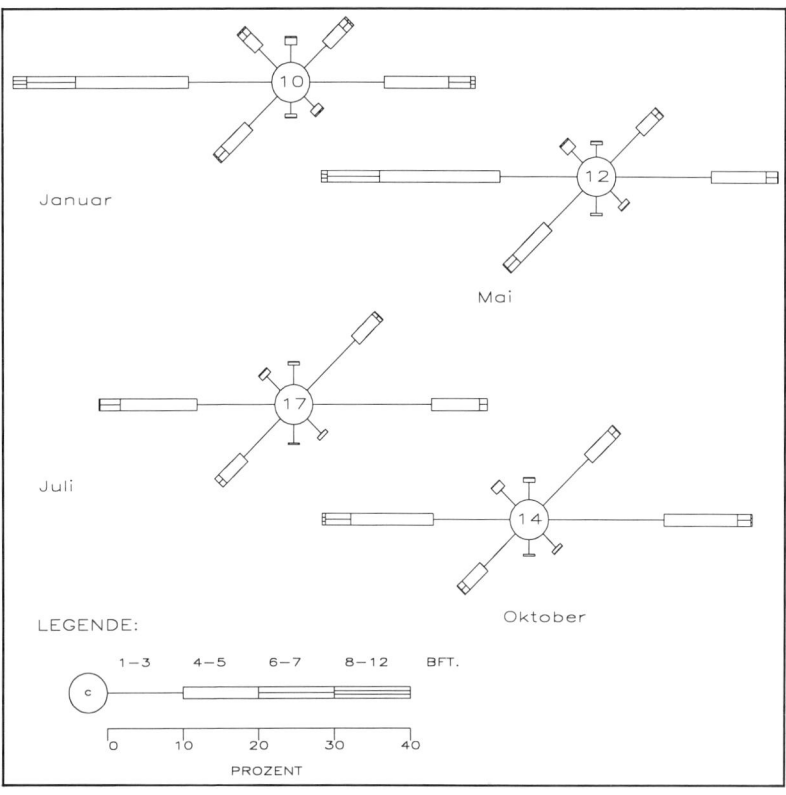

Die Windverteilung bei Gibraltar für die Monate Januar, Mai, Juli und Oktober.

Im Sommer bildet sich ein Hitzetief über Zentralspanien, während über Nordspanien und der Biskaya hoher Druck vorherrscht. Insgesamt sind die Luftdruckgegensätze gering. Es zeigt sich an den Küsten ein ausgeprägter Tagesgang des Windes mit schwachen ablandigen Winden in der Nacht und schwachen bis mäßigen Seewinden am Tage.

Im Gegensatz zum Golfe du Lion und anderen Seegebieten des westlichen Mittelmeers ist die spanische Küste ein ausgesprochen sturmarmes Gebiet. In den Monaten zwischen März und Oktober sind Stürme beispielsweise in Barcelona noch nie beobachtet worden. Durch Düsenwirkung vor Taleinschnitten kann es jedoch zeitweise auch im Sommer an dieser Küste zu Sturm kommen. Eine Verstärkung des Windes durch den sogenannten „Eckeneffekt" findet man auch an der spanisch-französischen Grenze bei Cap Bear und bei Cap Pertusato.

Zwischen Cabo de la Nao und Gibraltar treten durchschnittlich an etwa 5 Tagen im Jahr Windstärken von 8 Bft und mehr auf.

Nördliche und nordwestliche Winde (Tramontana, Maestral) treten in Nordostspanien und auf den Balearen auf der Rückseite von Tiefdruckgebieten auf. Sie nehmen mit der Entfernung von der Küste an Stärke zu. Lokal werden sie verstärkt oder ihre mittlere Richtung verändert. So wird ein Nordweststurm in der Bucht von Valencia bei Cabo Oropesa aus Westen und bei Cabo San Antonio mehr aus Norden wehen.

Bei Menorca gehen diese nordwestlichen Winde in den Mistral über. In Mahon wehen die Winde an etwa 245 Tagen im Jahr aus nördlichen Richtungen. Es kommt vor, daß sich die Windrichtung 15 Tage lang – oder von kurzen Unterbrechungen abgesehen – 2 Monate nicht ändert. Starkwind (mehr als Bft 6) kommt bei diesen Richtungen häufig im Winter und Frühling vor.

Der Himmel ist im Westen dieser Region oft heiter oder nur teilweise bewölkt, nach Osten hin und bei den Balearen nimmt der Wind über See Feuchte auf, und es können sich dann Schauer bilden. Nordöstliche Winde (Llevantades, Levante, Levanter) bringen an der spanischen Mittelmeerküste am häufigsten Sturm. Die stürmischste Zeit liegt zwischen Oktober und April mit einem Maximum von Dezember bis Februar.

Im Sommer sind Stürme recht selten oder nur von kurzer Dauer. Zu dieser Jahreszeit herrschen Land- und Seewinde vor.

Bei Barcelona beginnt der Seewind ungefähr um 08.00 Uhr Ortszeit (09.00 Uhr Sommerzeit) aus südlichen Richtungen. Im Laufe des Vormittags dreht er auf Südsüdwest bis Südwest. Am Nachmittag erreicht er sein Maximum mit 4 bis 5 Bft. Gegen Abend weht er ziemlich küstenparallel und hört gegen 18.00 Uhr Ortszeit auf. Der nächtliche Landwind ist schwach und kommt aus Nordwest bis Nord. Wenn bei einem Seewind an der katalanischen Küste ein Levanter einsetzt, bilden sich an der Konvergenzlinie Schauer- und Gewitterwolken (Cumulonimben). Der Wind dreht dann plötzlich mit kurzzeitigem Regen und Böen von Südsüdwest auf Nordost.

Die Seewinde an anderen Küstenabschnitten Spaniens beginnen etwa zur gleichen Tageszeit wie in Barcelona; die Richtung des Seewindes ist aber vielfach Ost oder Südost.

Südwestliche Winde (Vendavales) sind im Sommer meist schwach und bringen keine Wetterveränderung. In den übrigen Jahreszeiten sind sie im Zusammenhang mit Tiefdruckgebieten jedoch meist mit regnerischem und windigem Wetter verbunden. Sie sind am häufigsten in den Monaten März und April sowie Oktober und November. Die beim Vendaval auftretenden Böen bringen eine plötzliche kurzzeitige Winddrehung auf Nordwest mit Perioden von klarem Wetter. An der südspanischen Küste wird der Vendaval nach Westen oder sogar Nordwesten abgelenkt, wobei auch seine Stärke oft um 1 Bft abnimmt. So wird beispielsweise aus einem Südwest 5 auf der Strecke Gibraltar – Malaga ein West 4 in der Bucht von Malaga.

Südliche Winde sind seltener oder meist schwächer. Ein Beispiel für einen markanten südlichen Wind ist der Leveche. Er ist heiß, trocken, staubig und sandig und kommt zwischen Pta. las Sentinas und Cabo Nao vor. Er entspricht dem Schirokko im übrigen Mittelmeerraum. Sein Beginn kündigt sich durch eine bräunliche Wolkenbank am südlichen Horizont an. Mit der Ankunft dieser Wolke setzt der Leveche mit Staub und Sand ein. Wie der Schirokko dauert er meist nicht lange, nur in Ausnahmefällen länger als 24 Stunden.

Nebel (Sicht unter 1000 m)

Nebel kommt im westlichen Mittelmeer zu allen Jahreszeiten gelegentlich vor. Typisch hierfür sind Schirokko- oder Levanter-Wetterlagen. Dabei kühlt sich warme und feuchte Luft über dem relativ kalten Wasser bis unter den Taupunkt ab. Wenn der Levanter tagelang weht, erwärmt sich die Meeresoberfläche oft nach einigen Tagen soweit, daß die Nebelbildung aufhört. Erst wenn, durch einen „Poniente" unterstützt, mit der ostwärts setzenden Meeresströmung wieder kälteres Wasser durch die Straße von Gibraltar ins Alboranmeer fließt, kann bei einem neuen „Levante"-Vorstoß wieder Nebel entstehen. Auch bei westlichen Winden können vor Gibraltar Nebel auftreten. Sie sind dann besonders dicht und meist auch nässend. Tagsüber neigt der Nebel dazu, sich in einzelne Felder oder Schwaden aufzulösen. An allen Küsten sind die Nebel meist nur von kurzer Dauer.

Die Straße von Gibraltar und das östlich angrenzende Seegebiet ist die nebelreichste Zone im Mittelmeer mit fast 5% aller Schiffswettermeldungen im August. In Almeria werden durchschnittlich 38 Nebeltage pro Jahr registriert. Am geringsten ist die Nebelhäufigkeit allgemein zwischen Oktober und Januar.

An der Küste besteht das ganze Jahr über die Gefahr von Nebeleinbrüchen während der Nacht- und Morgenstunden, wenn Nebel, der sich über Land gebildet hat, auf See hinaustreibt. Schlechte Sicht kann an der südspanischen Küste auch bei starken Südwinden (dry scirocco) durch mitgeführten Staub oder Sand auftreten. Dabei kann die Sichtweite manchmal auf weniger als 1000 m reduziert sein. Der Himmel hat dann ein bräunliches oder gelbliches Aussehen.

Gezeiten

Der mittlere Tidenhub bei Gibraltar beträgt 0,9 m. Er nimmt nach Nordosten hin auf weniger als 0,1 m ab (Karte).

Die Wasserstände an der Ostküste Spaniens und bei den Balearen werden jedoch vom Wind beeinflußt. Starke und anhaltende Winde können die Wasserstände um 1–2 m erhöhen oder um 0,5 m erniedrigen. Erhöhte Wasserstände kommen gewöhnlich bei Südostwinden vor, während bei Nordwest- bis Nordostwinden der Wasserstand sinkt. An der Südküste Spaniens können nördliche bis östliche Stürme zu beträchtlich höheren Wasserständen führen. Im Golf von Valencia tritt Hochwasser bei Nordostwinden und Niedrigwasser bei Nordwestwinden auf.

Ein größeres Ansteigen des Wasserstandes ist fast immer mit einem Luftdruckfall und ansteigenden Temperaturen verbunden. Bei vorher ruhigem Wetter sind erhöhte Wasserstände ein ziemlich sicheres Vorzeichen schlechten Wetters mit auflandigen Winden, während eine Wasserstandserniedrigung auf gutes Wetter mit ablandigen Winden hinweist.

Strömung

Aufgrund der starken Verdunstung des Mittelmeerwassers dringt durch die Straße von Gibraltar an der Oberfläche atlantisches Wasser in das Mittelmeer ein, während in der Tiefe salzhaltigeres schweres Mittelmeerwasser ausfließt.

Im äußersten Westen des Mittelmeeres hat die ostwärts setzende Strömung häufig eine südliche Komponente, so daß mit auflandigen Versetzungen zu rechnen ist. Die mittlere Stromgeschwindigkeit liegt zwischen Oktober und Mai bei 0,8–1,0 sm/h, zwischen Juni und September bei 0,5–0,8 sm/h. Dicht unter Land findet man zuweilen Neerströmungen, also Versetzungen nach Westen.

Im Golfo de Valencia ist die Strömung stark wetterabhängig. Bei frischen Winden aus Nord bis Ost setzt die Strömung in den Golf hinein, wobei sie mitunter 2–3 sm/h erreicht. Die auslaufende Strömung kann bei hohem Oberwasser der Flüsse eine Geschwindigkeit von 4–5 sm/h erreichen. Sie vereinigt sich mit der Strömung, die vor der afrikanischen Küste ostwärts läuft. Südlich von Cabo de San Antonio wird sie verstärkt, wenn westlich vom Kap westliche Winde herrschen. Bei nordwestlichen Winden setzt die Strömung im Golfo de Valencia nach außen.

Auch bei den Balearen ist die Strömung vom Wind abhängig. Bei Mistral-Lagen entstehen nach Südosten bis Südwesten setzende Strömungen, die in der Nähe der Balearen auseinanderlaufen und mit Annäherung an die afrikanische Küste allmählich in östliche Richtung verlaufen. Umgekehrt setzt bei südlichen Winden die Strömung nordwärts. Zwischen den Balearen und der Straße von Gibraltar sowie entlang der Hauptschifffahrtsroute vor der algerischen Küste behält die Strömung bei allen Windrichtungen ihre östliche Richtung bei.

Rissaga

In mehreren Häfen der Balearen und der spanischen Mittelmeerküste kommt es gelegentlich zu kurzfristigen Schwankungen des Wasserstandes, der „Rissaga". Innerhalb von 10 bis 30 Minuten kann der Wasserstand bis zu gut ein Meter schwanken, so daß dadurch schon Yachten auf dem Trockenen gelegen haben. Nach ein bis zwei starken Schwankungen klingt die Schwingung meist rasch wieder ab.

Die Rissaga hat nichts mit den Gezeiten zu tun; es handelt sich hierbei um Wasserstands-Schwankungen in Häfen, hervorgerufen durch kurzfristige Luftdruck-Änderungen infolge von (entfernten) Gewittern, Frontdurchgängen oder Böenlinien. Normalerweise sind die hierdurch erzeugten Wasserstands-Schwankungen sehr gering; sie können sich aber bei „geeigneter" Frequenz durch Resonanz im Hafenbecken hochschaukeln.

Besonders häufig und stark ausgeprägt ist die Rissaga im Hafen von Ciudadela an der Westküste von Menorca, sie kommt aber auch in den Häfen von Alcudia, Pollensa, Cala d'Or, Porto Colom, Barcelona, Valencia und Tarragona vor. – Eine ähnliche Erscheinung gibt es unter dem Namen „Marobbio" an den Küsten Siziliens und seiner Nachbar-Inseln (s. S. 145).

Es empfiehlt sich für den Skipper, sich mittels der Handbücher gut über das Rissaga-Risiko zu informieren und in den entsprechenden Häfen die Boote gut zu vertäuen und die Leinen nicht zu dicht zu nehmen.

Besonderheiten des Seegangs an der spanischen Küste

Winde vom Levantetyp führen an der spanischen Mittelmeerküste zu den höchsten Wellen. Aber auch bei Sturm aus südlichen Richtungen kann mitunter beträchtlicher Seegang aufkommen, der Schaden anrichtet.

Laufen Seegang und Strömung gegeneinander, wie es in der Straße von Gibraltar bei Ostwind der Fall ist, wird der Seegang kurzwellig und steil, läuft er mit der Strömung wird er flacher und länger. Eine gefährliche Kreuzsee kann bei den Contrastes und bei der Reflexion des Seegangs an Felsenküsten entstehen.

Löwengolf

Stichworte: Mistral beherrscht Löwengolf und behindert Einlaufen in die Häfen, verursacht starke Oberflächenströmung – Nur

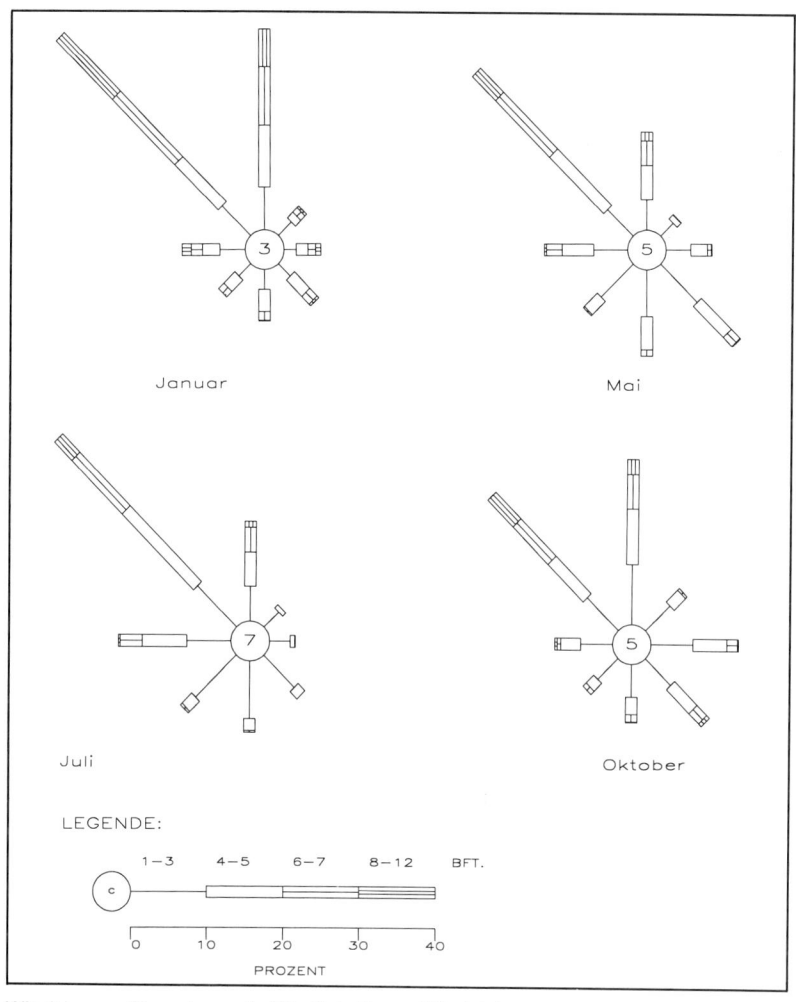

Januar Mai

Juli Oktober

LEGENDE:

1−3 4−5 6−7 8−12 BFT.

c

0 10 20 30 40
PROZENT

Windsterne: Sie zeigen die Häufigkeit von Windrichtungen an, unterteilt in mehrere Stärke-Klassen. Hier für den Löwengolf.

kurze Badesaison − Zwei Regenzeiten − Frost und Schnee im Winter − Gewitter im Spätsommer

117

Tabelle 7: Häufigkeit in Prozent von ablandigem (Mistral) und auflandigem Wind (Marin) im Löwengolf

	Windstärken	Monat												Jahr
	(Bft)	Jan.	Feb.	März	April	Mai	Juni	Juli	Aug.	Sept.	Okt.	Nov.	Dez.	
Ablandig	4– 5	18,2	16,6	19,1	19,8	18,6	21,8	23,6	21,2	21,4	16,2*	18,7	19,0	19,5
W–N	6– 7	20,4	20,3	18,9	18,3	15,1	14,1	15,5	12,6	12,6	11,5	18,1	15,0	16,1
Mistral	8– 9	13,6	14,3	11,7	10,8	5,3	2,4*	4,0	4,7	4,6	6,2	12,0	11,4	8,4
	10–12	3,1	3,7	1,6	1,0	0,5	– *	0,2	0,3	0,5	0,8	2,4	2,0	1,3
Auflandig	4– 5	7,3	7,8	8,5	7,8	11,9	4,9	3,4*	7,5	8,2	10,8	9,5	8,2	8,0
E–S	6– 7	3,5	3,8	3,9	2,0	2,9	0,5	0,3*	0,5	1,5	4,1	2,8	3,4	2,5
Marin	8– 9	1,1	1,4	0,8	0,3	0,2	0	–	0,1	0,2	0,7	1,1	1,3	0,7
	10–12	0	0	0	–	–	–	–	–	–	0	–	0,1	0

___: nicht aufgetreten, 0: weniger als 0,05

Tabelle 8: Häufigkeit von Sturm (≥8 Bft) in Prozent

	Monat												Jahr
	Jan.	Feb.	März	April	Mai	Juni	Juli	Aug.	Sept.	Okt.	Nov.	Dez.	
Cap Bear	15,6	18,7	14,6	17,6	9,2	7,3	6,6	5,9	5,1*	9,2	11,7	16,7	11,5
Pomegues-Insel	9,4	10,6	9,0	10,1	6,0	3,6	4,0	3,1*	3,5	6,4	8,6	7,8	6,8

Der Mistral beherrscht den Löwengolf. Da er ablandig weht, sind die meisten Häfen gut gegen ihn geschützt, aber das Einlaufen in die Häfen beim Mistral kann Schwierigkeiten bereiten. Dagegen dringt beim auflandigen Marin (Südostwind) eine unangenehme Dünung in manche Häfen ein. Eine genauere Beschreibung der Verhältnisse in den einzelnen Küstenabschnitten und Häfen ist in [7] enthalten. Hier seien nur die wesentlichen Verhältnisse angesprochen.

In der vorstehenden Abbildung sind die Windsterne des Löwengolfs für Januar, Mai, Juli und Oktober dargestellt. Die Länge der Arme, vom Kreisrand aus gemessen, gibt die Häufigkeit der verschiedenen Windrichtungen an. Im Kreis steht die Häufigkeit der Windstillen in Prozent. Die einzelnen Arme wurden in die Windstärken 1–3, 4–5, 6–7 Bft sowie 8 bis 12 Bft unterteilt (s. Signatur).

In Küstenorten sind, je nach Aufstellung des Windmessers, sehr unterschiedliche Windverhältnisse zu erwarten; schon auf kurze Entfernungen können völlig verschiedene Verhältnisse auftreten. Am Cap Bear beispielsweise ist die Sturmhäufigkeit noch größer als auf offener See.

Allerdings zeigen sowohl die Tabelle 7 mit den Windverhältnissen von See als auch die beiden Landstationen Cap Bear und die Pomegues-Insel bei Marseille (Tabelle 8), daß der April noch winterliche Verhältnisse mit viel Sturm aufweist – an der Küste sogar noch mehr als im März! Im Oktober erfolgt dann wieder eine rasche Zunahme der Sturmtätigkeit.

Die Häufigkeit auflandigen groben und hohen Seegangs entspricht etwa der des anlandigen Starkwindes und Sturms und beträgt im Jahresdurchschnitt ca. 4%. Je nach Windrichtung kann der Wasserstand in manchen Häfen schwanken, in Sete kann er bei Südoststurm um 1 m höher sein als bei Nordwestwind, in Marseille beträgt der Unterschied zwischen dem höchsten und niedrigsten beobachteten Wasserstand 1,5 m.

Die **Oberflächenströmungen** werden meist vom Windfeld bestimmt: Bei Sete kann bei Nordsturm eine Strömung bis zu 4 sm/h Geschwindigkeit nach Südwesten setzen. Zwischen Carnon Plage (3°59′E) und Port Camargue (4°07′E) setzt generell eine schwache Strömung mit 0,5 bis 1 sm/h westwärts. Vor der Rhonemündung setzt die Flußströmung mit großer Geschwindigkeit seewärts; ihr weiterer Verlauf hängt von dem auf dem Meer herrschenden Wind ab.

Die **Sicht** auf See und an der Küste ist überwiegend gut; der Mistral sorgt für klare Sicht. Schlechter ist sie beim Marin (Schirokko), aber dieser ist ja im Löwengolf relativ selten. So werden auf See im Jahresmittel zu 85% gute Sichten gemeldet, im Winter zu etwa 90%, im Sommer zu 80%.

Nebel gibt es im Juli/August zu etwa 1% Häufigkeit, im Winter (Dezember bis März) nur zu 0,2%.

An der Küste zählt man zwischen 15 (Sete) und 9 (Marseille) Nebeltage pro Jahr, das Maximum liegt – in Sete wie auf See – im August (3 Nebeltage), in Marseille im Januar (2 Tage).

Die mittlere tägliche **Sonnenscheindauer** schwankt zwischen etwa 11 Stunden im Juli und 4 Stunden im Dezember. Beim Löwengolf handelt es sich um ein ziemlich kühles Gebiet mit einer nur kurzen Badesaison von Juli bis September.

Es gibt praktisch zwei „Regenzeiten", den Spätwinter beziehungsweise Frühling und den Herbst, dann fällt jeweils die größte Niederschlagsmenge. Zwar ist an der Küste und auf See im Dezember und im Januar die Niederschlagshäufigkeit noch etwas größer als im Oktober, aber die Ergiebigkeit ist dann geringer. Im Juli ist es am trockensten, aber niederschlagsfrei bleibt es nicht.

Marseille hat 19 Tage mit Gewittern pro Jahr, jeweils 3 im Mai und September, im Januar 0, sonst 1 bis 2 Tage. Auf See gewittert es am häufigsten von August bis Oktober, am seltensten im Frühling (April bis Juni).

Cote d'Azur

Stichworte: Krasse örtliche Windunterschiede – Schwerer Sturm auch im Sommer – Milde Winter, keine heißen Sommer – Regenreicher Herbst – Monaco ohne Frost – Nizza nebelfrei

An der Cote d'Azur gilt in besonderem Maße, was in Kapitel 2 über die orographischen Effekte steht. Wegen der starken Gliederung dieser gebirgigen Küste treten starke Unterschiede des Windes, sowohl in der Richtung als auch bei der Stärke, auf kurzen Entfernungen auf.

Kap Ferrat bei Nizza.
(Foto Dr. F. Krügler)

Durch das Gebirge ist das Meer von West nach Ost zunehmend gegen den Mistral geschützt, aber es ist immer noch sturmreicher als viele andere Mittelmeer-Gebiete. Vorherrschende Windrichtung ist WNW (im Löwengolf NW); die mittlere Windgeschwindigkeit im Sommer (Mai bis September) beträgt 13,7 Knoten, gegenüber 15,9 kn im Löwengolf. Winde aus Ost und Südost sind mit 22% im Jahresmittel deutlich häufiger als im Löwengolf (15,5%); Nordwest- und Westwind kommen zusammen mit 43,5% vor, im Löwengolf erreichen Nordwest- und Nordwind insgesamt gut 53%. Windstille auf der offenen See gibt es im Sommer zu etwa 10%, sonst zu etwa 5% (im Löwengolf sind es etwa 6% im Sommer und 3% in den übrigen Jahreszeiten). In solchen Wettersituationen ist an den Küsten das Land-Seewindsystem meist gut ausgeprägt, so daß man trotz der „draußen" herrschenden Windstille in Küstennähe tagsüber recht gut segeln kann.

Allerdings zeigen die Übersichten auf den Seiten 45–50, daß kein Monat sturmfrei ist, schwere Stürme kommen selbst im Sommer vor, wenn auch recht selten, nämlich mit 0,2% Häufigkeit (desgleichen im Löwengolf). Auch an vielen Küstenorten (s. Toulon, Tabelle 9) muß man in jedem Monat mit Sturm rechnen, in besonders geschützten Häfen, wie Nizza, ist er allerdings sehr selten.

Tabelle 9: Häufigkeit von Sturm (≥8 Bft) in Prozent

Station	Jan.	Feb.	März	April	Mai	Juni	Juli	Aug.	Sept.	Okt.	Nov.	Dez.	Jahr
Toulon	1,0	1,3	1,2	1,0	0,6	0,4	0,3*	0,5	0,4	0,5	0,9	1,3	0,9
Nizza (Nice)	0,1	0,1	0,1	0,1	0	0	0	0	–*	–*	0,1	0,1	0,1

Fast alle Häfen sind zwar gegen den Mistral gut geschützt, aber bei östlichem und südöstlichem Starkwind oder Sturm (Marin) kann der Seegang in manche Häfen hineinlaufen. Selbst bei Südwestwind (Libeccio) gelangt Dünung durch „Herumbiegen" in flacherem Wasser von Süden her in manche Häfen hinein.

Die Oberflächenströmung setzt meistens nach Südwesten, aber in den Buchten zwischen Cap Croisette und der italienischen Grenze, insbesondere zwischen Nizza (Nice) und Menton tritt eine ostwärts setzende Neer-

121

strömung auf. Die Gezeiten entlang des Löwengolfs und der Cote d'Azur sind unbedeutend. Bei ablandigem Wind kommt es in einigen Häfen zum Fallen, bei auflandigem Wind (Marin) jedoch zum Steigen des Wasserstandes; so wurde in Nizza bei starkem Ostwind und niedrigem Luftdruck ein Anstieg des Wassers bis zu 0,9 m beobachtet; in Monaco beträgt der Unterschied zwischen dem höchsten und dem niedrigsten Wasserstand (nach Beobachtungen über 20 Jahre) 1,0 m.

Die Cote d'Azur besitzt ein recht gemäßigtes Klima: Die Winter sind mild, die Sommer nicht so heiß.

Die Badesaison dauert etwas länger als am Löwengolf, nämlich von Mitte Juni bis Ende September. Die tägliche Sonnenscheindauer variiert zwischen 9,5 (Monaco) und 12,3 Stunden (Toulon) im Juli und 3,9 (Monaco) bis 4,5 Stunden (Nizza) im Dezember.

Die Cote d'Azur erhält ziemlich viel Regen, nämlich zwischen 700 und 1000 mm pro Jahr, sie hat allerdings nur etwa halb so viele Niederschlagstage wie Norddeutschland: Der Regen ist also meist kurz, aber heftig. Hauptregenzeit ist der Herbst (Oktober bis Dezember), am wenigsten regnet es im Juli. Auf See gibt es verhältnismäßig viele Gewitter, die meisten im Oktober, die wenigsten im Juni/Juli. Von der Küste liegen nur von Nizza Angaben vor, danach sind auch dort Gewitter im Sommer und Herbst am häufigsten.

Die **Sicht** ist überwiegend gut oder sehr gut, im Jahresmittel zu 89%, im Sommer zu 85 bis 89%. Nebel ist sehr selten, auf See im Durchschnitt mit 0,5% Häufigkeit, im Winter nur zu 0,2%, im Sommer zu 0,4 bis 1,0%. „Nebelreichster" Monat ist der Juni. Manche Küstenorte, wie Nizza, sind praktisch nebelfrei.

Golf von Genua und Ligurisches Meer

Stichworte: Genuatief, Tramontana mehr im Winter, Libeccio eher im Sommer – Hoher Seegang auch im Sommer – Viel Regen in Genua – Toskana-Küste und Elba haben mehr Sonne und längere Badesaison

Das Genuatief ist das wichtigste Wettersystem. Auf seiner Südseite lenkt es die Luftströmung auf westliche bis südwestliche Richtungen um und macht damit den Mistral zum Libeccio. Auf seiner Nordseite hingegen verstärkt es den Nordostwind. Immer dann, wenn der Tiefkern über dem Meer liegt, erleben die Küsten diesen „Tramontana", der im Winter, dort wo die Gebirge steil zum Meer hin abfallen, bora-ähnliche Fallböen aufweist. Diese können Orkanstärke erreichen. Wenn sich das „Genuatief" hingegen weiter im Norden, beispielsweise über der Po-Ebene, entwikkelt, erhält die Küste statt dessen einen starken bis stürmischen, aber nicht so böigen Südwestwind (Libeccio).

Insgesamt läßt sich feststellen: Im Herbst und Winter bevorzugen die Genuatiefs das wärmere Meer. Dann überwiegen an der Küste Windrichtungen aus Nord bis Ost, während im Südteil des Ligurischen Meeres vorwiegend westliche Winde angetroffen werden. Wenn ein kräftiges Festlandshoch die Tiefdruckgebiete bis ins südliche Mittelmeer abdrängt, erhalten auch die südlichen Teile des Ligurischen Meeres Nordostwind. Im Frühling und Sommer hingegen (etwa von April bis September) dominieren auch an der Küste die Südwest-Winde. Beachtlich ist auch die große Menge von Windstillen (Calmen), die im Winter eine Häufigkeit von etwa 10%, im Sommer 17% erreichen (s. Tabelle 10). Dies gilt für die offene See, aber nicht für die Küste, wo tagsüber der Seewind, nachts der schwächere Landwind von den Seglern genutzt werden kann.

In der Tabelle 10 konnte nicht zwischen den küstennahen nördlicheren und den südlicheren Teilen des Ligurischen Meeres unterschieden werden. Dennoch zeigt sie die größere Häufigkeit des Tramontana im Winter und des Libeccio im Sommer. Außerdem erkennen wir, daß sowohl Tramontana als auch Libeccio in jedem Monat Sturmstärke erreichen können und sogar in jedem Monat mit schwerem Sturm zu rechnen ist, der im Sommer fast ausschließlich als Libeccio auftritt.

Tabelle 10: Häufigkeit in Prozent von Tramontana und Libeccio im Ligurischen Meer

Wind	Windstärken (Bft)	Monat												Jahr
		Jan.	Feb.	März	April	Mai	Juni	Juli	Aug.	Sept.	Okt.	Nov.	Dez.	
Tramontana	4– 5	14,1	15,8	12,9	10,7	6,7	5,7	4,1*	7,5	11,0	12,3	12,3	14,9	10,7
(ablandig)	6– 7	5,6	5,5	4,8	3,3	2,1	1,3	0,4*	1,3	2,8	4,1	4,9	7,7	3,7
N, NE und E	8– 9	1,3	1,6	1,1	0,5	0,4	0,2	0*	0,2	0,3	0,8	1,5	1,5	0,8
	10–12	0,1	0,2	0,1	0	0	0	–*	0	–*	–*	0,1	0,1	0,1
Libeccio	4– 5	9,6	8,8	11,1	10,7	12,2	12,7	11,3	11,3	10,4	9,2	10,3	8,3*	10,5
(auflandig)	6– 7	5,1	4,4	5,2	4,7	4,5	4,0	3,4*	4,6	5,0	4,3	5,0	3,8	4,5
S, SW, W	8– 9	2,0	1,2	1,9	1,0	0,7	0,6*	0,7	0,9	1,0	1,4	2,1	2,0	1,3
	10–12	0,1	0,1	0,2	0,1	0,1	0,2	0*	0,1	0,1	0,2	0,2	0,2	0,1
Calmen	0	9,7*	10,0	10,6	14,9	16,6	14,8	17,2	16,8	14,4	13,7	10,1	10,2	13,3

Je nach Küstenformation, Gebirge im Hinterland und der Gestaltung der näheren Umgebung treten in jedem Hafen unterschiedliche Windverhältnisse auf. Manche sind gut geschützt, andere wiederum werden durch bora-ähnliche Fallböen und durch Schwell bei auflandigem Wind beeinträchtigt. Nähere Angaben hierzu stehen im Seehandbuch Nr. 2028, Mittelmeerhandbuch, II. Teil [8]. Stürmische Winde aus Südost bis Südwest dringen meist nicht in den Hafen von Genua vor, können aber lästigen Schwell verursachen und lassen das Wasser im Hafen ansteigen. Falls der Libeccio in seltenen Fällen die Stadt erreicht, weht er mit großer Stärke.

Im Golfo Tigullio an der Ostseite des Portofino-Vorgebirges sind Winde aus südöstlichen Richtungen am häufigsten; der Nordostwind im Winter (Tramontana) ist böig und kann sehr heftig werden. Er weht meistens bei klarem Himmel. Der Libeccio aus Südwest ist hingegen oft von Regen begleitet. Vor Livorno und bei Elba herrschen im Sommer West- und Nordwestwinde vor, im Winter eher Südost- bis Südwestwinde (Schirokko und Libeccio). Letztere kündigen sich oftmals durch Wolkenaufzug von Korsika her an, während sich vor einem Schirokko Wolkenkappen über der Isola Gorgona und den Bergen südöstlich von Livorno zeigen.

Während der **Seegang** beim ablandigen Tramontana höchstens die italienische Riviera etwa zwischen Ventimiglia und Savona beeinträchtigt, hat

Mistrals; östlich der Inseln wehen Libeccio, Schirokko, Tramontana und Maestrale. Dort ist zwar West die Hauptwindrichtung, aber die anderen Windrichtungen kommen im Jahresmittel zu etwa 10% vor; im Oktober (s. Windsterne) ist sogar der Südostwind am häufigsten anzutreffen. Somit ist der Wind zwischen Korsika, Sardinien und Italien während des ganzen Jahres recht unbeständig, Windstillen oder schwach umlaufende Winde (Calmen) kommen recht oft vor. Am beständigsten sind noch die westlichen Winde im Sommer (SW, W und NW), aber dann sind auch die Calmen (C) besonders häufig. Der Segler tut also gut daran, zu dieser Zeit das Land-Seewindsystem in unmittelbarer Küstennähe auszunutzen.

Westlich der Inseln ist dagegen NW die Hauptwindrichtung; im Jahresmittel kommt sie – zusammen mit West und Nord – zu mehr als der Hälfte aller Boeobachtungen vor. An zweiter Stelle folgen Winde aus Südost und Ost mit jeweils 10% Häufigkeit; dagegen sind, SW, S und NE mit ca. 8% schon etwas weniger oft anzutreffen. Noch seltener sind Calmen mit 5,7% Häufigkeit.

Die mittleren Windgeschwindigkeiten und die Häufigkeiten von Starkwind und Sturm sind natürlich westlich der Inseln höher als östlich davon. So beträgt die mittlere Windgeschwindigkeit im Winter (November bis März) im Westen 17,2 Knoten, im Osten 14,7 kn, im Sommer (Mai bis September) 13,0 kn bzw. 10,7 kn; in den Übergangsmonaten April und Oktober sind es 15,3 bzw. 12,8 kn. Über die monatlichen Häufigkeiten von Starkwind und Sturm geben die Abbildungen auf Seite 45–50 Auskunft. Die Straße von Bonifacio ist wegen des Düseneffektes recht sturmreich, über die Sturmhäufigkeit läßt sich aber nur schwer eine Aussage machen, da die Straße bei Schlechtwetter von der Schiffahrt gemieden wird. Es liegen aber Angaben über die Sturmhäufigkeiten am Cap Pertusato vor, die in der folgenden Aufstellung mit der der Sanguinaires-Inseln (westlich von Ajaccio, Korsika) verglichen werden.

Tabelle 12: Häufigkeit von Sturm (≥8 Bft) in Prozent

Station	Monat												Jahr
	Jan.	Feb.	März	April	Mai	Juni	Juli	Aug.	Sept.	Okt.	Nov.	Dez.	
Sanguinaires-Inseln	0,3	0,4	0,2	0,1	0,1	–*	–*	0	0,1	0,1	0,4	0,4	0,2
Cap Pertusato	10,9	15,8	11,9	11,7	7,3	7,1	6,7	6,9	5,4*	6,6	11,2	12,8	9,6

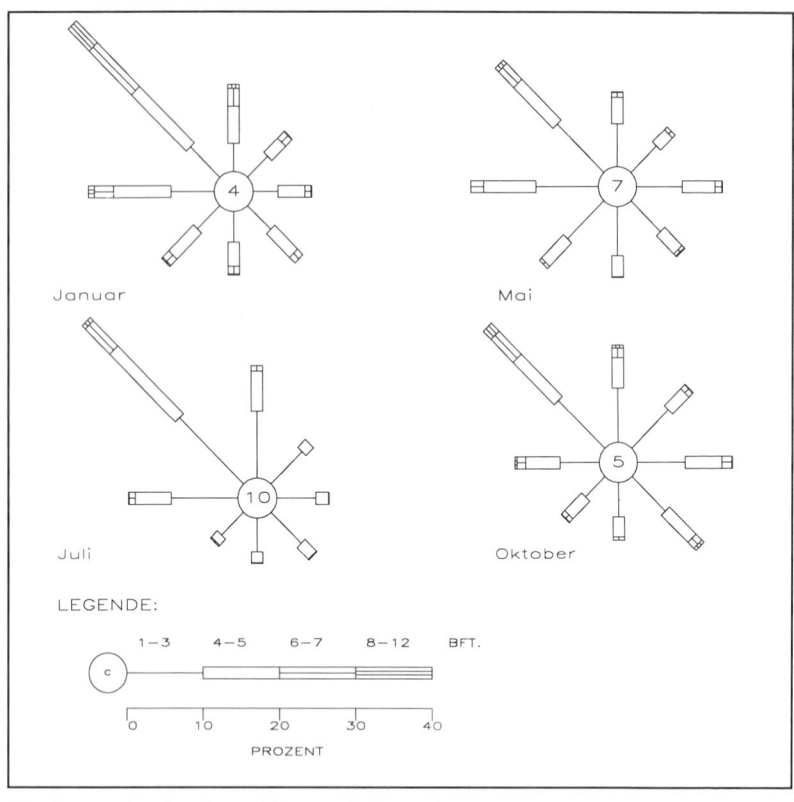

Windsterne für das Seegebiet westlich von Sardinien.

In der Straße von Bonifacio kommen Stürme meist aus West. In diesen Fällen sollte die Meerenge von Segel- und Motorbooten nicht durchfahren werden. Die Oberflächenströmung hängt nach Richtung und Stärke vom Wind ab: Sie kann bei stürmischem Nordwest- oder Westwind bis zu 2 sm/h nach Osten setzen. Westlich von Punta Falcone sind nahe der sardinischen Küste bei starken sommerlichen Ostwinden Geschwindigkeiten von 2,5 bis 3 sm/h westsetzenden Stromes beobachtet worden. Es kommt vor, daß die Strömung schon vor Eintreffen des Windes einsetzt.

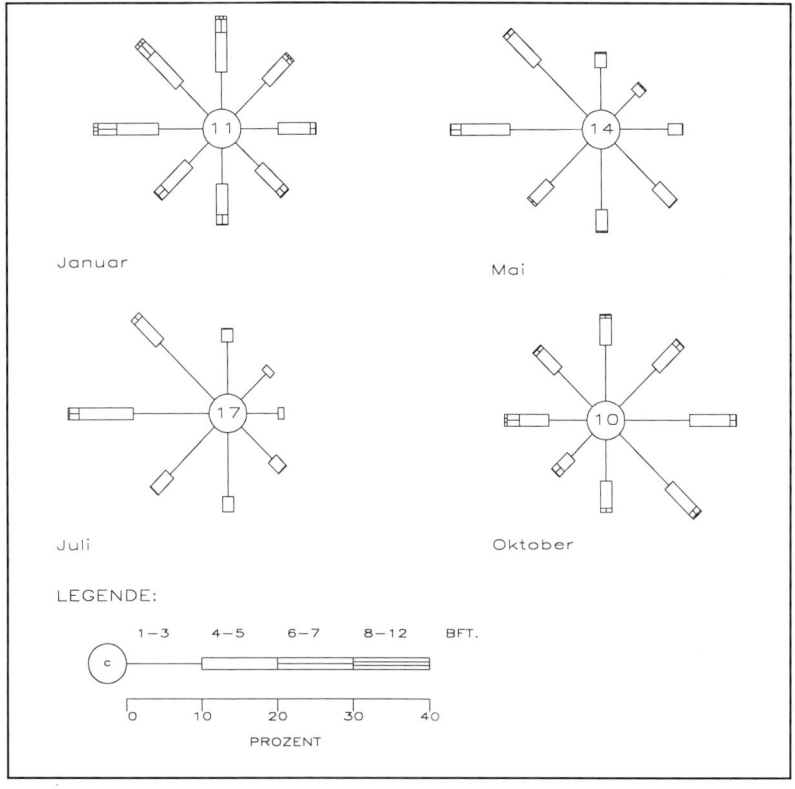

Windsterne für das Gebiet östlich von Sardinien.

Die Westküsten Korsikas und Sardiniens sind generell stärkerem Wind und höherem Seegang ausgesetzt als die Ostküsten. Dennoch gibt es überall geschütze Häfen und auch solche, die man bei Sturm besser meiden sollte.

So ist in Bastia der aus W bis SW wehende Libeccio bora-ähnlich verstärkt. Selbst im Sommer können diese Fallböen Zerstörungen anrichten. Dieser Hafen bietet also keinen Schutz vor Stürmen! Auch in Arbatax

131

(Ostküste Sardiniens) können Südweststürme kleine Schiffe im Hafen gefährden.

An der Ostseite des Golfo di Cagliari (Südost-Sardinien) sind bei Capo Carbonara Winde aus West (Libeccio, Mistral) und Ostnordost (Tramontana) am häufigsten; Westwinde sind bei fallendem, Tramontanas bei steigendem Luftdruck zu erwarten. Beide können schnell große Stärken erreichen und etwa 3 Tage andauern. – Im Innern der Bucht vor Cagliari sind NW-Winde (Mistral) häufig, können sehr heftig werden und lange andauern. Auch Südostwinde (Schirokko), die sich durch vermehrte Wolken über den Bergen bei Capo di Pula ankündigen, können gelegentlich Sturmstärke erreichen.

Die **Gezeitenströme,** die sonst um die Inseln herum kaum bemerkbar sind, erreichen in der Bucht von Olbia (Nordost-Sardinien) vor der Hafeneinfahrt Geschwindigkeiten von 3–4 sm/h.

Nähere Einzelheiten über spezielle Winde, Strömungen und Schwell in den einzelnen Häfen Sardiniens und Korsikas stehen in den Seehandbüchern 2027 und 2028, [7] und [8].

Der **Seegang** westlich von Korsika/Sardinien ist natürlich höher als östlich davon. Das Jahresmittel der kennzeichnenden Wellenhöhen beträgt westlich knappp 1,4 m, östlich 0,8 m. Hohe und sehr hohe kennzeichnenden Wellen (3,5 m und höher) sind westlich von Korsika und Sardinien etwa 4mal so häufig anzutreffen wie östlich davon.

Tabelle 13: Häufigkeit hohen Seegangs ($\geqslant$3,5 m) in Prozent westlich und östlich von Korsika/Sardinien

	Monat												Jahr
Seegebiete	Jan.	Feb.	März	April	Mai	Juni	Juli	Aug.	Sept.	Okt.	Nov.	Dez.	
Westlich K/S	8,5	7,9	7,0	6,7	2,9	2,3	2,2*	2,3	4,0	5,2	8,2	7,8	5,8
Östlich K/S	2,7	2,6	2,2	1,3	0,6	0,4	0,4	0,3*	0,4	1,4	2,0	3,0	1,5

Dabei bringt in beiden Seegebieten die Dünung den Hauptanteil hoher See. – Die höchsten kennzeichnenden Wellen überschreiten westlich von Korsika/Sardinien die 10-Meter-Marke, während sie östlich der Inseln etwa 7,5 m erreichen.

Die **Sicht** ist westlich von Korsika und Sardinien noch besser als östlich davon: Über das Jahr gemittelt kommt gute Sicht im Westen zu 91%, im

Osten zu 86% aller Beobachtungen vor, im Frühsommer (Mai bis Juli) sind es 85,4 bzw. 81,5%, im Spätsommer (August bis Oktober) 92,2 bzw. 87,0%.

Nebel ist östlich der Inseln mit 0,1% im Jahresmittel noch seltener als westlich davon (0,3%). Starken Dunst (1–4 km Sicht) gibt es westlich der Inseln insgesamt zu 1,1% aller Beobachtungen, östlich davon zu nur 0,7%, wobei er westlich von Sardinien im Mai mit knapp 2% am häufigsten vorkommt. Die Häfen verzeichnen in den Morgenstunden öfter schlechte Sicht als nachmittags; so zählt man in Cagliari morgens um 07.00 Uhr 15 Tage mit schlechter Sicht (unter 4 km), mittags um 13.00 Uhr aber nur 3 Tage jährlich (s. Tabelle 11). Am Kap Pertusato und Cap Corse sind die Unterschiede im Tagesgang der Sicht geringer: Cap Corse 08.00 Uhr: 25 Tage pro Jahr, 14.00 Uhr: 19 Tage; Cap Pertusato 11 Tage bzw. 7 Tage. Sehr wenig Schlechtsicht-Tage verzeichnet Ajaccio morgens mit nur 6 Tagen jährlich und 5 Tagen nachmittags.

Die Sonnenscheindauer beträgt allgemein etwa 2600 Stunden pro Jahr, also 7,1 Stunden pro Tag; in Orosei sogar 7,5 Stunden täglich. Im Juli sind es allgemein 11 bis 12 Stunden, im Mai und September etwa 8,7 Stunden, im Mai in Orosei sogar 10,0 Stunden. Sonnenscheinärmster Monat ist der Dezember mit immerhin noch etwa 4 Stunden täglich.

Die Temperaturen nehmen nach Süden hin allmählich zu. Insbesondere in Cagliari im Inneren einer Bucht wird es im Sommer mit 31 °C recht heiß. Dagegen beträgt das mittlere tägliche Maximum im Juli/August am Cap Corse und Cap Pertusato nur 27 bis 28 °C. Die Badesaison reicht von etwa Mitte Juni bis Mitte Oktober, in Sardinien örtlich auch bis Ende Oktober.

Die **Regenmengen** nehmen von Norden nach Süden hin von 735 mm pro Jahr (Bastia) auf 417 mm (Cagliari) ab. Auf See sind die Niederschlagshäufigkeiten östlich und westlich von Korsika/Sardinien etwa gleich, im Jahresmittel 4,4%. Der regenärmste Monat ist auch auf See der Juli mit nur 0,8% Regenhäufigkeit, der niederschlagsreichste im Osten der Dezember mit 8,3%, im Westen der Inseln der Februar mit 7,4%.

Die sommerliche Trockenheit dehnt sich von Juli im Norden auf die drei Monate Juni bis August im Süden aus. Hauptregenzeit ist der Herbst; ein (sekundäres) Maximum existiert im Spätwinter oder Frühling. An der Küste gibt es etwa 15 **Gewittertage** pro Jahr, die meisten (2 bis 3 pro Monat) in der Zeit von September bis November. Cagliari ist allerdings sehr gewitterarm mit nur 5 Tagen jährlich.

Auf See weist vor allem die Gegend westlich der Inseln recht viele Gewitter auf (0,7% jährliche Häufigkeit); östlich davon sind es „normale" 0,5%.

Die italienische Küste des Tyrrhenischen Meeres

Stichworte: Tyrrhenisches Meer sehr ruhig – Küste stärker gefährdet durch bora-ähnliche Fallböen und Seegangsreflexionen – Starker Tages- und Jahresgang des Windes – Golf von Neapel: viel Regen, Windstille und schlechte Sicht

Das Tyrrhenische Meer zählt zu den ruhigsten Gebieten des Mittelmeeres; das Wetter an der Küste ist allerdings nicht so harmlos.

Der Jahresgang der mittleren Windgeschwindigkeit über See vor der südwestitalienischen Küste (zwischen 39 und 41°N) ist der Darstellung auf Seite 42 zu entnehmen. Zwischen 41 und 43°N entsprechen die Wind- und Seegangsverhältnisse denen östlich von Korsika/Sardinien, die im vorigen Kapitel beschrieben sind (s. Windsterne). Das Jahresmittel der Windgeschwindigkeit im nördlichen Abschnitt beträgt 13 Knoten, im südlichen nur 10 Knoten.

Im Sommer (Mai bis September) gibt es nordwestlich Neapel auf See etwa 2,6% Starkwind und 0,2% Sturm, südöstlich davon nur 1,1% Starkwind und weniger als 0,1% Sturm. Während im nördlicheren Teil des Gebietes westliche Winde das ganze Jahr über dominieren (s. Abbildung auf Seite 128), treten im südlichen Teil im Winter vorwiegend ablandige Winde aus Nord und Nordost, im Sommer westliche Winde (SW bis NW, s. Abbildung) auf. Calmen gibt es ähnlich häufig wie im nördlicheren Abschnitt.

Der **Seegang** im südöstlichen Tyrrhenischen Meer ist der niedrigste im

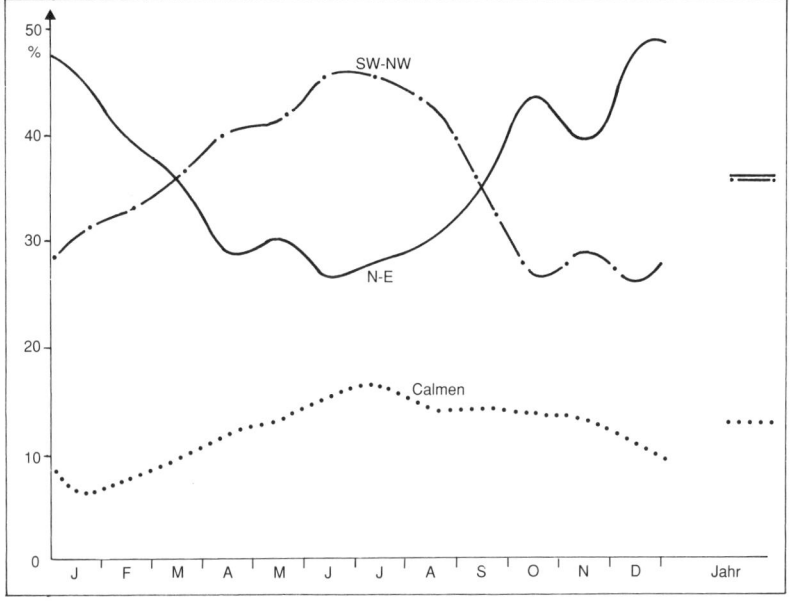

Häufigkeit verschiedener Windrichtungen und Calmen vor Südwest-Italien (südlich von 41°N).

gesamten Mittelmeer (s. Tabelle 5). Etwas höher sind die Wellen im nördlichen Teil des Tyrrhenischen Meeres, im Jahresmittel 0,8 m gegenüber 0,6 m im Südostteil. Dünung gibt es im Tyrrhenischen Meer zwar relativ selten – sie wird nur zu etwa einem Drittel aller Seegangsbeobachtungen gemeldet – aber wenn sie auftritt, kommt sie überwiegend aus westlichen Richtungen und ist meist höher als die Windsee. Hoher Seegang (> 3,5 m) wird größtenteils durch die Dünung verursacht. Die Richtungsverteilung der Windsee entspricht natürlich der des Windes (vgl. Abbildungen auf Seite 131 und Seite 135).

An der Küste existiert ein ausgeprägter Tages- und Jahresgang sowohl der Windrichtung als auch der Windstärke. Starkwind und Sturm sind an manchen Küstenorten häufiger als auf See. Insbesondere dort, wo Berge steil zum Meer hin abfallen, gibt es bei ablandigem Tramontana schwere bora-ähnliche Fallböen. Andererseits kann die von Südwesten heranrollende Windsee oder Dünung von Steilküsten reflektiert werden und dort zu recht unruhiger See oder an flachen Stränden zu einer hohen Brandung führen.

Die Tabelle 14 auf Seite 139 verdeutlicht am Beispiel der Stationen Rom und Neapel den Tages- und Jahresgang des Windes. Nachts und morgens weht er meist ablandig oder es ist windstill, besonders oft im Sommer – im Juli in Neapel zu mehr als der Hälfte aller Fälle! Mittags ist ablandiger Wind im Winter häufig, im Sommer aber selten anzutreffen; wenn das Land warm ist, weht tagsüber der Seewind, so daß dann der Wind in Rom zu drei Viertel, in Neapel etwa zu 70% aller Fälle auflandig aus Süd bis West weht. Calmen sind mittags in Rom selten; in Neapel trifft man sie tagsüber im Winter zu 30 bis 40%, im Sommer auch noch mit 10 bis 20% Häufigkeit an. Abends gegen 19.00 Uhr (hier nicht wiedergegeben) entsprechen die Verhältnisse einem Mittel aus Morgen- und Mittagsverhältnissen.

Trotz der vielen Windstillen gibt es sowohl in Rom als auch in Neapel Sturm; in Rom zu allen Monaten, in Neapel mit Ausname des Juli und August, aber auch dann können Böen Sturmstärke erreichen.

In der ersten Nachthälfte tritt Sturm überall am seltensten auf, aber besonders im Winter frischt der ablandige Wind in der zweiten Nachthälfte manchmal böig auf. Gegen Mittag stürmt es an der Küste am häufigsten: Im Sommer kommt der Sturm als verstärkter Seewind am ehesten aus West oder Nordwest, im Winter aus allen möglichen Richtungen. – Von Neapel liegen keine Mittagswerte der Sturmhäufigkeit vor. Abends nimmt die Sturmhäufigkeit an der Küste wieder ab, im Sommer weht es teils auf-, teils ablandig.

Auf einige besonders gefährdete Küstenorte beziehungsweise -abschnitte sei im folgenden hingewiesen, weitere Angaben stehen im Seehandbuch Nr. 2028 [8].

Östlich des Vorgebirges Promontorio Argentario (42°25′N, 11°09′E) werden die sommerlich vorherrschenden Nordwestwinde zum Nordwind.

Südwinde springen zuweilen plötzlich nach Nordost um und wehen für kurze Zeit recht heftig, wodurch kleinere Fahrzeuge gefährdet werden können. Solches Umspringen ist zu erwarten, wenn die Bergspitzen im Hinterland, die vorher durch Wolken verdeckt waren, plötzlich klar zu erkennen sind.

An der gesamten Küste zwischen dem Argentario-Vorgebirge und Gaeta kann der Libeccio (Südwestwind) bis zu schwerem Sturm anwachsen. Starker oder stürmischer Südwestwind macht das Einlaufen in Fiumicino (Rom) oft unmöglich, weil er hohen Seegang hervorruft.

Im Golf von Salerno wird östlicher Wind, wie auch entlang vieler anderer Küstenabschnitte, auf Südost umgelenkt.

Winde aus dem südlichen Halbkreis treten oft böig und manchmal sogar stürmisch auf. Sie kündigen sich in der Bucht von Sorrento durch Wolken über dem Monta Salaro an. Im Golfo di Policastro rufen Winde aus südlichen Richtungen einen groben Seegang hervor, der infolge von Reflexion an der Felsenküste um so höher wird, je näher man der Küste kommt.

In Cetraro (39°31′N, 15°56′E) erzeugen Winde aus Südost bis Südwest ebenfalls einen gefährlichen Seegang. Der Nordostwind weht häufig in heftigen Fallböen von den Bergen herab.

Die **Gezeiten** und die Gezeitenströme sind meist schwach; der Springtidenhub beträgt gut 30 cm.

Die **Oberflächenströmungen** hängen überwiegend vom Wind ab. Meist setzen sie schwach nordwärts und werden durch Südostwind verstärkt, durch Nordwestwind abgeschwächt beziehungsweise umgekehrt. Vor der Tibermündung setzt die Flußströmung zunächst mit etwa 2 sm/h seewärts und biegt dann in die dort nach NNW setzende Küstenströmung ab. – Bei Formia (41°15′N, 13°36′E) setzt die Strömung bei starkem Südwind, manchmal auch schon vor seinem Einsetzen, nach Süden, entgegen dem Wind! Wenn der Wind auf NW dreht, läuft die Strömung in entgegengesetzter Richtung.

Im Canale d'Ischia kann die Oberflächenströmung je nach Wind beträchtliche Geschwindigkeiten erreichen und auch Gezeitenströme sind zu beobachten. Auch im Golf von Neapel ist die Strömung windabhängig.

Bei auflandigem Wind setzt sie entgegen, bei ablandigem Wind im Uhrzeigersinn durch die Bucht. Sie erreicht Geswchwindigkeiten bis zu 2 sm/h. – Weitere Angaben stehen im Seehandbuch 2028 [8].

Die **Sicht** im Südteil des Tyrrhenischen Meeres ist etwas schlechter als im Nordteil: Während im Jahresmittel dort zu 86% gute und sehr gute Sicht gemeldet werden (im Winter 90% und im Frühsommer 81%), sind es südlich von 41°N nur 75% (74 bis 81% im Winter, 71 bis 75% im Frühling und Sommer). Nebel ist allerdings überall selten; im Jahresmittel sind es im gesamten Tyrrhenischen Meer nur 0,1%, aber starker Dunst (1–4 km Sicht) kommt im Nordteil insgesamt zu 0,7%, im Südteil doppelt so häufig vor. Ein Jahresgang ist kaum feststellbar.

An der Küste sind vor allem Großstädte mit viel Industrie und Verkehr, morgens, wenn häufig Windstille herrscht, von Luftverschmutzung und schlechter Sicht betroffen. Somit weist Rom morgens um 07.00 Uhr 43 Tage pro Jahr mit schlechter Sicht (unter 4 km) auf, nachmittags nur 8 Tage (s. Tabelle 11, Seite 127). Neapel ist morgens mit 36 Tagen pro Jahr sowie nachmittags mit 15 Tagen jährlich betroffen, am häufigsten im Winter und Frühling. Für Kaps und Inseln gelten etwa dieselben Angaben wie für das Meer. An vielen Küstenorten und auf den Inseln scheint die Sonne etwa 2555 Stunden pro Jahr, also 7 Stunden täglich; in Neapel sind es nur 6,5 Stunden. Sonnenscheinreichster Monat ist der Juli mit knapp 11 Stunden (Neapel: 10 Stunden) täglich, sonnenärmster der Dezember mit etwa 3,5 Stunden pro Tag; im Mai und September sind es etwa 8,5, in Neapel 8,0 Stunden.

Die **Lufttemperaturen** auf den Inseln und an Kaps sind ausgeglichener als im Inneren von Buchten oder ein Stück landeinwärts. So beträgt in Rom der mittlere Unterschied zwischen Tageshöchst- und -tiefsttemperatur 9 °C, in Neapel 7 °C, auf Ponza und am Cap Palinuro nur 5 bis 6 °C und auch der Jahresgang (wärmster minus kältester Monat) ist in Rom mit 18 °C am stärksten, auf See mit 12,5 °C merklich geringer. Somit ist besonders an Sommertagen der Aufenthalt an Kaps oder an Inselküsten infolge des kühlenden Seewindes angenehmer als in Großstädten, wo sich Häuser und Asphalt stark aufheizen. – Die Badesaison reicht generell von Juni bis Oktober.

Die italienische Küste des Tyrrhenischen Meeres erhält wesentlich mehr Regen als die Ostküste Sardiniens. Besonders viel regnet es in Neapel, aber auch dort bleibt der Sommer ziemlich trocken. Hauptregenzeit ist von Oktober bis Januar. In Rom zählt man 23, in Neapel 28 Gewittertage pro Jahr, im Frühling 2–3, im Herbst 3–4 und sonst 1–2 Tage pro Monat. Weitere Angaben liegen nicht vor, aber generell scheint die gesamte Küste recht gewitterreich zu sein. Das Tyrrhenische Meer weist eine für das Mittelmeer durchschnittliche Gewitterhäufigkeit auf; im Südteil ist sie geringfügig höher als im Norden. Am meisten gewittert es im Oktober und November, am wenigsten von Mai bis Juli. Bei Gewittern muß man insbesondere in Küstennähe mit Wasserhosen rechnen.

Tabelle 14: Häufigkeit von ablandigem und auflandigem Wind, von Calmen und Sturm

Ort	Ortszeit	Monat												Jahr
		Jan.	Feb.	März	April	Mai	Juni	Juli	Aug.	Sept.	Okt.	Nov.	Dez.	
Rom (52 m)														
N–E (ablandig)	07.00–	65	59	54	43	40*	44	45	45	42	51	51	56	50 %
S–W (auflandig)	08.00	16	16	12	20	17	19	11*	14	19	17	20	21	17 %
Calmen		8*	10	14	22	29	25	32	30	23	17	11	10	19 %
Sturm		3,6	5,2	2,8	2,3	0,8	0,3*	0,5	0,5	0,7	1,2	1,7	2,7	1,8%
N–E (ablandig)	13.00–	59	41	37	20	17	15*	17	19	18	28	36	48	29 %
S–W (auflandig)	14.00	17*	33	47	63	71	77	76	71	66	51	40	26	53 %
Calmen		10	8	4	4	3	4	2*	5	7	8	9	10	6 %
Sturm		3,3	5,3	4,5	2,6	0,8	0,8	0,6	0,4	0,2*	0,4	2,0	3,2	2,0%
Neapel (67 m)														
N–E (ablandig)	08.00	42	46	36	36	36	30	27*	30	45	35	49	48	38 %
S–W (auflandig)		28	26	24	24	23	11*	16	15	14	20	16	18	20 %
Calmen		16	21	30	35	33	52	47	47	28	33	27	23	33 %
Sturm		0,8	0,8	0,5	0,4	0,2	–	–	–	0,1	0,5	0,8	1,0	0,4%
N–E (ablandig)	14.00	36	37	25	11	12	11	10*	13	16	16	19	34	20 %
S–W (auflandig)		26	36	57	70	71	71	69	63	54	48	35	25*	52 %
Calmen		31	21	13	13	10*	12	14	19	28	30	40	35	22 %
Sturm	19.00	0,6	0,7	1,2	0,7	0,5	0,1	–	–	–	–	0,5	1,0	0,4%

Sizilien, Malta und Straße von Sizilien

Stichworte: Sommer dauert bis Oktober – Kurzer Herbst – Mitunter stürmischer Winter – Frühling mit Schirokko – Merkwürdige „Marobbio"

Das hier behandelte Seegebiet erfaßt die Straße von Sizilien bis Malta und die Nordostküste von Tunesien sowie das sizilianische Küstengebiet mit der Straße von Messina.

Windverhältnisse und Seegang

Das Wettergeschehen wird im Winter durch Tiefdruckgebiete im westlichen und zentralen Mittelmeer bestimmt. Da die Zugbahn ostwärts wandernder Tiefs meist über das Tyrrhenische Meer verläuft, kommt der Wind vorübergehend aus Südwest, meist aber aus West bis Nordwest, an der Nordküste Siziliens auch aus Nord. Im Jahresmittel überwiegen westliche und nordwestliche Winde mit 40–50% Häufigkeit. Dazu trägt natürlich auch die orographische Lage Siziliens und Nordafrikas bei. Die Hauptstreichrichtung der Straße von Sizilien ist WNW nach ESE. Im Bereich der Straße von Messina und der Liparischen Inseln trägt die Orographie ebenfalls dazu bei, daß im Winter südöstliche Winde mit einer Häufigkeit von 20% auftreten.

Im **Frühjahr** und **Herbst** werden unter dem Einfluß der nordafrikanischen Tiefs Ost- und Südostwinde mit einer Häufigkeit von 20–25% angetroffen. Bemerkenswert ist dabei, daß südlich Siziliens im Frühjahr der Ost- und im Herbst der Südostwind vorherrscht. Wir kommen darauf aber noch einmal zu sprechen.

Im **Sommer** gewinnen in der Straße von Sizilien West- und Nordwestwinde wieder etwas die Oberhand, weil sich über Sizilien täglich ein kleines Hitzetief entwickelt, das selbst in der Juliluftdruckkarte (Abbildung Seite 13) erkennbar ist. Nördlich Siziliens herrscht auf offener See nördlicher Wind, der jedoch schwach ist. Die Land- und Seewindzirkulation beherrscht in dieser Zeit das Windgeschehen an der Küste.

Daß wir uns hier in einem klimatologischen Übergangsgebiet befinden (nämlich einerseits der Gegensatz zwischen Europa und Afrika und andererseits zwischen dem westlichen und östlichen Mittelmeer oder Mistral- und Etesienbereich), wird auch im Herbst deutlich. Die Karten der Sturmhäufigkeit (Abbildungen Seite 45 bis 50) enthalten auch die Hauptwindrichtung des Sturms und verdeutlichen: Im Oktober stehen sich ein Pfeil aus ESE bei Malta und einer aus NW in der Straße von Sizilien gegenüber. Im November tritt in der Straße von Messina Sturm am häufigsten aus Süd auf, im Ionischen Meer entweder aus Nordwest oder Südost. Das Wechselspiel der unterschiedlichen herbstlichen Abkühlung in Europa und Nordafrika führt dazu, daß der Beginn der winterlichen Witterungsphase manchmal schon im September, wie im westlichen Mittelmeer, und gelegentlich erst im November, wie im östlichen Mittelmeer, liegt.

Die Hauptsaison des Auftretens von **Sturm** erstreckt sich von Ende November bis März mit 3–6% Häufigkeit in der Straße von Sizilien und an der Nordwestseite von Sizilien bis etwa Palermo. Die Liparischen Inseln und die Straße von Messina weisen nur Häufigkeiten von 1–2% auf.

Die Ostküste Siziliens ist normalerweise durch Leewirkung begünstigt. Aber im Frühjahr und Herbst können, wenn auch selten, Südost- und Südstürme, verbunden mit entsprechend hohem Seegang, zu Behinderungen führen. Schirokko-Wetterlagen und nordafrikanische Tiefs, die in das Ionische Meer oder nach Kreta ziehen, sind dafür meist verantwortlich. Im Herbst entstehen über dem Balkan Hochdruckgebiete, die einen Keil nach Italien erstrecken und an der Südseite, unter Umständen antizyklonal verstärkt, starken bis stürmischen Südost- bis Ostwind mit entsprechendem Seegang hervorrufen.

Windschwache Wetterlagen treten bei den Liparischen Inseln und Messina im Jahresmittel mit 70% aller Beobachtungen, im Sommer mit rund 80% auf. In der Straße von Sizilien und bei Malta sind diese Häufigkeiten geringer: Im Jahresmittel etwa 50% und im Sommer gut 60%, bei Malta allerdings von Juli bis September fast 80%.

Der **Seegang** läuft üblicherweise mit der Windrichtung parallel. Hohe See (ab 3,5 m) erreicht südlich Siziliens im Winter einen Anteil von 4–10%, bei den Liparischen Inseln nur von 1–4%, wobei die Monate November bis

März betroffen sind. Ruhige See (bis 0,5 m) ist in der Straße von Sizilien im Winter in 20–30% und im Sommer in 40–50% der Fälle anzutreffen. Im Seegebiet um Malta und nördlich von Sizilien sind die Zahlen größer und ähnlich denen der Schwachwindhäufigkeiten.

Sicht

Die Sichtverhältnisse sind auf offener See in 80–95% der Fälle gut. Nebel ist vor allem nördlich Siziliens sehr selten. In der Straße von Sizilien und bei Malta tritt besonders im Frühjahr und Frühsommer, wenn das Wasser noch relativ kalt ist, gelegentlich Nebel auf. An der Küste treibt Nebel besonders im Winter vom Land in die Häfen und das nahe Küstengebiet, löst sich über dem Wasser jedoch schnell auf.

Der jährliche Witterungsablauf

Im **Frühjahr** bestimmt der rasch wachsende Temperaturunterschied zwischen Nordeuropa und Nordafrika die allgemeine Zirkulation der Atmosphäre. Das macht sich durch kräftige südwärts gerichtete Kaltluftausbrüche und ihnen gegenüberstehende Warmluftvorstöße nach Norden bemerkbar. In den Höhenwetterkarten sehen wir dann Tröge, die weit nach Süden bis in den nordafrikanischen Raum reichen. Für unser Gebiet interessant ist ein Höhentrog, der über dem Ostatlantik oder Westeuropa liegt und bis zu den Kanarischen Inseln reicht. Er weist an der Vorderseite über dem westlichen Mittelmeer einen kräftigen Höhenwind aus Süd bis Südwest auf. In der Bodenwetterkarte finden wir ein umfangreiches atlantisches Tief mit Kern westlich der Biskaya oder Iberischen Halbinsel. Die bodennahe Kaltluft fließt vom Nordatlantik zunächst nach Nordwestafrika. Vor der sehr langsam ostwärts schwenkenden Kaltfront befindet sich ein breiter Streifen mit Südwind, der aus der Sahara kommt. Als oft schon heißer und immer trockener Wind verläßt er die nordafrikanische Küste. Je nach Windstärke tritt er hier als Staub- oder Sandsturm auf und ist als Chili oder Ghibli bekannt. Über See wird Wasserdampf aufgenommen und die sizilische und süditalienische Küste, ja schon

Malta, wird von diesiger, wolkenreicher und schwüler Luft erreicht, nämlich dem Schirokko. Im Stau der Gebirge kommt es zu Regen und Gewittern.

Selbst die Alpensüdseite ist davon durch länger andauernden Regen betroffen. In einigen Fällen kann die Höhenströmung Staub aus der Sahara bis nach Mitteleuropa oder Skandinavien verfrachten. In den Alpen ist gelblich oder rötlich gefärbter Schnee („Blutschnee") auf den Einschluß von Saharastaub zurückzuführen.

Diese Wetterlage wird mit dem Durchzug der Kaltfront nach Osten beendet. Dabei bildet sich oft ein Teiltief im Löwen- oder Genuagolf, das als Vb-Tief über die Ostalpen nordostwärts abzieht.

Im Schirokkogebiet sind zwar Sicht und Wetter schlecht, der Wind muß aber durchaus nicht stürmisch sein. Da die thermische Schichtung der Luft stabil ist (warme Luft über kaltem Wasser), entwickelt sich auch kein hoher Seegang. Erst mit Annäherung der Kaltfront kommt Dünung und danach grobe Windsee auf. Meist gehen die Kaltfronten als sogenannte Flautefronten durch und erst 5 bis 10 Stunden später setzt starker westlicher Wind ein.

In dieser Form auftretende Schirokkolagen können unter Umständen 2–3 Tage dauern. Andere kurzlebige Formen werden an der Vorderseite rasch ziehender Tiefs, vor allem aber durch nordafrikanische Tiefs erzeugt, die bevorzugt im Frühjahr auftreten.

Aufgrund der sehr kräftigen bodennahen Inversion, die sich bei Schirokkolagen ausbilden, kommt es zu anomalen Überreichweiten von Radar und Funkwellen (UKW).

Im Mai findet der Übergang zu sommerlichem Wetter statt. Über Land entstehende Gewitter driften nicht auf das noch recht kalte Meer hinaus, es sei denn eine mäßige Höhenströmung in 3–5 km Höhe führt dazu. Sie lösen sich dann aber rasch auf. Sonst bestimmt an der Küste die Land- und Seewindzirkulation die Windverhältnisse.

Im **Herbst** wird der Übergang zum Winterwetter nicht allein durch großräumige atmosphärische Zirkulationsanomalien, wie im Frühjahr, bestimmt. Jetzt ist die Hauptenergiequelle das sehr warme Mittelmeerwasser mit hoher Verdunstungsrate. Die Tiefs, die im Sommer als Hitzetiefs über Land entstehen, können sich jetzt über See entwickeln. Ihre Wetterwirksamkeit beziehen sie aus der hohen Luftfeuchtigkeit. Wird zusätzlich in größerer Höhe (4–10 km) kalte Luft in Form von Höhentrögen oder -tiefs herangeführt, verstärkt sich die Labilität und der Entstehung mehr oder weniger kräftiger Tiefs steht nichts mehr im Wege. Gewitter, die sich nachmittags über Land entwickeln, ziehen abends auf das Meer hinaus und halten sich dort sehr lange.

Im Laufe des September leiten die ersten Gewittertiefs diese Witterungsphase ein, im Oktober erreicht ihre Häufigkeit im statistischen Mittel den Höhepunkt. Tiefdruckgebiete, die oft erst im westlichen Mittelmeer entstehen, ziehen um diese Zeit entweder in das Ionische Meer, um sich dort aufzulösen, oder über Norditalien ost- und später nordostwärts nach Osteuropa (sogenannte Vb-Tiefs). Sehr veränderliche Herbstwinde sind deshalb die Regel.

Trotzdem zieht sich die Übergangsphase von der sommerlichen zur winterlichen Witterung nicht von September bis November hin. Das wird in den Klimatabellen durch die Mittelbildung über viele Jahre vorgetäuscht. In Wirklichkeit spielt sich der Vorgang in einem Zeitraum von nur einigen Wochen ab, der in dem einen Jahr schon im September, im anderen erst Ende Oktober beginnt. Wenn die „herbstliche" Gewitter- und Niederschlagstätigkeit eingesetzt und runde 14 Tage angehalten hat, pflegt man zu sagen: „So, jetzt haben wir Winter." Wegen der hohen Wassertemperatur und über 200 Stunden Sonnenschein ist jedoch im Oktober immer noch „Urlaubswetter" angesagt. Navigatorisch führen rasch wechselnde Windverhältnisse allerdings zu gelegentlichen Schwierigkeiten.

Strömungen und Gezeiten

Probleme können örtlich auch durch Oberflächenströmungen auftreten. Allgemein setzt in der Straße von Sizilien die Strömung nach Osten, im Sommer vorwiegend nach Ostsüdost. Die mittlere Geschwindigkeit beträgt 0,5 bis 0,8 sm/h, wobei die höchsten Werte im Winterhalbjahr auftreten; sie liegen zeitweise bei 2 sm/h. Nach Südosten hin nimmt die Versetzung rasch auf im Mittel 0,5 sm/h ab. Vor Kap Bon zweigt ein Ast mit südlicher Versetzung ab, der sich an der tunesischen Ostküste fortsetzt. Malta wird dicht unter der Küste oft im Uhrzeigersinn umströmt. An der Südküste kann der Strom sogar gegen den Wind setzen. Eine stark windabhängige Versetzung erfolgt vor der Nordküste Siziliens. Zwischen den Liparischen Inseln können sowohl Ost-, als auch Westversetzungen bis zu 3 sm/h auftreten.

Der Gezeitenhub ist gering und liegt zwischen 0,1 und 0,3 m. Da das westliche und östliche Mittelmeer im gleichen Takt schwingen, herrscht an der Westseite Siziliens Hochwasser, wenn an der Ostseite Niedrigwasser ist und umgekehrt. Das führt in der Straße von Messina zu kräftigen Gezeitenströmen.

Plötzliche Wasserstandsschwankungen sind an der sizilischen Küste nicht unbekannt. Sie treten ein- bis zweimal im Jahr auf. Zum einen können bei Erdrutschen (auch unterseeischen) Sturzfluten auftreten, zum anderen aber gibt es kurzperiodische Wasserstandsveränderungen, die unter dem Namen Marobbio (auch Marrubbio oder Carrobbio) bekannt sind. Sie treten rings um Sizilien, besonders im Winter an der Südwestseite, und auf den Inseln südlich davon bis in die kleine Syrte auf.

Normalerweise handelt es sich um eine einzige Schwankung. Gelegentlich treten jedoch mehrere Schwankungen mit einer Periode von 10–30 Minuten auf. Bei ruhigem Wetter werden Beträge von 0,5 bis 1,0 m erreicht. Aus Marsala wurde von einer Marobbio berichtet, die im Winter bei Westwind innerhalb von 15 Minuten eine Wasserstandsänderung von einem Meter brachte.

Auslöser für Marobbios sind wahrscheinlich plötzliche meteorologische Änderungen, wie sie z. B. in Gewitterfronten auftreten (sehr starke und rasche Luftdruckschwankungen). Ein Vergleich mit den „Seebären" in der Deutschen Bucht und der Ostsee drängt sich auf.

Die italienische Adriaküste

Stichworte: Unterschiedliche Windverhältnisse zwischen nördlicher und südlicher Adria – Stürmische Bora erreicht selten die italienische Küste – Südostsetzende Meeresströmungen sehr vom Wind beeinflußt – Verhältnismäßig starke Gezeiten und winderzeugte Wasserstandsschwankungen im Norden der Adria – Klima der nördlichen Adria untypisch für Mittelmeer: kühle und trübe Winter, feuchte Sommer

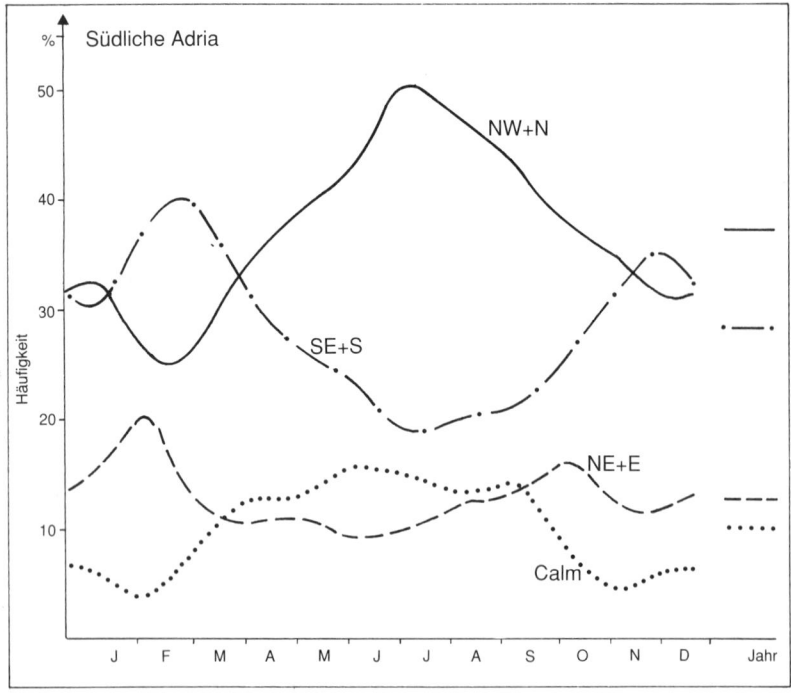

Häufigkeit verschiedener Windrichtungen und Calmen in der südlichen Adria

Die italienische Seite der Adria ist ruhiger als die kroatische, denn die Bora kommt hier nur noch selten als Sturm an. Allerdings bieten manche Häfen wenig Schutz gegen auflandigen Starkwind/Sturm und den entsprechenden Seegang.

Windverhältnisse der südlichen und nördlichen Adria

Während in der Straße von Otranto und in der südlichen Adria die von der geographischen Ausrichtung der Adria aufgezwungenen Nordwest- und

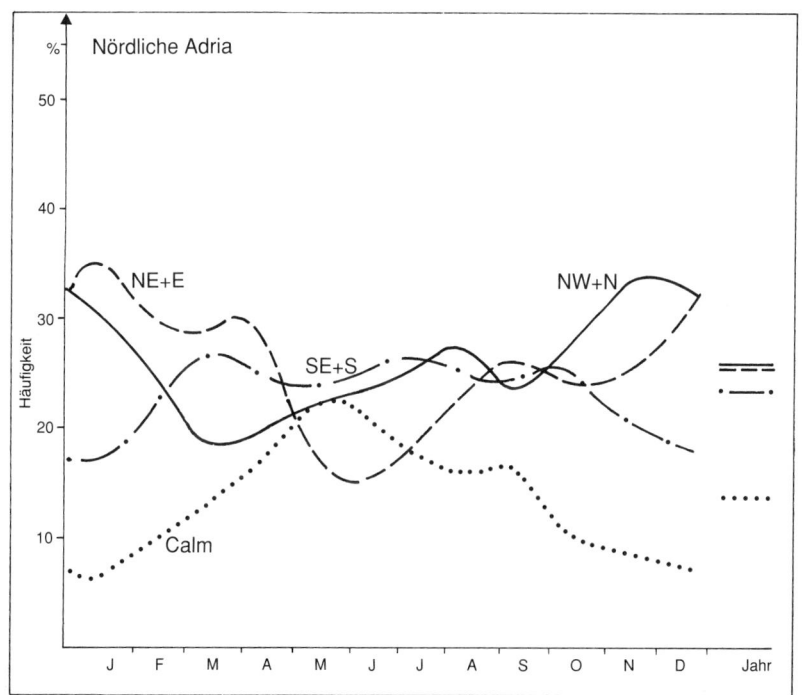

Häufigkeit verschiedener Windrichtungen und Calmen in der nördlichen Adria

147

Südostwinde vorherrschen, gewinnt nach Norden hin der Nordost- und Ostwind immer mehr an Einfluß. Dies zeigt die Abbildung, die für die küstenferneren zentralen Teile der Adria gilt.

In der **südlichen Adria** existiert ein ausgeprägter Jahresgang mit vorherrschendem nordwestlichen Wind im Sommer, die „Wurzel" des westlichen Astes der Etesien. Im Winter und Frühling weht dagegen an der Ostflanke von Tiefdruckgebieten häufig ein Süd- oder Südostwind, der Schirokko beziehungsweise Jugo. Nordost- und Ostwinde treten im Herbst und Winter häufiger auf als im Sommer, die Unterschiede sind aber nicht sehr groß. Windstille gibt es zu etwa 10% des Jahres, im Sommer tritt sie dreimal so häufig auf wie im Spätherbst und Winter.

In der **nördlichen Adria** kommen Nordost- und Ostwind, zum Teil als Bora, wesentlich öfter vor als in der Südhälfte dieses Meeres und besitzen einen deutlichen Jahresgang. Am häufigsten werden diese Windrichtungen von Januar bis April, am seltensten im Juli beobachtet. Im Gegensatz zur südlichen Adria ist Nordwest- und Nordwind im Spätherbst und Frühwinter häufiger als im Sommer. Windstillen kommen besonders von Mai bis Juli recht oft vor.

Die Abbildungen auf Seite 45 bis 50 enthalten die Häufigkeiten von Starkwind und Sturm, wobei örtliche Besonderheiten, insbesondere an der kroatischen Küste, nicht berücksichtigt werden konnten. Generell kann man sagen: Starkwind und Sturm sind an der italienischen Seite der Adria seltener als an der kroatischen; von Süd nach Nord bleibt die Sturmhäufigkeit etwa gleich.

Im Süden, besonders in der Straße von Otranto, kommen Stürme etwa gleich häufig aus südlichen wie aus nördlichen Richtungen: Nordost- und Oststurm sind selten. Aber schon in der mittleren Adria ist NNE die häufigste Sturm-Richtung, Starkwind kommt mit gut 2% im Jahresmittel ebenso häufig aus SSE wie aus NNE. In der nördlichen Adria hingegen sind Starkwinde und Stürme aus südlichen, südwestlichen und westlichen Richtungen (Schirokko, Libeccio und Ponente) ziemlich selten; Windstärken ab 6 Bft sind überwiegend an Kaltluftausbrüche aus Nord bis Ost gebunden (Bora).

An der Küste unterscheiden sich die Windverhältnisse je nach Küstenformation und Aufstellung des Windmessers. Die Tabelle 15 gibt beispielhaft für drei Orte die Häufigkeit vom Maestrale (NW + N), Schirokko (SE + S), von Bora und Levante (NE + N) und von Windstille zu zwei verschiedenen Tageszeiten sowie die Anzahl der Tage mit Sturm ($\geq$ 8 Bft) an, nach [15]. In Brindisi entsprechen die vorherrschenden Windrichtungen etwa denen auf See, allerdings gibt es dort abends, nachts und morgens mehr Windstillen.

Ablandige Winde aus Südwest bis West gibt es in Ancona nachts und morgens zu etwa 30%, nachmittags im Winter zu 20 bis 30%, im Sommerhalbjahr zu weniger als 10%. Venedig zeigt bei den Windrichtungen einen sehr starken Tages- und Jahresgang; Calmen sind selten. Die genannten drei Küstenorte können in fast allen Monaten Sturm bekommen, am

Tabelle 15: Häufigkeit von verschiedenen Winden und Calmen, in Prozent; Anzahl der Tage mit Sturm

Ort	Ortszeit	Monat												Jahr
		Jan.	Feb.	März	April	Mai	Juni	Juli	Aug.	Sept.	Okt.	Nov.	Dez.	
Brindisi	08.00	28	28	27*	32	40	52	63	60	42	30	30	28	38% NW + N
		8	10	7	5	4*	4	7	5	6	7	7	8	6% NE + E
		24	29	30	23	22	11	7	6*	12	21	18	25	19% SE + S
		19	13*	13	19	21	20	19	20	19	20	24	23	19% Calmen
	19.00	32	31	35	29	27*	33	38	40	32	30	23*	28	32% NW + N
		9	8	5	3	7	11	8	2*	5	6	8	7	7% NE + E
		28	29	34	27	26	11	5*	7	16	23	20	26	21% SE + S
		20	16*	17	26	28	33	38	41	35	33	33	32	30% Calmen
		1	1	2	0,5	0,3	–	0,3	0,3	0	0,2	0,2	2	8 Tage mit Sturm
Ancona	08.00	26	21	18	13	14	18	17	14	13*	13	14	19	17% NW + N
		7	7	9	10	7	6	6	6	7	7	5	6	7% NE + E
		15	17	16	19	20	14	10*	10*	16	22	26	15	17% SE + S
		20*	28	29	31	30	32	35	34	30	30	21	23	29% Calmen
	13.00	46	41	35	27*	27	30	40	39	41	40	29	33	36% NW + N
		10	12	19	25	30	34	32	30	22	15	7	5*	20% NE + E
		10*	16	16	17	19	17	16	14	14	19	22	13	16% SE + S
		16	17	16	19	19	7	8	6*	12	13	18	18	14% Calmen
		2	1	0,8	1	0,2	–	–	0,3	–	0,6	0,8	0,8	8 Tage mit Sturm
Venedig	09.00	59	40	21	19	18	17*	20	36	38	46	46	52	35% NW + N
		27	44	54	51	50	54	53	50	50	39	33	26*	44% NE + E
		2*	3	9	12	17	18	16	6	3	3	6	2*	8% SE + S
		6	6	10	5	3	5	2*	3	3	2	7	8	5% Calmen
	15.00	32	10	5	4	4	3	3*	3	6	9	24	32	11% NW + N
		36	50	40	24	20	14	14*	14	32	36	37	35	29% NE + E
		6	20	40	62	67	74	76	73	51	38	16	4*	44% SE + S
		10	6	5	1	2	1	0*	0*	1	3	8	8	4% Calmen
		1	0,7	0,7	0,8	0,7	0,7	0,3*	0,7	0,7	0,9	0,7	0,7	9 Tage mit Sturm

ehesten im Winter; Gewitter sind häufig mit Sturmböen verbunden. Der Golf von Triest wird im folgenden Kapitel behandelt, da er klimatisch zur gebirgigen östlichen Adriaküste gehört.

Als Schutzhäfen können sowohl bei starker Bora als auch bei schwerem Schirokko Brindisi, Bari, Barletta, Manfredonia, die Leeseite der Insel Tremiti, Ancona und Malamocco in der Lagune von Venedig dienen. Dagegen werden die Anker- und Liegeplätze vor Otranto und in Cattolica bei Nordoststurm unsicher, die Einsteuerung in diese Häfen ist gefährlich oder unmöglich.

Seegang

Der Seegang in der Adria ist im Jahresmittel 0,8 bis 0,9 m hoch, im Winter etwa 1,1 m, von Mai bis September ungefähr 0,6 bis 0,7 m. Hohe und sehr hohe Wellen sind selten (s. Kapitel 3). Sie entstehen im Nordteil der Adria bei anhaltend starkem bis stürmischem Süd- bis Südostwind.

An der Ostküste Italiens am Mt. Gargano: Die Wellenzüge der Dünung „biegen" sich in die Buchten hinein und brechen dort.

Die höchsten Wellen in der südlichen Adria werden bei Nord- bis Nordweststurm beobachtet. In der Straße von Otranto können hohe Windsee und Dünung natürlich auch aus Süden, vom Ionischen Meer, heranrollen. Während die Richtungsverteilung der Windsee in der Adria, wie überall, mit der des Windes übereinstimmt, kommt die selten beobachtete Dünung in der nördlichen Adria überwiegend aus Südost, in der Mitte und im Südteil etwa gleich häufig aus Südost und Nordwest.

Wasserstandsschwankungen: Weht über der Adria ein stürmischer, langandauernder Schirokko – dieser braucht nicht einmal die Lagunenstadt Venedig oder Triest zu erreichen – wird das Wasser in den Nordzipfel des Meeres gedrückt, was zu Wasserstandserhöhungen und Überschwemmungen am Golf von Triest und in Venedig führt. Andererseits bewirken langandauernde Starkwinde oder Stürme aus nördlichen Richtungen dort ein extremes Niedrigwasser. Von solchen winderzeugten Wasserstandsänderungen ist die gesamte Küste zwischen Ancona und dem Golf von Triest betroffen.

Oberflächenströmung

Die Oberflächenströmung setzt vor der kroatischen Küste nach Nordwesten, vor der italienischen nach Südosten; sie ist normalerweise schwächer als 1 sm/h; durch starke nordwestliche bis nordöstliche Winde kann sie aber erheblich verstärkt, durch Südost- und Südwind abgeschwächt oder umgekehrt werden. Vor Otranto setzt sie allerdings immer südwärts, auch bei Südostwind, bei NW-Wind kann sie 1 bis 2 sm/h erreichen. Bei starkem Wind oder Sturm aus Nordwest bis Nordost kann die südostsetzende Strömung im Canale Pigonati (Brindisi) etwa 3 sm/h erreichen, vor Monopoli ca. 2 sm/h, das gleiche gilt vor Bari und Barletta bis zu etwa 40 sm Landabstand. Selbst in manche Häfen kann die Strömung eindringen und dort im oder entgegen dem Uhrzeigersinn drehen. Näheres im Seehandbuch Nr. 2028 [8]. Vor Ortona und Ancona kann die südostsetzende Oberflächenströmung bei nördlichen Winden etwa 3 sm/h erreichen, vor Rimini sogar bis zu 5 sm/h. Bei Porto Corsini (Ravenna) setzt sie im Falle von NW- oder Nordwind mit 3–4 sm/h nach Süden, bei Südostwind mit 2–3 sm/h nach Norden. – Die Strömungen zur Lagune von Venedig sind stark: Sie werden von den Gezeiten, vom Regen und Hochwasser der Flüsse und den Stürmen beeinflußt; bei Chioggia können sie etwa 4 sm/h, in der Einfahrt nach Porto di Lido etwa 3 und nach Porto di Malamocco 5 sm/h erreichen.

Gezeiten

Die Gezeiten und die Gezeitenströme sind an der mittleren italienischen Adriaküste gering, im Nordzipfel aber verhältnismäßig stark. Im südlich gelegenen Brindisi und Monopoli beträgt der mittlere Tidenhub 40–50 cm. Nordwestlich davon ist er noch etwas niedriger. Den geringsten Tidenhub der gesamten Küste mit einem mittleren Springtidenhub von 19 cm beobachtet man in San Benedetto del Tronto (42°57′N, 13°53′E). Von dort aus nimmt er nach Nordwesten hin wieder zu: In Ancona beträgt er knapp 50 cm, bei Rimini 65–80 cm. Im Hafen von Porto Garibaldi erzeugen die Gezeiten Stromgeschwindigkeiten bis zu 3 sm/h, im Extremfall sogar bis zu 5 sm/h. Bei Chioggia und in der Lagune von Venedig beträgt der Tidenhub im Mittel etwa 50 cm. Er wird stark vom Wind beeinflußt. In Grado (45°41′N, 13°23′E) treten die Gezeiten sogar mit einem Tidenhub von 1,3 m auf.

Sicht

Auf See ist die Sicht in der südlichen und mittleren Adria überwiegend gut oder sehr gut: In der südlichen Adria werden im Jahresdurchschnitt etwa 86% Sichtweiten von 20 km und mehr gemeldet, in der mittleren Adria sind es 89%. Nicht so häufig kommt gute Sicht in der nördlichen Adria vor, im Jahresmittel nur zu knapp 83%; im Frühling sind es sogar nur etwa 76%, im Sommer 80–90% und von Oktober bis Januar 80–83%. Auf See kommt Nebel auch im Norden relativ selten vor, im Jahresmittel nur zu 0,5%, Hauptsaison im Norden ist der Frühling (März/April) mit etwa 2%; der Sommer und Herbst ist praktisch nebelfrei. In der mittleren Adria gibt es kaum Nebel, in der südlichen Adria tritt er vorwiegend im Herbst auf. Starker Dunst mit Sichtweiten von 1–4 km weist in der mittleren und südlichen Adria durchschnittliche Häufigkeiten von 2% auf, in der nördlichen 3%; „Saison" ist jeweils im Frühling und Herbst.

An den Küsten, vor allem um die Pomündung herum, ist die Sicht schlechter. Infolge der menschenverursachten Luftverschmutzung kann man die Küste dort häufig erst aus 3–5 km Entfernung erkennen. Abhilfe schafft da vor allem ein starker Nordostwind (Bora). Brindisi verzeichnet 9, Ancona 15, Venedig 39 und Triest 43 Nebeltage pro Jahr; im Sommer sind es jeweils weniger als einer pro Monat, von Dezember bis Februar in Venedig und Triest hingegen monatlich 8 bis 9. Die Häufigkeit von weniger als 4 km Sicht steht in Tabelle 16.

Tabelle 16: Anzahl der Tage mit Sichtweiten unter 4 km an Küstenstationen

Station	Uhrzeit	Monat												Jahr
		Jan.	Feb.	März	April	Mai	Juni	Juli	Aug.	Sept.	Okt.	Nov.	Dez.	
Brindisi	08.00	2	2	2	**3**	0,2	–*	0,2	0,4	1	1	0,9	3	13
	14.00	**0,9**	0,6	0,7	0,2	–*	0,6	**0,9**	0,7	0,5	0,7	0,4	0,4	7
Ancona	08.00	**9**	5	7	1	1	0,7	0,3*	0,4	3	1	6	8	43
	14.00	**9**	5	5	0,9	0,6	–*	0,2	0,6	1	1	4	8	35
Venedig	07.00	11	12	9	4	3	2	1*	2	6	7	10	**13**	80
	13.00	**12**	11	5	1	1	0*	0*	0	2	4	9	12	57
Rijeka	**		2	2	2	2	1	0,8*	0,9	1	1	2	2	18
Split	07.00	0,5	0,1	0,3	0,5	0,7	0,6	0,1*	0,1*	0,4	0,4	0,9	**1**	6
	14.00	0,4	0,3	–*	0,1	0,1	0,1	0,1	–*	0,1	0,5	0,4	**1**	3

** = ganzer Tag

Morgens herrscht also noch öfter schlechte Sicht als nachmittags.

Sonnenschein und Regen

Die Sonnenscheindauer nimmt von Süden nach Norden hin ab: Brindisi verzeichnet 2500 Stunden pro Jahr, das sind 6,8 Stunden pro Tag, Pescara 2274, Ancona 2165, Rimini und Venedig ca. 2040 Jahresstunden, das sind ca. 5,6 Stunden täglich. Am häufigsten scheint die Sonne überall im Juli, im Norden durchschnittlich 9,6 bis 10 Stunden, im Süden (Brindisi) 11 Stunden; am wenigsten Sonnenschein gibt es im Dezember, im Süden 3,6 Stunden, im Norden nur 1,8 bis 2,7 Stunden; im Mai sind es im Norden 7 bis 8, im Süden 8,5 Stunden, im September im Norden 6,6 bis 7 Stunden, im Süden 8 Stunden täglich.

Am trockensten ist die Küste südlich der Gargano-Halbinsel mit weniger als 500 mm Regen jährlich, der meiste Niederschlag fällt am Golf von Triest, etwa 1200 mm, relativ niederschlagsreich sind die Küste bei Ancona (ca. 800 mm) und die Gargano-Berge. Dagegen ist es um die Po-Mündung herum wieder ziemlich trocken. Die nördliche Adria, der am weitesten polwärts gelegene Teil des Mittelmeeres, weist schon kein typisches mediterranes Klima mehr auf: relativ kalte, trübe Winter und mehr Niederschlag im Sommerhalbjahr (April bis September) als im Winter. Besonders heftig regnet es im Mai/Juni und von Mitte August bis November.

Über den Seegebieten der nördlichen und mittleren Adria gibt es die meisten Gewitter im Sommer – mit Ausnahme des trockeneren Juli –, im Südteil im Herbst. Insgesamt ähnelt die Gewitterhäufigkeit der des übrigen Mittelmeeres. Dies gilt aber nicht für die Küsten! Relativ gewitterarm ist die italienische Küste südlich der Po-Mündung mit 8 bis 12 Gewittertagen pro Jahr, allerdings gewittert es öfter über dem Gargano-Gebirge. In Venedig gibt es 17 Gewittertage pro Jahr, die meisten im Sommer (je 4 im Juli und August), fast keine im Winter. Bei schweren Gewittern können Wasserhosen auftreten!

Die mittleren Tageshöchsttemperaturen erreichen im Sommer im Süden 29–30 °C, im Norden 27 bis 28 °C.

Die Badesaison reicht im Süden von Juni bis Mitte Oktober, sonst nur bis Ende September.

Die kroatisch-albanische Küste

Stichworte: Haupt-Einfallschneisen der Bora, zahlreiche Schutzhäfen – Oberflächenströmung stark windabhängig, größter Tidenhub im Norden – Meist gute Sicht, aber viel Nebel im Norden – Mehr Sonne und mehr Regen als an der italienischen Küste, zahlreiche Gewitter

Die Windsysteme der Adria

Wegen der starken Gliederung der Küste bestehen auf kurze Entfernungen äußerst krasse Unterschiede im Windfeld. Hier können aus Platzgründen und der Übersichtlichkeit halber nur die wesentlichen Merkmale geschildert werden. Bezüglich spezieller Häfen, Durchfahrten, Buchten und Inseln sei dringend die Lektüre des Seehandbuches Nr. 2030 [9] empfohlen.

Die Windverhältnisse auf der freien Adria außerhalb der äußersten Inselkette wurden bereits im vorigen Kapitel erwähnt (Darstellung Seite 146, 147). Die Hauptwindsysteme sind:

- die Bora aus NE bis E, örtlich auch aus N, die vor allem die kroatische, aber kaum die albanische Küste heimsucht,
- der Schirokko aus SE bis S, der in der Südhälfte der Adria häufiger weht als in der nördlichen,
- sowie Winde aus NW bis N, im Sommer der besonders in der Südadria häufige Maestrale, die Wurzel der westlichen Etesien; im Winter ist es der Tramontana, eine auf N bis NNW umgelenkte Bora.

Die Haupteinfallstore der Bora

Erscheinungsbild, Vorzeichen, Andauer und die verursachenden Wetterlagen der Bora sind ausführlich in Kapitel 3 beschrieben. Die Abbildung zeigt die Haupt-Einfallschneisen der Bora (nach Wasmayer [4]).

Die nördlichste „Schwachstelle", die das Überfließen der Festlands-Kaltluft ermöglicht, ist der Paß von Postojna. Von dort aus ergießt sie sich entweder in den Golf von Triest ① oder in den Golf von Rijeka und den Kvarner ②. Dort kann die Bora in Vela Vrata Orkanstärke erreichen. Der Seegang ist dabei in der Umgebung von Rt Zglav (Cres) gröber als in der Mitte des Fahrwassers. Orkanböen verursachen Sichttrübung durch Gischt und Spritzwasser.

Der nächste 900 m hohe Einschnitt liegt zwischen Schneeberg und Großer Kapella. Von dort aus fließt, wenn auch nicht so häufig, die Kaltluft in die Bucht von Bakar und in den Golf von Rijeka (gestrichelt).

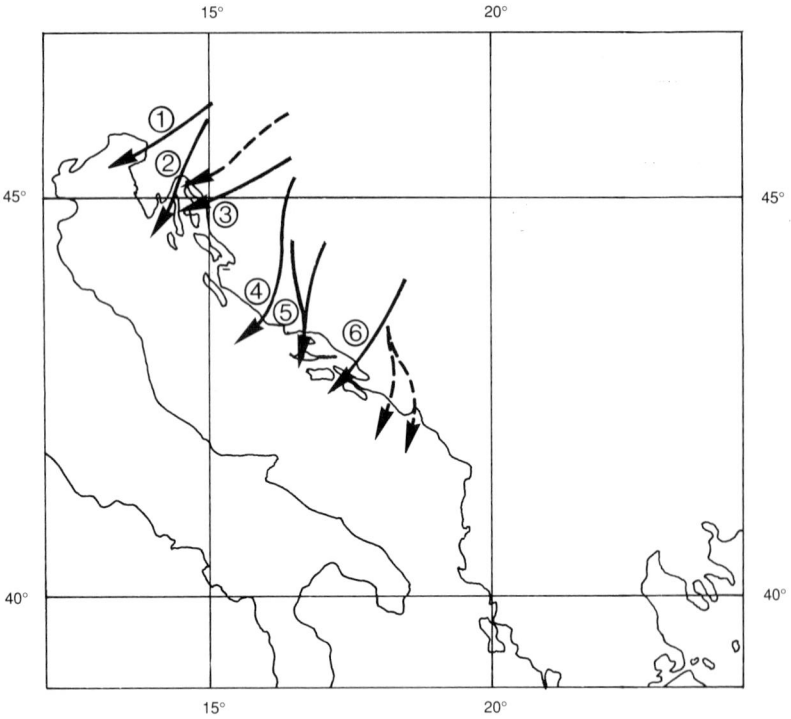

Die Haupteinfallsschneisen der Bora:
(1) Rt Savudrija im Golf von Triest
(2) Golf von Rijeka mit dem Kvarner
(3) Senjska Vrata, „das brüllende Maul"
(4) Šibenik mit Rt Ploca
(5) Vrulje Bucht zwischen Omis und Makarska
(6) Bai von Žuljana am NW-Ausgang des Mljetski-Kanals

Durch die Einsenkung zwischen Kapella- und Velebit-Gebirge (800 m
ü. NN) stürzt sich die Kaltluft nach Senj und zur Senjska Vrata, wo die
Bora zwischen den Inseln Krk und Prvic auch noch düsenartig verstärkt

wird. Dort sind die stärksten und häufigsten Borastürme der Adria anzutreffen (③, dick eingezeichnet). Auch im Sommer kommt es vor, daß die Bora in Senj Sturmstärke erreicht, während nördlich und südlich davon ruhiges Wetter herrscht. Sie weht dort an 200 Tagen im Jahr, in der 2. Nachthälfte und morgens häufiger als nachmittags. Während der Bora sollte man dieses Gebiet mit Booten und kleinen Schiffen nicht durchqueren, sondern unter der Küste von Krk oder in Uvalica Dubac Wetterbesserung abwarten. Es ist auch nicht ratsam, den Velebitski Kanal auf längeren Strecken zu befahren, als es zum Erreichen des Reiseziels notwendig ist. Er ist der Bora besonders stark ausgesetzt und besitzt nur wenige Häfen, die Schutz bieten. Durch den von den Küsten reflektierten Seegang können sich Schwell, Kreuzseen und Sturzseen bilden, die das Befahren unmöglich machen. – Auch der Tihi-Kanal ist von der Bora stark betroffen; vor der Südspitze von Sveti Marko entstehen dann Stromwirbel.

Zwischen Velebit-Bergen und den Dinarischen Alpen liegt eine Schneise (700 m ü. NN), durch die sich die Kaltluft nach Sibenik mit Rt Ploca ④ und durch das Cetina-Tal in die Vrulje Bucht zwischen Omis und Makarska (bei Split ⑤) ergießt. Nordwestlich von Šibenik sowie im Brački-Kanal erreicht daher die Bora große Stärke; das gilt auch für den Hvarski-Kanal zwischen Brač und Hvar. Die Kaltluft, die durch das Tal der Neretva strömt, erreicht als Bora die Halbinsel Pelješac und die Insel Mljet. Sie kann die breiteren, inneren Teile von Luka Ploce und vor allem das Gebiet der Neretva-Mündung unsicher machen. Auch jenseits von Pelješac ist die Bora im Nordwestteil des Mljetski-Kanals bei Zaton Žuljana extrem böig und heftig.

Ein weiterer etwas schwächerer Zweig der Bora (gestrichelt) erreicht – nicht so häufig – die Adria bei Slano. Das südlichste Ausfalltor liegt in der Bucht von Kotor, wo heftige Fallböen aus den Gebirgstälern von Tivatski Zaliv und der Nord- und Ostküste von Kotorski Zaliv herabwehen können. Weiter südlich gibt es keine Ausfallrinnen der Bora zur Adria mehr, in Albanien schwächt das zwischen Gebirge und Meer gelegene Tiefland die Bora-Böen ab.

Seglerwege und Schutzhäfen bei Bora

Glücklicherweise ist im Gebiet der Bora auch die Zahl der Zufluchtsorte besonders groß. Gebiete, wo die Bora nur schwach oder überhaupt nicht auftritt, sind: die gesamte Westküste von Istrien, der Kanal von Zadar, die Leeseiten der Inseln Dugi, Otok und Kornat, die Südwestküste der Insel Mljet und die Küste zwischen Cavtat und Ostri rt.

Je weiter man sich von der Ostküste der Adria auf die See hinaus begibt, desto mehr schwächen sich die Böen der Bora ab. Vor allem die Leeseiten der äußeren Inselkette bieten meist einen guten Schutz. Zufluchtshäfen sind Korcula, Vis und Mali Losinj sowie die Häfen an der Westküste Istriens.

Auf den Leeseiten der inneren Inseln ist zwar die See ruhig, aber örtlich treten sehr heftige Fallböen auf. Die größte Gefahr besteht jedoch an den der Bora zugewandten Seiten der inneren Inseln: Ankern ist wegen tiefen Wassers oder felsigen Untergrundes meist nicht möglich, gegen die Bora ankreuzen kann man nicht. Daher sollte man im dalmatinischen Inselgebiet stets so segeln, daß man bei Ausbruch der Bora genug freien Raum zum Treiben nach Lee hat.

Den Kvarner sollte man nur bei sicherer Wetterlage überqueren; falls man aber doch von der Bora überrascht wird, bietet er genug freien Seeraum nach Lee, wo zwar der Seegang zunimmt, aber die Bora bald schwächer wird.

Ankerplätze sollten stets Schutz gegen die Bora gewähren; der Schirokko kündigt sich meist vorher durch Wolkenaufzug, fallenden Luftdruck, aufkommende Dünung aus Süd oder Südost an und wird durch Seewetterberichte rechtzeitig vorhergesagt, so daß man den Ankerplatz wechseln kann.

Schirokko und andere Winde

Der Schirokko (Jugo) bringt diesiges, feuchtwarmes Wetter. Im Sommer erreicht er auf der offenen See (s. Sturmhäufigkeiten in den Abbildungen Seite 45 bis 50) nur selten Sturmstärke, allerdings gibt es zwischen den

Inseln „Düsen", in denen er in jedem Monat 8 Bft und mehr erreichen kann. Da er sich aber langsam entwickelt und seine größte Stärke erst nach ein bis drei Tagen erreicht, wird er den Wassersportlern nur selten gefährlich. Lediglich im Süden an der ziemlich ungeschützten Küste zwischen Dubrovnik und Sqepi i Gjuhës kann der hohe Seegang und das zeitweilige Umspringen auf Südwest gefährlich werden. – Dies gilt auch für den plötzlichen Übergang vom Schirokko zur Bora, wenn der Tiefkern über den Beobachter hinweg oder südlich an ihm vorbeizieht. Manchmal, aber nicht immer, kündigen Gewitter einen solchen Umschwung an.

Besonders dort, wo der Schirokko Kanäle zwischen den Inseln oder zum Festland hin in Längsrichtung von Südost nach Nordwest durchweht, wird er düsenartig verstärkt und wirft einen groben Seegang auf. Bei entgegengesetztem Strom erzeugt er beträchtliche Sturzseen. – An der Neretva-Mündung bei Opuzen kann der Schirokko (Jugo) Orkanstärke erreichen. Auch in die Bucht von Kotor können heftige Schirokko-Winde eindringen. An der albanischen Küste sind Süd- und Südwestwinde (Schirokko und Libeccio) gefährlich, weil sie hohen Seegang aufwerfen und geschützte Ankerplätze fehlen.

Schutz vor schwerem Schirokko bieten von Nord nach Süd: der Hafen Tiha, die Bucht von Rovinj, der Kanal von Fasana, die Häfen von Pula und Lussinpiccolo, die Bai von Molat, die Häfen Telašcica, Primosten, Rogoznica, Trogir und Vis, der Kanal Pakleni, die Häfen Sveti Clement, Velo Jezero, Prizba, Karbuni, Korčula, der Ankerplatz nördlich der Insel Kolocep, die Ankerplätze Topla und Meljine im Golf von Kotor, die Reede Rodonit an der albanischen Küste und der Ankerplatz nordöstlich der Insel Sazan.

Im Sommerhalbjahr (Mai bis Oktober) erreicht der Nordwestwind meistens keine Sturmstärke, Südwest- bis Westwind (Libeccio) kann stürmisch werden, ist aber selten.

Winde an Küstenorten

Wegen der Unterschiedlichkeit der Windverhältnisse an der stark gegliederten Küste können die in Tabelle 17 aufgeführten Stationen [15] nur einzelne Beispiele für mögliche Windverteilungen sein. Allen Stationen gemeinsam sind ausgeprägte Tages- und Jahresgänge:

Tabelle 17: Häufigkeit von verschiedenen Windrichtungen und Calmen in Prozent; Anzahl der Tage mit Sturm

Ort	Ortszeit	Jan.	Feb.	März	April	Mai	Juni	Juli	Aug.	Sept.	Okt.	Nov.	Dez.	Jahr
Triest	07.00	66	64	59	53	49	47*	47*	53	62	67	70	71	59% NE–SE
		11	14	19	26	30	30	30	27	21	17	11	10*	11% SW–NW
		20	20	18	17	17	18	19	17	14	13*	16	16	17% Calmen
	14.00	63	52	41	37	33	24*	25	29	38	46	61	65	43% NE–SE
		23	34	51	56	60	72	70	67	49	43	26	21*	48% SW–NW
		12	12	4	2	2	1*	1*	2	4	9	11	11	6% Calmen
		6	3	3	2	2	0,5	0,6	0,5	1	3	5	5	32 Tage mit Sturm
Rijeka	07.00	68	57	45	41	25*	27	26	31	44	40	54	53	43% N–E
		9*	10	13	18	28	23	18	18	12	16	14	12	16% S–W
		12*	24	30	28	34	31	43	42	35	30	22	24	30% Calmen
	14.00	46	40	28	32	18	18	16*	20	29	31	41	44	30% N–E
		21	29	43	45	54	61	55	56	40	36	19	17*	40% S–W
		20	20	16	13	14	11*	14	18	22	23	26	25	18% Calmen
		0,3	0,3	0,2	0,3	0,1	0*	0,1	0*	0,1	0,4	0,1	0,1	2 Tage mit Sturm
Split	07.00	79	74	65	48	41*	43	51	60	67	72	70	78	62% N–E
		12*	14	24	22	27	22	16	10*	14	17	21	18	18% SE–SW
		6	10	8	28	31	31	31	27	19	9	7	2*	17% Calmen
	14.00	44	34	20	14	11	11*	11	13	13	19	23	51	22% N–E
		32	43	66	75	79	81	78	82	80	69	56	27*	64% SE–SW
		19	17	9	5	4	4	3	1*	3	8	13	19	9% Calmen
		3	5	5	2	2	1	1	1*	1	2	4	3	29 Tage mit Sturm
Dubrovnik	07.00	60	60	44	32	23	18*	33	53	50	39	48	59	43% NE–E
		24	18	25	31	25	21	11	8*	12	24	28	21	21% SE–S
		2	5	7	7	4	5	4	5	2	1*	5	4	4% W–NW
		5	7	17	28	44	53	50	59	34	29	13	11	29% Calmen
	14.00	28	22	13	4	5	3	3*	3	6	9	15	22	11% NE–E
		35	35	42	38	30	25*	33	33	40	34	34	29*	34% SE–S
		7*	17	15	14	12	28	27	38	30	20	24	12	20% W–NW
		11*	14	12	14	20	24	33	19	17	16	13	14	17% Calmen
		1	1	0,4	0,2	0,2	0	0*	0	0,2	1	1	2	7 Tage mit Sturm

- Die ablandigen nordöstlichen Winde (NE–E, NE–SE, N–E: Bora) sind im Winter häufiger anzutreffen als im Sommer, nachts und vormittags öfter als nachmittags. In Split sind diese Unterschiede besonders gut ausgeprägt.
- Die auflandigen Winde wehen vorwiegend tagsüber und erreichen ihre größte Häufigkeit im Sommer.
- Für das relativ frei am Meer gelegene Dubrovnik konnten die auflandigen Winde in Süd- bis Südostwind (Schirokko) und West- bis Nordwestwind (Ponente und Maestrale) unterteilt werden. Der Schirokko weht nachmittags im Frühling und Herbst am häufigsten, an Sommer-

morgen recht selten. West und Nordwest sind morgens kaum anzutreffen, nachmittags im Sommer recht oft, jedoch nicht so häufig wie auf offener See.

— Je nach Lage der Station treten Windstillen (Calmen) mit unterschiedlicher Häufigkeit auf: morgens öfter als nachmittags. Am Morgen sind sie im Sommer häufiger, im Herbst und Winter wesentlich seltener anzutreffen (Ausnahme: Triest), am Nachmittag gibt es Windstille im Herbst und Winter häufiger als im Sommer (Ausnahme: Dubrovnik).

Oberflächenströmungen, Gezeiten und Gezeitenströme

Vor der albanisch-kroatischen Küste setzt die Meeresströmung im Sommer schwach und unbeständig im Südteil nach Nordwesten, im Nordteil nach Südsüdosten, im Winter beständig oder ziemlich beständig überall nach Nordwesten.

Allerdings sind die Oberflächenströmungen stark windabhängig. Meist erreichen sie windbedingt nicht mehr als 1 bis 2 sm/h. In den Kanälen kann die Strömung aber durchaus stärker werden, vor allem bei Bora und Schirokko. Wer dann also gegen den Wind ankreuzen muß, segelt auch noch gegen die Strömung, so daß die Gefahr besteht, daß man rückwärts abgetrieben wird.

Hier können nur wenige Beispiele für besonders starke windbedingte Strömungen gegeben werden; für die übrigen Orte und Regionen wird dringend das Studium des Seehandbuches 2030 [9] empfohlen.

Die Strömung im Osorski Kanal westlich von Cres wird von Gezeiten und Winden beeinflußt und kann Geschwindigkeiten bis zu 6 sm/h erreichen.

— Bei Bora kann sie mit 3–4 sm/h durch die Vela Vrata (Kvarner) fließen.

Im Tihi-Kanal (Nordausgang des Velebitski Kanals) wird bei Schirokko eine nordwestsetzende Strömung von 2 bis 4 sm/h beobachtet, das gilt auch für die Enge von Novsko Zdrilo (44°12′N, 15°33′E).

Im Kanal Malog Stona, dem Südostzipfel des Netretvanski-Kanals, treten manchmal Wasserstandsschwankungen (Seiches) von 1–2 Metern auf, die Stromwirbel und Brandung hervorrufen. Vor Flußmündungen, etwa der Neretva, kann je nach Wasserführung eine starke seewärts gerichtete Strömung bis 8 sm/h auftreten.

Die Gezeiten und die Gezeitenströme sind im Norden und Süden der Adria stärker als in der Mitte. Sie treten allgemein im halbtägigen Rhythmus auf, nur im mittleren Teil werden die täglichen Ungleichheiten so groß, daß eine gemischte Gezeit auftritt. Im Norden beträgt der Tidenhub etwa 1 m, in der Mitte nur 0,2 m und auch in der Straße von Otranto meist unter 0,5 m. Im Golf von Triest kann es zu starken windbedingten Wasserstandsschwankungen kommen (s. Seite 151).
Auch in Pula und Zaliv Rasa (44°58'N, 14°04'E) – mit einem normalen Tidenhub bis zu 1 m – wird der Wasserstand durch Bora gesenkt, durch Schirokko erhöht, die größte Differenz beträgt 2 m. – Die Gezeitenströme in Privlacki Gaz (Durchfahrt südlich von Pag) erreichen bis zu 2 sm/h, die Flut setzt ostwärts, der Ebbstrom westwärts. Vor Zadar werden die Gezeitenströme vom Wind beeinflußt und können bis zu 2 sm/h erreichen, ähnliches gilt für den Pasmanski-Kanal.

Sicht, Sonnenschein, Temperatur und Regen

Die Sicht auf See wurde bereits im vorhergehenden Kapitel beschrieben. Bis auf den Nordzipfel der Adria ist sie vorwiegend gut oder sehr gut. Das gilt für die kroatische Küste in noch stärkerem Maß als für die italienische (s. Tabelle 16). Mit Ausnahme der Bucht von Triest und der Westküste Istriens kommt Nebel sehr selten vor. Pro Jahr zählt man in Triest 43 Tage mit Nebel, in Pula 28, Rijeka 5, Sibenik 4,5, Vis 4, in Dubrovnik nur 0,7 und in Durres 6. Den meisten Küstennebel gibt es im Spätherbst und Winter, während der Sommer sehr nebelarm oder manchenorts sogar frei von Nebel ist. So beobachtet man in den Monaten Mai bis September, zusammengerechnet, in Triest 4,6, Pula 1,5, Rijeka 0,4, Sibenik 0, Vis 2,2, Dubrovnik 0,5 und in Durres 1,0 Tage mit Nebel. Dabei handelt es sich meist um nächtlichen „Strahlungsnebel", der morgens rasch verschwindet.
Obwohl es an der kroatischen Adria-Küste bedeutend mehr regnet als an der italienischen, scheint die Sonne dennoch merklich länger. Dies ist ein „Verdienst" der Bora, die den Himmel „blankfegt". So registriert man in Sibenik z. B. fast 2700 Sonnenscheinstunden pro Jahr, das sind 7,4 Stun-

den täglich, in Ancona auf gleicher Breite nur knapp 2200, also 6,0 Stunden pro Tag. Den wenigsten Sonnenschein der Adria-Ostküste erhalten Triest und Rijeka mit 2100 Stunden pro Jahr, den meisten die Insel Hvar mit 2725 Stunden; die übrigen Stationen bekommen zwischen 2342 (Pula) und 2600 (Split und Dubrovnik) Jahresstunden. Am längsten scheint die Sonne im Juli, durchschnittlich 10,7 bis 12,0 Stunden pro Tag, in Triest und Rijeka „nur" 9,5 Stunden. Im Mai sind es in Triest und Rijeka 7,0 Stunden, sonst 9 Stunden täglich, im September in Triest und Rijeka 6,5, sonst 7,2 bis 8,7 Stunden.

Die Lufttemperaturen unterscheiden sich wenig: Von Nord nach Süd steigen sie nur geringfügig an. Durres verzeichnet dieselben Werte wie Dubrovnik. An der Festlandsküste sind Jahres- und Tagesgang kaum größer als auf den Inseln.

Die Wassertemperaturen nehmen von Nord nach Süd allmählich zu. Die Badesaison dauert im Norden und in der Mitte etwa von Juni bis September, im Süden bei Dubrovnik bis Anfang Oktober.

An der kroatischen Küste fällt etwa doppelt so viel Niederschlag wie an der italienischen. Den Rekord hält der Ostrand der Bucht von Kotor mit fast 3000 mm Regen pro Jahr; die trockenste kroatische Station ist die Insel Pelagruza in der Adria-Mitte (42°23'N, 16°16'E) mit 412 mm jährlich, es folgt Vis mit 535 mm. Die übrigen Stationen registrieren 710 (Pula) bis 1481 mm (Rijeka) Jahresniederschlag.

Der meiste Regen fällt generell im Spätherbst. Im Norden sind die Sommer niederschlagsreicher als die Winter, in der Mitte und im Süden ist es umgekehrt. Die folgende Aufstellung enthält die Regenmengen (mm) des Winters (Januar bis März, 1. Zahl) und die des Sommers (Juni bis August, 2. Zahl):

Triest:	207–270	Zadar:	219–125
Porec:	172–199	Split:	203–112
Pula:	166–128	Korcula:	324– 96
Rijeka:	331–256	Dubrovnik:	362–122
Rab:	252–175	Durres:	260–109

163

Besonders im Sommer und Herbst regnet es meist kurz und heftig. – Die kroatische Küste ist reich an Gewittern. In Triest zählt man 26, Pula 43, Rijeka 31, Split 37, Dubrovnik 17 und Durres 29 Gewittertage pro Jahr; auf den niederschlagsärmeren Inseln Vis sind es nur 5 und auf Pelagruza 23. Der Sommer ist die Hauptsaison. In Gewittern muß man mit Wasserhosen und Hagel rechnen.

Ionisches Meer, Peloponnes und Kreta

Stichworte: Wetterküche im Winter – Etesien im Sommer – Schirokko – Nordafrikanische Tiefs als Überraschung – Herbstgewitter

Im Winter bestimmen Tiefdruckgebiete das Wetter, die sich insbesondere über dem Ionischen Meer, aus dem Westen oder Nordwesten kommend, verstärken und dann weiter ost- oder nordostwärts ziehen. In den seltensten Fällen sind es vom Atlantik heranziehende Tiefs, sondern im Löwen- und Genuagolf entstandene Zyklonen.
Eine Eigentümlichkeit des Ionischen Meeres ist es, daß es für die Tiefdruckgebiete sowohl Friedhof als auch Geburtsstätte ist. Zyklonen aus dem nordwestlichen Mittelmeer und aus dem Atlasgebiet füllen sich hier auf. Andererseits führen Kaltluftausbrüche vom Balkan nach Südwesten (kräftiges Hoch über Osteuropa) im Zusammenspiel mit warmer Saharaluft zur Entstehung neuer Tiefs, die ost- oder nordostwärts ziehen.
Im Frühjahr und zum Teil auch im Herbst sind es Höhentröge und -tiefs (Cut off lows), die entweder die winterliche Witterungsphase mit häufigen Gewittern einleiten oder im April und Mai mit einem kleinen sekundären Gewittermaximum ausklingen lassen. Der Sommer und vielfach der Frühherbst ist durch Hochdruckrandlagen gekennzeichnet, die im Zusammenwirken mit dem niedrigen Luftdruck über der Türkei, dem östlichen Mittelmeer oder manchmal der Adria den westlichen Zweig der Etesien entstehen lassen. Südöstlich von Kreta vereinigt sich der westliche Zweig mit dem aus der Ägäis herauswehenden Hauptzweig.

Wind

Die Hauptwindrichtung ist auf offener See während des ganzen Jahres West bis Nordwest, wobei im Winter bei mehr westlicher Richtung im Mittel Windgeschwindigkeiten um 17 kn, im Frühjahr 9–12 kn auftreten. Im Sommer und Herbst liegen die mittleren Geschwindigkeiten bei nordwestlichem, zum Teil nördlichem Wind zwischen 7 und 12 kn. An der Straße von Otranto ist das Wechselspiel des Windes komplizierter, beispielsweise überwiegt im Herbst kurzzeitig NE-Wind. Allgemein ist der Nordteil des Ionischen Meeres etwas windschwächer.

Wichtig ist jedoch zu wissen, daß die Schwachwindhäufigkeit (das sind alle Windstärken von Windstille bis Stärke 3 Bft) im allgemeinen bei 50% liegt und im Sommer verbreitet 70% erreicht. Damit haben die Küsten in den Sommermonaten normalerweise eine gut ausgebildete Land-/Seewindzirkulation, die an gebirgigen Küsten durch die Berg- und Talwindzirkulation verstärkt wird.

Die sich im Winter im Ionischen Meer vertiefenden Zyklonen tragen dazu bei, daß hier und im Seegebiet um den Peloponnes bis Kreta in rund 5% der Fälle im Januar und Februar Sturm auftritt. Der Sommer ist meist sturmfrei.

Seegang, Oberflächenströmung

Entsprechend der relativ gleichmäßigen Windverteilung kommen sommers und winters die Windsee und die Dünung aus westlichen bis nordwestlichen Richtungen. Eine Ausnahme bildet wieder der Eingang zur Straße von Otranto mit gegenläufiger Windsee und Dünung. Die mittleren Wellenhöhen betragen im Winter 0,9 bis 1,3 m und im Sommer 0,3 bis 0,9 m. Den höchsten Seegang findet man im Zentrum des Ionischen Meeres und rund um Kreta, wobei die Südseite der Insel durch Leewirkung besonders im Sommer auch eine Art Wellenschatten hat.

Hohe und sehr hohe Windsee und Dünung (ab 3,5 m) tritt im Hochwinter in 5–7% der Fälle auf, im Sommer mit knapp 1%. Betroffen davon ist jedoch überwiegend der Südteil des Ionischen Meeres und das Seegebiet in Richtung Südkreta. Wie beim Wind muß auch hier ausdrücklich erwähnt werden, daß ruhige See immerhin einen Anteil von 40–50, im Sommer sogar bis 70% hat. Nur das Seegebiet nördlich Kretas liegt auch im Sommer im Bereich der sehr beständigen Etesien mit etwas unruhigerer See.

Die **Oberflächenströmung** setzt entsprechend der Windverteilung überwiegend nach Südost und Süd mit im Winter etwa 0,5 bis 1 sm/h und im Sommer etwas geringeren Werten. Westsetzen ist jedoch nicht ungewöhnlich, wie auch im Sommer im Nordteil des Ionischen Meeres und im Bereich des Peloponnes rasch in Richtung und Geschwindigkeit wechselnde Strömungen auftreten. **Gezeitenströme** spielen dabei im Bereich des Peloponnes eine zusätzliche Rolle. Der mittlere Springtidenhub liegt an den offenen Küsten zwar nur zwischen 0,1 und 0,3 m, verstärkt sich aber erheblich im Golf von Patras und im Golf von Ägina auf über einen halben Meter. Mit Ausnahme der Ostseite von Kreta herrscht die halbtägige Form der Gezeiten vor.

Der Witterungsablauf des Jahres

Besonderheiten im Witterungsablauf des Jahres waren anfangs angedeutet worden. Das „schlechte" Winterwetter zieht sich von Dezember bis Februar hin. Der Sommer wird von Juni bis in den September hinein durch den westlichen Ast der Etesien geprägt, der im allgemeinen Teil bereits angesprochen wurde (s. auch die Abbildungen Seite 54/55).

Im **Frühjahr** haben wir es immer noch mit einzelnen Tiefs der Wintersaison zu tun, die aber auf der Vorderseite eine schon sehr warme südliche Strömung erzeugen. Es ist der bekannte **Schirokko**. Die typische Wetterlage dafür ist weiter vorn beschrieben worden. Der Schirokko tritt im gesamten Bereich bis hinüber nach Kreta vor allem in den Monaten März und April auf. Er ist im Nordteil des Ionischen Meeres, an den Küsten des Peloponnes und von Kreta mit trübem Wetter und Sprühregen verbunden. Der Südteil des Ionischen Meeres weist manchmal noch Staubtrübung durch die gleichzeitig an der nordafrikanischen Küste wehenden Sand- und Staubstürme auf.

Unangenehme und schwer vorhersagbare Wind- und Wetterwechsel werden im Frühjahr aber vor allem durch die über **Nordafrika** entstehenden **Zyklonen** hervorgerufen. Selbst das sonst sehr gute Wettervorhersagemodell des Europäischen Zentrums für Mittelfristige Wettervorhersage in Reading bei London, das heutzutage von vielen Wetterdiensten verwendet wird, hat hier noch eine Schwachstelle. Diese über Algerien oder Tunesien entstehenden Tiefs ziehen, wenn sich ein Höhentrog über der Iberischen Halbinsel oder dem westlichen Mittelmeer befindet, nach Nordnordost oder Nordost, wie auf Seite 12 schematisch dargestellt. Über dem Ionischen Meer oder bei Kreta füllen sie sich oft wieder auf. Während an der afrikanischen Küste Staub- und Sandstürme auftreten, ist es in unserem Bereich ein rasch auffrischender Südost-, Ost- oder Nordostwind, der eine Art Levanter darstellt und an der griechischen Küste als Gregale bekannt ist. Wird in der Höhe (500 hPa) Kaltluft mit einbezogen, bilden sich Gewitter. Auch hier ist es nützlich, wie bereits an anderer Stelle empfohlen, über Fax Wetterkarten der Höhenströmung in 500 hPa aufzunehmen. Bodenwetterkarten sind erst dann gut, wenn diese Zyklonen schon über dem Meer liegen und es „zu spät" ist.
Besonders im Raum Kreta können im Frühjahr auch 1–2 Tage andauernde starke südöstliche bis östliche Winde auftreten (meist April/Mai). Auf Außenankerplätzen kann eine dann bis 4 m Höhe auflaufende Dünung Schwierigkeiten bereiten. Ende Mai sollte in manchen Jahren bereits mit dem Einsetzen der Etesien gerechnet werden. Auch hier kann die Umstellung der Wetterlage mit anderem Wind und Seegang kurzzeitig besondere Achtsamkeit erfordern.
Im **Herbst** setzt die Umstellung zu winterlichen Wetterbedingungen nur langsam ein. Es beginnt mit dem Aufkommen von stärkerer Quellbewölkung und einzelnen Gewittern. Während der Westteil unseres Gebietes im Mittel schon im September davon betroffen sein kann, ist es der Raum um Kreta oft erst im Oktober oder zu Anfang November. Oktober und November stellen in jedem Fall die Übergangszeit dar. Gewitter, Wind zeitweise aus Nordost bis Ost und allmählich wieder etwas höhere Dünung, vereinzelt auch Wasserhosen sind untrügliche Zeichen dafür. Das Windregime pendelt sich generell zum Herbstende wieder auf westliche

Richtungen ein. Bei relativ hohen Wassertemperaturen und immer noch ausreichend Sonnenschein müssen Ferien also nicht immer gleich beim ersten Gewitter abgebrochen werden.

Ägäis und Marmarameer

Stichworte: Etesien von Juni bis September/Oktober – Kaum Herbst – Wechselhafter Winter mit Bora und Vardarac – Frühling lang mit Schirokko im Süden – Bemerkenswerte Düsen- und Leewirkung der Inseln

Die Ägäis ist das klassische Gebiet der seit dem Altertum bekannten Etesien (türkisch: Meltem), einem sehr beständigen Nord- bis Nordwestwind, der von Juni bis in den Oktober hinein weht. Tiefer Luftdruck über dem Nahen Osten (Monsuntief über dem Persischen Golf) und der Türkei sowie hoher Luftdruck über dem Balkan sind die Ursache dafür. Die nordöstlichen Winde des Marmarameers sind ebenfalls eine Folge dieser Luftdruckverteilung.
Im Winter, von November bis Februar/März, herrscht über dem Balkan häufig hoher Luftdruck vor, er stellt sich jedoch auch in der Türkei ein. Tiefdruckgebiete aus dem westlichen und zentralen Mittelmeer ziehen oft über Griechenland und die Ägäis oder den Balkan in das Schwarze Meer. Andere Zyklonen entstehen häufig zwischen Kreta und Zypern (Zyperntief) und bleiben ebenfalls nicht ohne Einfluß.
Im Frühjahr, von März (im Marmarameer von April) bis Mai, gibt es ein Wechselspiel winterlicher und sommerlicher Wetterlagen.

Wind

Die Grundzüge des Jahresgangs von Windrichtung und -stärke sowie die große Beständigkeit der Etesien sind im allgemeinen Teil ausführlich beschrieben worden (s. auch Abbildungen Seite 54/55). Es bleibt für das Marmarameer zu ergänzen, daß während des ganzen Jahres der Nordostwind dominiert. Zusammen mit Nord- und Ostwinden kommt man auf eine Häufigkeit von fast 60%, im Sommer (Etesienzeit) sogar von rund 75%. Im Winter (November bis Februar) sind Süd- und Südwestwinde mit einem Anteil von 15 bis 23% vertreten.

Mit Sturm (ab Stärke 8 Bft) ist allgemein in 3–6% der Fälle von Dezember bis März zu rechnen. Im Marmarameer ist die Häufigkeit etwas geringer. In der Ägäis weist allerdings der Oktober, die Zeit des Übergangs zur Winterzirkulation, ein zweites Maximum der Sturmhäufigkeit mit gut 3% auf. Im November ist es dann vorübergehend weniger windig. Auch im Marmarameer findet man im September und Oktober etwas häufiger Sturm als im November.

Die Hauptsturmrichtungen sind in der Ägäis Nordost und Nord, aber im Winter bringen auch Südost und Süd gelegentlich Windstärke 8 und 9. Im Marmarameer sind es dagegen nicht die Hauptwindrichtungen, die Sturm bringen. Nur an der Rückseite kräftiger Zyklonen des Schwarzen Meeres tritt bei Wind aus Nordwest und Nord Sturm auf. Die Hauptwindrichtungen wachsen meist nur bis zu einem steifen Wind (Bft 7) an.

Die windschwachen (0–3 Bft) Wetterlagen mit über 60% Anteil findet man in der Ägäis nur im Mai und Juni, im Marmarameer dagegen von April bis Oktober.

Seegang

Der Seegang ist im Marmarameer naturgemäß selten hoch. Von November bis März findet man in rund 1% der Fälle Seegang von mehr als 3,5 m Höhe. In der Ägäis hingegen liegt dieser Anteil von November bis März zwischen 3 und 6%. Die Richtung des Seegangs entspricht der Windrichtung. Die Häufigkeit von ruhiger See (bis 0,5 m) spiegelt den Unterschied noch stärker wider: Ägäis im Jahresmittel 46% und Marmarameer 69%. Am häufigsten wird sie im Frühjahr angetroffen.

Während der Etesienzeit tritt in der Ägäis von Juli bis Oktober mit 10–17% Häufigkeit grobe See (2–3 m) auf, und besonders im September und Oktober kann sich gelegentlich hohe See (ab 3,5 m) aufbauen.

Sicht

Die Sicht ist allgemein gut. Nebel kommt in den Winter- und zeitigen Frühjahrsmonaten nur gelegentlich vor. Das Marmarameer weist zwar in rund 80% der Fälle ebenfalls gute Sicht auf, aber Küstennebel ist im Winter und Frühjahr etwas häufiger. Hier hat mäßige Sicht (4–9 km) im September und Oktober einen Anteil von etwa 26%.

Der Witterungsablauf

Im **Frühling** (März/April bis Mai) wechseln winterliche und sommerliche Witterungsabschnitte. Gegen Ende des Frühlings haben wir die windärmste Zeit der Region. Tiefdruckgebiete sorgen jedoch besonders jetzt dafür, daß unser Revier auch zeitweise vom Schirokko betroffen wird. Er bringt immer diesiges und regnerisches Wetter mit sich, das mehrere Tage andauern kann.
Im späten Frühjahr beginnt der sommerliche nördliche Wind (Etesien). Land- und Seewindzirkulation sind häufig an der Küste zu finden. An Südküsten kann sich der Seewind nachmittags auch noch gegen die schwachen Etesien durchsetzen.
Im **Sommer** (Juni bis September/Oktober) gibt es während der Etesienzeit keine besonders gefährlichen Wettererscheinungen. Vorherrschender Wind ist im Marmarameer der Nordost, in der nördlichen Ägäis Nordost bis Nord und in der südlichen Ägäis schließlich der Nordwest bis Nord. Nur östlich des Peloponnes kommt er aus Nord bis Nordost und bei Rhodos ist es schon ein reiner Nordwestwind.
Das Auftreten der Etesien verläuft mit einer gewissen Periodizität. Ein neuer starker nördlicher Wind kündigt sich durch mittelhohe und hohe Wolken an, die Reste der binnenländischen Gewitter sind. Mitunter ziehen Kaltfronten von Norden nach Süden und führen zu steifen bis stürmischen Winden, ohne daß andere Wettererscheinungen, wie Gewitter, auftreten.
Zu beachten ist, daß der Düseneffekt zwischen den Inseln zu beträchtlicher Windzunahme führt, und daß Bergrücken rechtwinklig zur Strö-

mung im Lee windschwaches Wetter, in der weiteren Umgebung aber Sturm erzeugen.

Der **Herbst** (Oktober) bringt innerhalb kurzer Zeit, meist Ende Oktober, den raschen Übergang zur winterlichen Zirkulation. Typische Herbstwetterlagen gibt es nicht. Die Entwicklung der ersten kräftigen winterlichen Tiefs ist anhand der Höhenwetterkarten besser zu verfolgen als anhand der Bodenwetterkarten. Achten Sie auf Höhentröge oder -tiefs in der 500-hPa-Karte.

Meeresströmungen

Die Meeresströmungen an der Oberfläche sind normalerweise schwach und folgen dem Wind. Durch das Marmarameer erfolgt ein ständiges Ausströmen von Wasser des Schwarzen Meeres, das gelegentlich bei starkem Süd- oder Südwestwind im Winter gestört wird. Versetzungen von 3–5 sm/h treten in bestimmten Bereichen der Dardanellen und des Bosporus auf.

An der türkischen Küste der Ägäis setzt oftmals schwacher Strom nordwärts (0,5 sm/h). Während der Etesien ist im größten Teil der Ägäis die Strömung mit 1 sm/h südwärts, unter der türkischen Küste dann aber auch mit gleicher Geschwindigkeit nordwärts gerichtet. Im Norden der Ägäis kann der Strom sogar gegen die Küste setzen.

Gezeiten

Die Gezeiten haben einen mittleren Tidenhub von 0,1 bis 0,2 m in der südlichen Ägäis und von 0,4 bis 0,5 m in ihrem Nordteil. Im Nordteil der Ägäis herrscht übrigens der eintägige Typ der Gezeiten vor. Ursache dafür ist das Wechselspiel der erzwungenen Gezeiten- und der Eigenschwingungen der Wassermasse.

Wind und Gezeiten erzeugen Oberflächenströme, die durch die Orographie sehr unterschiedlich beeinflußt werden. Neerströme treten örtlich mit großen Versetzungen auf. So wird z. B. bei Nisos Andros (37°47′N, 24°50′E) von Meerströmungen mit manchmal 7 sm/h berichtet, wobei auf kurze Entfernung sehr große Unterschiede auftreten.

Südküste der Türkei und Zypern

Stichworte: Gebirge machen Wind und Wetter – Winterbeginn erst November/Dezember – Zyperntief – Fast orkan- und nebelfrei

Die Witterung an der Südküste der Türkei und auf Zypern wird zwar im Jahresverlauf durch die unterschiedliche großräumige Luftdruckverteilung bestimmt, aber das gebirgige Hinterland beherrscht hier die Windverhältnisse, so daß nahe beieinanderliegende Orte sehr unterschiedliche Verhältnisse aufweisen können. Da sich hier häufig Land- und Seewind mit Berg- und Talwind verbinden, sind zwei wichtige Schlußfolgerungen zu ziehen:
- es gibt einen sehr gut ausgebildeten Tagesgang des Windes und
- mittlere Windrichtung und -stärke schwanken sehr stark von Ort zu Ort.

Windverhältnisse

Im allgemeinen gilt, daß die über der offenen See des östlichen Mittelmeeres das ganze Jahr vorherrschenden westlichen und nordwestlichen Windrichtungen nur Zypern erreichen, und die Südküste der Türkei ihr eigenes Windregime hat. Ursache dafür sind das Taurusgebirge und die anatolische Hochebene.

Im Winter, rund gerechnet von Dezember bis März, dominiert über der Türkei ein Kältehoch und im Sommer, etwa von Mai bis Oktober/November (einen Herbst gibt es kaum) ein Hitzetief. Je nach Streichrichtung der Gebirge, Täler und Küstenlinie entstehen die unterschiedlichsten Windrichtungsverteilungen, wie der Vergleich von Antalya und Mersin in Tabelle 18 zeigt. Nordwest- und Nordwind sind in Antalya mit fast 50% Häufigkeit vertreten, während sich in Mersin der Südwest- und Nordostwind mit 42% die Aufgabe teilen. Und wenn wir schon bei diesen beiden Orten sind, muß in jedem Fall auf die Windstillen hingewiesen werden, die in Mersin immerhin 28% ausmachen. Die gleichzeitig in der Tabelle vorhandenen zyprischen Stationen dürfen nur bedingt damit verglichen werden, denn dabei handelt es sich ausschließlich um Mittagswinde.

Tabelle 18: Jahresmittel der Häufigkeit der Windrichtungen in Prozent

	N	NE	E	SE	S	SW	W	NW	C
Mersin	4	16	7	5	5	26	2	7	28
Antalya	17	11	1	15	7	6	1	29	13
Seegebiet	8	9	11	5	8	16	26	10	7
Paphos*	1	0,6	3	9	10	12	43	21	0,4
Morphou Bay*	11	19	8	2	0,4	2	21	36	0,6
Cap Andreas*	9	19	8	9	24,5	13	8	9	0,5

* Werte von 14.00 Uhr; C = Windstille

Aufgrund der jahreszeitlich unterschiedlichen Luftdruckverteilung treten die unterschiedlich häufigen Windrichtungen auch zu unterschiedlichen Jahreszeiten auf. Tabelle 19 zeigt es für Mersin am besten: von November bis März ist es der Nordostwind und von April bis Oktober der Südwest. In Antalya dagegen überwiegt das ganze Jahr der Nordwest bis Nord. Nimmt man die zweithäufigste Windrichtung dazu, die für Antalya in der darunterliegenden Zeile steht, sieht man, daß von Mai bis August auch der Südost eine merkliche Rolle spielt.

Aus dem Seegebiet zwischen der türkischen Küste und Zypern sind die Windsterne für vier ausgewählte Monate wiedergegeben. Der Januar zeigt das Vorherrschen der Ost- und Nordostwinde, aber auch einen nicht unerheblichen Anteil der West- und Südwestwinde. In den anderen Monaten herrschen westliche und südwestliche Winde vor, nur der Oktober läßt die Übergangszeit zum Winter mit einem stärkeren Anteil nördlicher und östlicher Winde ahnen. Die Hauptwindrichtungen sind für jeden Monat auch in Tabelle 19 zu finden und sollen die Unterschiede zwischen den einzelnen Küstenabschnitten und der offenen See verdeutlichen.

Tabelle 19 enthält von drei zyprischen Stationen auch die häufigsten Windrichtungen der Morgen- und Mittagsstunden. Sie zeigen eindringlich den schon oben erwähnten Tagesgang des Windes. So zeigt Paphos

Tabelle 19: Jahres- und Tagesgang der Hauptwindrichtung verschiedener Orte der türkischen Südküste, von Zypern und dem dazwischenliegenden Seegebiet

Ort	Monat / Ortszeit	J	F	M	A	M	J	J	A	S	O	N	D	Calm (%)
Mersin		NE	NE	NE	SW	SW	SW	SW	SW	SW	SW	NE	NE	28
Antalya	08	NW	NW	NW	NW	NW	NW	NW	NW	NW	NW	NW	NW	13
	14	N	N	N	N	SE	SE	SE	SE	N	N	N	N	–
Seegebiet		E	W	W	W	W	W	W	W	W	W	NE	E	7
Paphos	08	E	E	E	NW	NW	NW	NW	NW	E	E	NE	E	12
	14	W	W	W	W	W	W	W	W	W	W	W	W	0,4
Morphou Bay	08	SE	SE	SE	SE	W	NE	NW	E	S	SE	SE	SE	9
	14	NE	W	WNW	NW	NW	NW	NW	NW	NW	NW	NE	NE	0,6
Cap Andreas	08	NE	SW	SW	W	SW	S	S	S	SW	SW	NE	NE	2
	14	NE	NE	NE	S	S	S	S	S	S	S	NE	NE	NE	0,5

mittags durchgehend Westwind, aber morgens von September bis März östlichen Wind. Insgesamt gibt es nur wenige Monate, in denen morgens und mittags die gleiche Windrichtung anzutreffen ist. Morgens handelt es sich meist um sehr schwachen Wind. Erst im Laufe des Vormittags frischt der Wind auf und erreicht Stärke 4 und 5.

Daß der Bereich von der türkischen Südküste bis Zypern kein sehr einheitliches Bild der Windverhältnisse bietet, zeigt in dieser Tabelle auch das Cap Andreas. Die Nordostwinde hängen im Winter mit dem Kältehoch über der Türkei zusammen, aber noch nicht im Oktober und November. Hier bestimmen die zu dieser Jahreszeit sich langsam südwärts absetzenden Hitzetiefs über dem Nahen Osten und Ägypten noch das Windregime.

Im Seegebiet zwischen der türkischen Südküste und Zypern herrscht von Mai bis Oktober in über 70% schwachwindiges Wetter vor (Windstärken

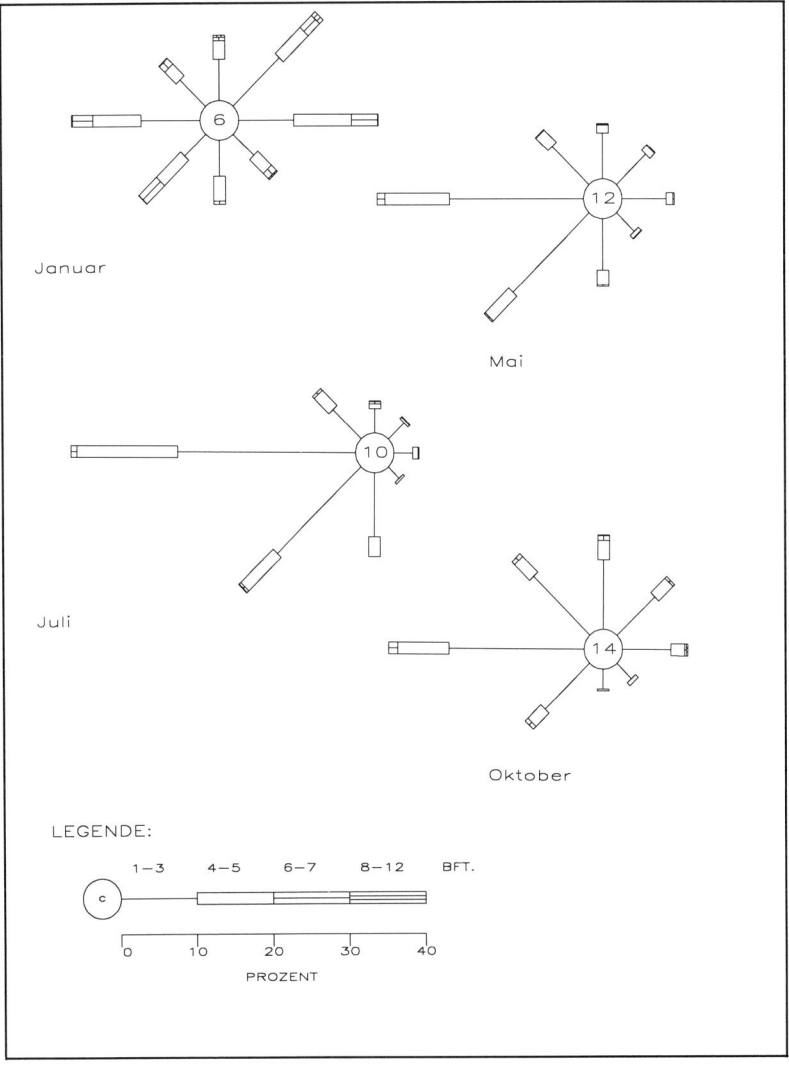

Windsterne für die Südküste der Türkei.

175

unter Bft 4) und im Winter gibt es praktisch alle 50 oder sogar 100 Jahre einmal Orkan. Damit sind wir schon bei dem Thema meteorologischer Risiken. Da es hier sehr selten Nebel, Staub- oder Standstürme gibt, der Schirokko, auch selten, zwar mit trübem aber harmlosem Wetter verbunden ist, was kann an Gefahren lauern?

Es sind die Tücken des raschen zeitlichen und örtlichen Windwechsels nach tage-, mitunter wochenlang gleichförmigem Wetter und das Zusammenspiel mit Windsee und Dünung sowie Versetzung. Wetteränderungen künden sich oft nicht durch Bewölkung, sondern dadurch an, daß der übliche Tagesrhythmus des Windes von der Natur nicht eingehalten wird. Der Seewind kommt beispielsweise nicht, wie üblich, pünktlich um 09.00 Uhr, sondern erst mittags oder bleibt ganz aus. Vielleicht hat nachts im Hafen auch die übliche leichte Landbrise gefehlt. Haben Sie ein Wetterfaxgerät, versuchen sie Höhenwetterkarten aufzunehmen. Höhentröge oder -tiefs, die sich Ihrem Revier oder Fahrtgebiet nähern, sind immer gut für Überraschungen.

Genausogut kann nachmittags der Wind rasch einschlafen, und Sie haben morgens schon beim Auslaufen zu viel Treibstoff für die Maschine verbraucht, tagsüber bei guter Fahrt unter Segeln überhaupt nicht mehr daran gedacht, daß es noch Probleme geben könnte. Jetzt kommt vielleicht noch Dünung gegenan auf, die durch weit entfernte Gewitterherde ausgelöst wurde. Dann kann guter Rat teuer werden.

Die bislang in den Tabellen aufgeführten Winddaten beziehen sich immer auf Messungen von Küstenwetterstationen. Es ist schwierig, hier auch Windgeschwindigkeiten zu nennen, weil sie selbst im Hafen schon anders sein können. Die beiden türkischen Orte Mersin und Antalya geben als höchste beobachtete Windstärken Bft 8 bzw. 10 an. Am häufigsten sind mit rund 70% jedoch Windstärken unter Bft 4. Auch auf der offenen See braucht man aufgrund der Schiffswettermeldungen nur im Gebiet des Golfs von Antalya im Hochwinter mit höchstens 5% stürmischer Winde zu rechnen. Wenn Stürme auftreten, halten sie allerdings oft einige Tage an. Häfen und deren Einfahrten sind unter Umständen gerade dort länger davon betroffen, wo die Küstenlinie zu einer lokalen Windverstärkung beiträgt.

Von besonderer Böigkeit sind gelegentlich Fallwinde, die auch hier als Bora bezeichnet werden können.

Strömungen und Gezeiten

Die Oberflächenströmungen sind aufgrund der wechselnden Windverhältnisse in diesem Fahrtgebiet unregelmäßig. Im Seegebiet zwischen Zypern und Kreta kommen im Sommer Strömungen nach Westsüdwest, Süd und nach Ostsüdost mit 0,5–1 sm/h vor. Im Winter überwiegen südostsetzende Ströme mit etwa 0,75 sm/h, aber auch westsetzender Strom ist noch relativ häufig vorhanden. Nordöstlich von Zypern und im Golf von Iskenderun scheinen westsüdwestwärts und nordöstlich setzende Strömungen mit im Mittel 0,75 bis 1 sm/h vorzuherrschen. Es gibt aus diesem Gebiet nur wenig verläßliche Meldungen. Im Golf von Iskenderun ist außerdem mit Gezeitenströmungen zu rechnen. Die Tide hat hier die

Die Südküste der Türkei bei Fethiye: Viele Kaps und Buchten und hohe Berge im Hinterland. (Foto: Dr. R. Doberitz)

halbtägige Form, der Tidenhub liegt bei 0,4–0,5 m. Zwischen Zypern und Kreta überwiegt der eintägige Typ mit einem Springtidenhub unter 0,1 m.

Seegang

Der Seegang bleibt im größten Teil des Gebietes wegen des kurzen Fetches gering bis mäßig. Nur das Seegebiet westlich von Zypern in Richtung Kreta weist sowohl im Winter als auch im Sommer höheren Seegang auf. Mindestens ein Meter hohe See ist in 70–80% der Fälle vorhanden, grobe See im Winter in 20–30% und im Sommer in 10–20% der Fälle. Hohe und sehr hohe See (3,5 m und höher) kommt hier im Hochwinter und dann wieder während der Etesien (Juli/August) in etwa 2% der Fälle vor. Die Etesien können in diesem Bereich gelegentlich auch eine sehr hohe Dünung von 5 m und mehr aufbauen. Ihre Häufigkeit beschränkt sich jedoch mit 0,2% auf den Juni bis August. Der Golf von Antalya kann von grober, unter Umständen hoher Dünung betroffen werden, die weiter östlich gelegenen Gebiete nicht. Im Winter können Windsee und Dünung auch gegeneinander laufen.

Nicht unerwähnt bleiben sollte, daß wir uns hier in dem Gebiet des Mittelmeeres befinden, in dem die größte **Schwüle** herrscht und dessen Wasser sich durch den höchsten Salzgehalt von 39 Promille und mehr auszeichnet.

Ostküste des Mittelmeers (Levante): Israel, Libanon und Syrien

Stichworte: Hitzetiefs haben kein Wetter – Etesien – Saharatiefs und Khamsim – Land-/Seewind und Berg-/Talwind

Während im Nordteil bis an die Küste heranreichende Gebirge Wind- und Wetterverhältnisse nachhaltig bestimmen, läßt dieser Einfluß im Süden nach. Im größten Teil Israels liegt hinter der Küstenlinie zunächst eine Tiefebene.

Die großräumige atmosphärische Zirkulation wird durch die Wanderung der Subtropenhochs (Winter etwa 25°N, Sommer etwa 30°N), das winterliche Kältehoch über der Türkei (Dezember bis Februar) und das umfangreiche Monsuntief im Sommer über dem Nahen Osten und der Sahara bestimmt. Das Hitzetief des Nahen Ostens reicht soweit in das östliche Mittelmeer hinein, daß es das subtropische Hoch verdrängt. Da über den Hitzetiefs immer ein Höhenhoch liegt, gibt es praktisch kein „Wetter". Der tiefe Luftdruck über der Türkei läßt die hochsommerlichen Etesien als Westwind bis an die Küste Israels vordringen. Im Winter spielen das Zyperntief, im Frühjahr, gelegentlich auch im Herbst, die nordafrikanischen Tiefs eine nicht unerhebliche Rolle.

Windverhältnisse

Auf der offenen See herrscht eigentlich während des ganzen Jahres westlicher Wind mit mittleren Geschwindigkeiten von 10 kn im Sommer und 14 kn im Winter vor. Nur im Winter kommt es zeitweise zu nordöstlichem Wind. Interessant ist der Übergang vom Sommer zum Winter: Mit dem Zusammenbrechen der Etesien im Spätsommer kommt ab Oktober häufig nördlicher Wind auf, der im Dezember bis NE und E dreht. Ab Januar stellt sich wieder westlicher Wind als der häufigste ein.
An der Küste gibt es einen deutlichen Jahresgang. Im Hochwinter überwiegt Wind aus NE und E und im Frühjahr und Sommer aus S und SW.

Seegang

Die Windverteilung auf der offenen See bestimmt auch den Seegang, der besonders an den Küsten Israels und des Libanon Bedeutung erlangt. Im Winter und im Sommer unterscheiden sich die mittleren Wellenhöhen mit 0,5 bis 1,0 m nicht wesentlich voneinander, aber besonders im Winter kann die Windsee aus südwestlichen wie nördlichen Richtungen kommen, während die Dünung meist aus West läuft. Im Sommer stimmen Windsee- und Dünungsrichtung meist überein und kommen aus Westen. Je nach Wetterlage und Wind über dem mittleren Teil des östlichen

179

Mittelmeers kann dadurch zweitweilig eine kräftige Brandung entstehen. Das Auftreten hoher See (3,5–4,5 m) liegt im mittleren und südlichen Teil dieses Gebietes im Winter bei rund 3%. Sehr hohe See kommt im Nordteil fast gar nicht, im Süden sehr selten vor. Grobe See (2–3 m) tritt mit einem Anteil von im Winter etwa 15% und im Sommer ca. 2% auf. Bemerkenswert ist eigentlich nicht der Seegang, sondern der sehr große Anteil ruhiger See in diesem Gebiet mit rund 70–90% im Sommer. Das betrifft vor allem das Seegebiet zwischen dem Libanon und Zypern, aus dem im August sogar 96% ruhige See (0 bis 0,5 m) gemeldet wurden.

Der jährliche Witterungsablauf

Der normale jährliche Witterungsablauf kennt eigentlich nur drei Jahreszeiten: Winter (November/Dezember bis Februar), Frühjahr (März bis Mai) und Sommer. Der Übergang vom Sommer zum Winter findet ziemlich abrupt im November, manchmal erst im Dezember statt.
Das **Frühjahr** ist die Zeit der Sand- und Staubstürme (Khamsim, Scharki, Samum), von Hitzewellen im Süden und örtlich auch von Nebel, der sonst in dieser Gegend nur selten auftritt. Hauptursache der Sand- und Staubstürme sind die nordafrikanischen Zyklonen, die sich mit steigender Sonne als Hitzetiefs am Nordrand der Sahara entwickeln und ostwärts ziehen. Eine weitere Ursache sind Höhentiefs, die sich aus der Westdrift der gemäßigten Breiten abgeschnürt haben (Cut off lows). Von besonderer Bedeutung ist hier die Zugbahn, die vom südlichen Atlasgebirge ausgeht und über Libyen, Nordägypten ostwärts verläuft und dann über dem Sinai nordostwärts und über Israel nordwärts einbiegt (s. Abbildung Seite 12). Über dem Libanon oder Syrien füllen sich die Tiefs dann auf. Die Temperatur steigt im April und Mai bei ablandigem Wind auch an der Küste auf über 40 °C. Nur im Nordteil des Küstenabschnitts ist der Temperaturanstieg etwas gedämpfter. So liegen in Latakia die absoluten Höchsttemperaturen im April und Mai noch bei 35 °C. Die Häufigkeit von Sand- und Staubstürmen sollte nicht überschätzt werden. Zur Hauptauftrittszeit im März, manchmal schon im Februar, und im April wurden im Mittel an verschiedenen Orten 0,3 bis 2 Tage/Monat gezählt.

Die rasche Frühjahrserwärmung des Landes läßt an der Küste sehr rasch die tägliche Land-/Seewindzirkulation aufkommen. So wird aus Haifa berichtet, daß von Frühlingsbeginn bis „Frühherbst" der Seewind von 10.00 bis 16.00 oder 17.00 Uhr Ortszeit weht. Sein Maximum erreicht er zwischen 13.00 und 14.00 Uhr und um 18.30 Uhr herrscht wieder Windstille. Im September kann er, allerdings nur sehr schwach, manchmal bis Mitternacht wehen.

Damit ist im Prinzip der Haupttenor der **Sommerwitterung** angesprochen. Im Hochsommer erreichen die Etesien abgeschwächt die israelische Küste, sonst dominiert an der Küste das Wechselspiel der Land- und Seewindzirkulation. Im gebirgigen Nordteil der Küste wird der Wind durch die gleichgerichtete Berg- und Talwindzirkulation verstärkt, so daß hier in exponierten Lagen nachmittags eine sehr kräftige Seebrise und in der zweiten Nachthälfte ein böiger, boraähnlicher Bergwind auftreten. Im Zusammenwirken mit rasch wechselnden windgetriebenen Meeresoberflächen- und mit Gezeitenströmungen kann auf diese Weise die Ansteuerung einiger Hafeneinfahrten mitunter zu Problemen führen. Das rasche Aneignen örtlicher Erfahrungen ist gerade hier oberstes Gebot.

Der mittlere Springtidenhub der halbtägigen Form liegt zwischen 0,5 und 0,7 m.

Ägyptische Mittelmeerküste mit libyscher Ostküste

Stichworte: Starker Tagesgang des Windes auch im Winter – Sommer hält bis November – Wenig Wintergewitter – Khamsin (Ghibli)

Windverhältnisse

Das Seegebiet vor und an der ostlibyschen und ägyptischen Küste liegt während des ganzen Jahres im Bereich westlicher und nordwestlicher

Winde. Während sie im Sommer den Südrand der Etesien darstellen, werden sie im Winter vor allem durch Tiefdruckgebiete über dem östlichen Mittelmeer erzeugt.

Abweichungen von diesem Schema treten im Frühjahr (März–Mai) auf, wenn nordafrikanische Zyklonen mit zeitweiligem südöstlichen und östlichen Wind auftreten. Die Häufigkeit dieser Richtungen liegt zwischen 10 und 20%. Im Oktober und November kommen mit rund 20% auch Nordwinde vor. Grund ist die jahreszeitliche Südverlagerung der Hitzetiefs. Ihre Zentren liegen dann nicht mehr über dem Nahen Osten, sondern über der Arabischen Halbinsel und dem Roten Meer.

Die Windrichtungen weisen unter der Küste und in den Häfen allerdings einen deutlichen Tagesgang auf, nicht nur im Sommer, sondern auch im Winter. Tagsüber weht von etwa 08.00 bis 19.00 Uhr Seewind, nachts je nach Orographie des Hinterlandes küstenparallele oder südwestliche Winde.

Am Beispiel der tageszeitlichen Windrichtungsverteilung von Mersa Matruh sei das einmal demonstriert. Tabelle 20 gibt für den SSW- bis N-Sektor die Häufigkeiten der Windrichtungen im Februar und Juli wieder. Alle drei Stunden von 00.00 bis 21.00 Uhr UTC sind die Werte eingetragen, ergänzt durch den Anteil der Windstillen (Calm). Um die Ortszeit zu erhalten, müssen zwei Stunden addiert werden. Die Windrichtungen von NE bis Süd treten entweder gar nicht oder meist nur mit 2–5% Häufigkeit auf.

Deutlich ist die Winddrehung am Morgen zu sehen. Im Februar springt der Wind erst gegen Mittag von WSW auf NNW, im Juli jedoch schon in der ersten Vormittagshälfte. Das Rückdrehen des Windes geschieht im Sommer erst lange nach Sonnenuntergang, während es im Winter mit dem Sonnenuntergangstermin zusammenfällt.

Übrigens ist die Lage der Start- und Landebahnen von küstennahen Flughäfen das beste Hilfsmittel, um sich schnell über die örtlichen Hauptwindrichtungen zu informieren.

Die Winde auf offener See erreichen von November bis März in 1–3% der Fälle Sturmstärke, wobei der Sturmanteil im Westteil am größten ist.

Der West-Ost-Unterschied ist bei der Häufigkeit schwacher Winde (bis

Tabelle 20: Tagesgang der Häufigkeit der Windrichtungen (%) in Mersa Matruh, Flughafen, im Mittel der Jahre 1981–90

Zeit (UTC)	Windrichtung (Grad)						Calm
	210	240	270	300	330	360	
Februar							
00	11	<u>25</u>	14	4	4	10	4
03	8	22	<u>24</u>	–	7	10	6
06	11	<u>20</u>	18	3	6	5	10
09	5	8	<u>22</u>	14	12	8	2
12	3	7	12	15	<u>21</u>	16	1
15	3	6	4	16	<u>24</u>	18	1
18	6	12	<u>14</u>	8	11	10	9
21	9	<u>17</u>	16	4	7	11	13
Juli							
00	–	10	<u>34</u>	18	14	7	13
03	1	14	<u>47</u>	11	10	6	10
06	–	3	13	<u>47</u>	23	8	3
09	–	–	–	25	<u>57</u>	14	1
12	0	–	–	14	<u>61</u>	19	0
15	–	–	–	17	<u>55</u>	23	0
18	–	1	3	34	<u>40</u>	10	5
21	–	1	20	25	<u>27</u>	9	14

Häufigste Windrichtung unterstrichen; 0 = weniger als 0,5%; – = nicht aufgetreten

Stärke 3 Bft) noch deutlicher: Im Jahresmittel beobachtet man vor der libyschen Ostküste rund 50% und vor der Suez-Kanal-Einfahrt 65% Schwachwind. Die Hauptsaison der Etesien macht sich in den Monaten Juli und August allerdings auch in einer etwas geringeren Schwachwind- und größeren Starkwindhäufigkeit bemerkbar.

Seegang

Der Seegang weist generell Richtungen auf, die der Windrichtung entsprechen und kommt meist aus West bis Nordwest. Im Frühjahr gibt es in 10–20% der Fälle auch Seegang aus östlichen Richtungen, wie im

„Herbst" zeitweise nördliche Richtungen vorkommen. Hohe See (über 3,5 m) wird im Winter vor der libyschen Küste in 6–8% und im Ostteil nur noch in 2–4% der Fälle beobachtet. Gelegentlich kommt er während der Hauptsaison der Etesien im Hochsommer vor. Ruhige See herrscht im Jahresmittel in 30–40% aller Beobachtungen, wobei der Ostteil ebenfalls bevorzugt ist.

Sicht

Die Sicht ist das ganze Jahr über meist gut. Nebel ist auf offener See sehr selten und kommt im Spätwinter oder Frühjahr vor (0,1–0,4% aller Fälle). An der Küste sind von Land heranziehende Frühnebelfelder ebenfalls selten, treten hin und wieder aber auch im Sommer auf.

Der jährliche Witterungsablauf

Zu den Besonderheiten im jährlichen Witterungsablauf gehören der Khamsin (Ghibli), eine merkwürdige winterliche Verteilung der Gewitter, der abrupte Übergang vom Sommer zum Winter und eine mitunter unangenehme Brandung im Hochsommer, die auf die Etesien zurückzuführen ist. Nicht immer sind die Winter sehr mild. Gerade Anfang der 90er Jahre, als es in Mitteleuropa fast frühlingshaft mild war, gab es im östlichen Mittelmeerraum sehr kühles Wetter, wobei sogar Schnee im Levantegebiet und Frost in Nordägypten keine Seltenheit waren.
Der Khamsin, in Libyen als Ghibli bekannt, ist ein Staub- und Sandsturm, der an der Vorderseite von Tiefdruckgebieten mit südöstlichem oder südlichem Wind auftritt. Das Wort Sturm muß nicht wortwörtlich genommen werden. Die größte Häufigkeit liegt im Frühjahr, wenn nordafrikanische Zyklonen aus dem Gebiet südlich des Atlasgebirges ostwärts ziehen. Jedes andere Mittelmeertief, das über das zentrale oder östliche Mittelmeer zieht, kann natürlich, wenn sein Starkwindfeld weit in die Sahara hineinreicht, ebenfalls Sand- und Staubstürme erzeugen.
Nach den Wetterstatistiken der Küstenstationen sind die Monate März und April die bevorzugten Khamsin-Monate. Ein starker Khamsin (Wind

mit 25–35 kn) kann manchmal mehrere Tage dauern, wobei die Dunst- und Staubtrübung mit Sichten von 4–8 km, gelegentlich aber auch weniger als 100 m einhergeht. Vor allem aber ist es an der Küste die heißeste Zeit, wie es beispielsweise die Wetterentwicklung vom 15.–18. April 1993, Abbildungen auf Seite 186 [13], zeigt. In die Wetterkarten sind die wichtigsten Druckgebilde des Mittelmeerraums, der Sahara sowie des Nahen Ostens eingetragen. Bei den einzelnen Stationen stehen Temperatur und Taupunkt durch einen Bruchstrich getrennt übereinander. Am 15. April wurden in Bengasi und Alexandria um 12.00 UTC Temperaturen von 37 bzw. 39 °C gemessen. An der Rückseite des Balkantiefs hatte kühlere Luft mit 19 °C schon Tripolis erreicht. Am 18. 4. lag das Tief bei Zypern und die Kaltfront westlich von Alexandria. Noch immer wurden im östlichsten Teil des Mittelmeerraumes Temperaturen zwischen 35 bis 40 °C gemeldet. Das Dollarzeichen an den Stationen symbolisiert Staub- oder Sandtrübung. In einzelnen Fällen steigen die Temperaturen sogar auf Werte von über 40 °C an.

Im „Herbst" wird die winterliche Witterungsperiode mit stärkerem Wind, mehr Bewölkung und zeitweiligem Niederschlag häufig durch Gewitter eingeleitet. Dieser Witterungsumschwung findet an der ägyptischen Küste meist Mitte November, an der ostlibyschen Küste schon etwas früher (Ende Oktober) ziemlich abrupt statt, so daß man von Herbstwitterung nicht sprechen kann.

Gewitter sind während des Winters und des Frühjahrs an der Küste selten. Im Mittel über viele Jahre wurden an den Küstenorten von Bengasi bis Port Said jeweils zwischen eins und sieben Gewittertage pro Jahr gemeldet, auf See sind es wesentlich mehr, nämlich 0,1 bis 0,5% aller Beobachtungen, was etwa 7 bis gut 30 Gewittertagen entspricht. Zum Vergleich nehmen wir Zypern, wo die Küstenstationen 30 bis 35 Tage mit Gewitter pro Jahr melden. Der Grund für die Gewitterarmut an der afrikanischen Küste ist in der vorherrschenden, sehr trockenen Saharaluft zu suchen.

Auf Reede und in Häfen kann im Sommer bei schönstem und windschwachen Wetter eine flache aus dem Etesiengebiet herauslaufende lange Dünung zu lästiger stärkerer Brandung führen.

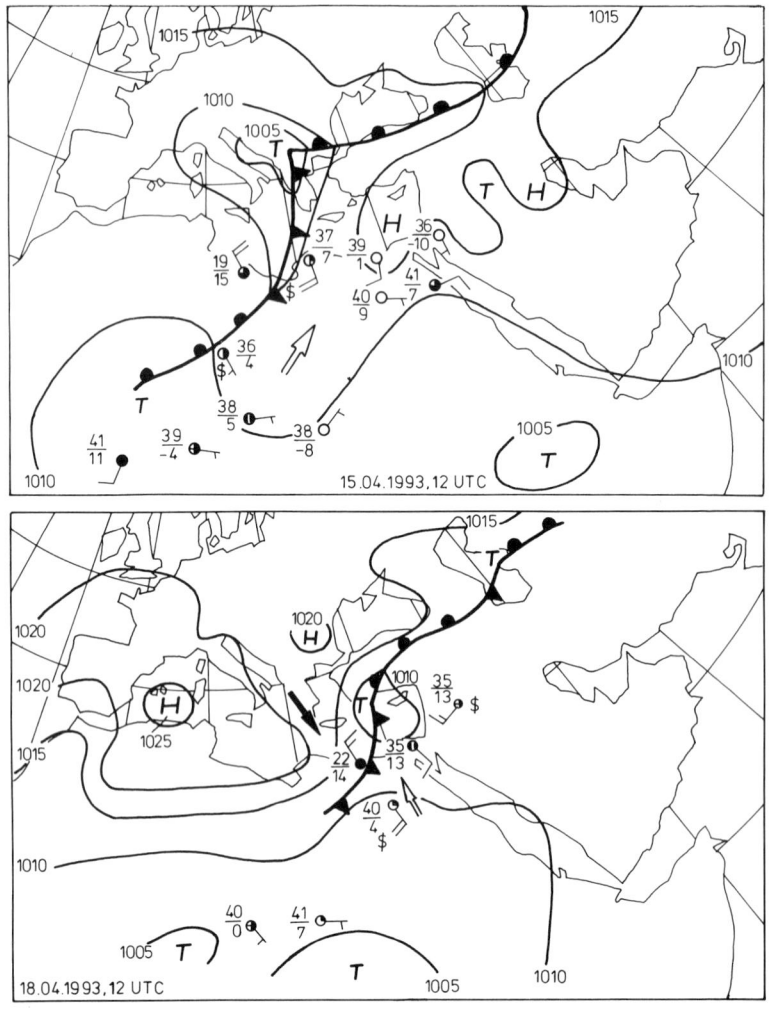

Wetterkarten vom 15. und 18. April 1993, 12.00 Uhr UTC: Beispiele für eine typische Khamsin-Wetterlage.

Oberflächenströmung und Gezeiten

Nicht unbeachtet sollte die Oberflächenströmung bleiben, die hier mit im Mittel 1 bis 1,5 sm/h ostsüdostwärts setzt. Die Versetzung geht, je weiter man ostwärts kommt, etwa vor dem Nildelta und vor Port Said jedoch auf Werte bis 0,5 sm/h zurück.

Die Gezeiten sind halbtägiger Natur. Der mittlere Springtidenhub beträgt an der Nordküste der Cyrenaika 0,1 m und nimmt in Richtung Osten zu, um bei Ghaza schließlich 0,5 m zu erreichen.

Kleine und Große Syrte, Tunesische Ostküste

Stichworte: Das etwas andere Windsystem (Wurzeln des Passat) – Nordafrikanische Hitzetiefs – Ghibli – Kräftiger Seewind – Gezeitenströme im Golf von Gabes

Das hier zu besprechende Gebiet erstreckt sich entlang der tunesischen Ostküste und der libyschen Küste. Die tunesische Nordküste wurde im Bereich der Straße von Sizilien angesprochen.

Windverhältnisse

Der Bereich der Kleinen und der Großen Syrte fällt aus dem üblichen Rahmen der großräumigen Mittelmeerwindsysteme. Nur im Winter, von November/Dezember bis Februar, „paßt" das Windsystem zu den sonst im Mittelmeer vorherrschenden West- bis Nordwestwinden. Die Zeit von Februar bis in den Oktober/November wird durch die großen Hitzetiefs der Sahara bestimmt. Die Juli-Luftdruckkarte (Seite 13) zeigt diese Situation sehr deutlich. Ein Keil des Azorenhochs liegt mit seiner Achse über dem westlichen Mittelmeer und reicht über die Straße von Sizilien bis in den Nordteil der Großen Syrte. Südlich davon herrschen im Mittel schwache nordöstliche oder östliche Winde, die man als den Nordrand der Passatströmung, also „Wurzel des Passats" bezeichnen kann.

187

An der Küste kann sich unter diesen Umständen eine mustergültige Land- und Seewindzirkulation einstellen, so daß hier der Tagesgang des Windes von größerer Bedeutung ist als die jahreszeitlichen Schwankungen. Im Jahresablauf gibt es natürlich einige Besonderheiten, auf die wir noch zu sprechen kommen.

Die Hauptwindrichtung ist auf See von Mitte November bis Februar West bis Nordwest mit einer mittleren Stärke von 3–4 Beaufort. Sturm gibt es nur in 2 bis 4% aller Fälle; er kommt aus Nordwest. Während des größten Teils des Jahres weht der Wind entweder aus nördlichen oder östlichen Richtungen. Je weiter man nach Osten kommt, etwa ab der Länge von Benghasi, je mehr dominieren Nordwest- bis Nordwinde, wie sie auch vor der ägyptischen Küste üblich sind. Die Windgeschwindigkeit ist allgemein gering. Windstärke 4 und 5 ist im Hochsommer mit 20–30% vertreten, Schwachwind (Stärke 0–3 Bft) mit rund 70%.

Die Windsterne für die einzelnen Jahreszeiten in der Kleinen Syrte veranschaulichen das noch einmal sehr deutlich.

Entsprechend den niedrigen Windstärken herrscht im Jahresmittel in rund 40% aller Fälle ruhige See (bis 0,5 m Wellenhöhe) vor. Hohe See (ab 3,5 m) ist im Winter in der Kleinen Syrte mit 2–5% und in der Großen Syrte mit 6–10% vertreten. Sie kommt, wie die Dünung, meist aus Nordwest, gelegentlich aus Nordost, in der Kleinen Syrte aus Nordwest bis Nord oder Ost.

Strömungen und Gezeiten

Die **Oberflächenströmung,** die entlang der nordafrikanischen Küste kräftig (1–1,5 sm/h) ost- bzw. ostsüdostwärts setzt, spart die Kleine und Große Syrte aus. Nur am Nordrand, insbesondere bei Kap Bon und dann wieder am Nordrand der Cyrenaika, ist sie zu beachten. Im inneren Bereich der Syrten sind die Versetzungen gering (20–40% unter 6 sm/Etmal) und nur von der aktuellen Windsituation abhängig.

Trotzdem müssen zwei Besonderheiten vor der tunesischen Ostküste beachtet werden.

Erstens biegt bei Kap Bon ein südwärts gerichteter Zweig aus der großen

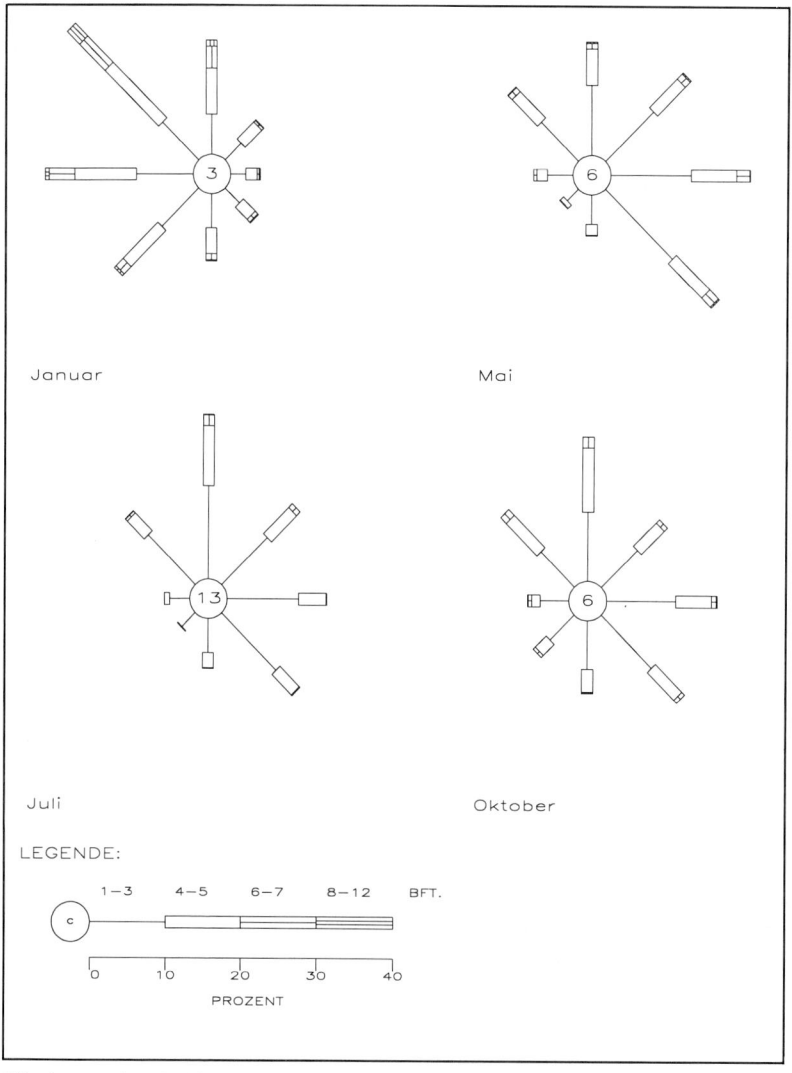

Windsterne für die Kleine Syrte.

Ostversetzung ab, der ebenfalls mit im Mittel 1–1,5 sm/h setzt und etwa bis Ras Kaboudia reicht.
Zweitens sind südlich davon, vor Sfax und im Golf von Gabes, Gezeitenströme vorhanden, die Geschwindigkeiten bis 4 sm/h erreichen können. So ist von Sfax her bekannt, daß eine 1,5-sm/h-Strömung quer zur Einfahrt von Nordost nach Südwest setzt und auch innerhalb des Hafens noch eine Strömung von 0,5 sm/h herrscht. Die Flutströmung setzt hier nach Nordosten und der Ebbestrom nach Südwesten.
Die Gezeiten treten als halbtägige Schwingung auf. Der mittlere Springtidenhub liegt an der libyschen Küste und der tunesischen Nord- und Nordostküste zwischen 0,2 und 0,4 m. Im Golf von Gabes nimmt er allerdings rasch zu und erreicht im Inneren eine Höhe von 1,8 m. Das ist die größte Höhe, die im Mittelmeer überhaupt vorkommt. Sie erklärt die kräftigen Gezeitenströme dieses Reviers.

Der jährliche Witterungsablauf

Der Witterungsablauf des Jahres war anfangs in groben Zügen angedeutet worden. Einige kleine Besonderheiten sollten wir aber noch erwähnen. Zunächst fällt im „Herbst" auf, daß die Gewittertätigkeit, die eigentlich schon den „Winter" einleitet, an der tunesischen Küste bereits im September einsetzen kann, während sie an der Cyrenaikaküste erst im Oktober/November beginnt. Im Frühjahr gibt es zwischen März und Mai noch einmal eine Zeit, in der häufiger Gewitter vorkommen (nordafrikanische Zyklonen, s. weiter unten).
Das Frühjahr, besonders März und April, ist die Zeit der häufigsten Staub- und Sandstürme, wobei das Wort Sturm nicht wortwörtlich genommen werden sollte. Bei Windstärke 5 und 6 gibt es auch schon kräftiges Staubtreiben mit Sichten unter einem Kilometer. Diese Erscheinung ist als Ghibli oder Simoom bekannt. Über See nimmt diese Luft viel Wasserdampf auf und kommt in Italien schließlich als Schirokko an. Die Häufigkeit ist in den einzelnen Jahren sehr unterschiedlich, im Mittel rechnet man mit 0,5 bis maximal 3 Tagen je Monat, wobei die Andauer pro Tag nur ein paar Stunden betragen kann.

Die Staubtrübung schlägt sich auf See in der Sichtstatistik kaum nieder, denn normalerweise herrscht in über 90% aller Fälle gute Sicht. Nebel taucht an der Küste in den Morgenstunden gelegentlich auf, verschwindet aber sehr rasch wieder. Auf See ist es der Juni, der bei noch relativ kühlem Wasser, aber schon hoher Luftfeuchte einzelne Nebelfelder bringt.

In diesem Revier sind Wind und Wetter eigentlich langweilig, es können aber auch meteorologische Überraschungen vorprogrammiert sein. Hinzu kommt, daß selbst die modernen Methoden der Berechnung von Wettervorhersagekarten, wie an anderer Stelle schon angedeutet, die nordafrikanischen Tiefs in der Bodenkarte noch nicht ausreichend genau erfassen. Die Höhenwetterkarten (500-hPa-Fläche) sind besser geeignet. Einige Hinweise sollen helfen, sich selbst zu wahrschauen.

Das Einsetzen der herbstlichen Gewittertätigkeit ist meist mit der Entwicklung eines Cut off lows (abgeschlossene kalte Zyklone in den höheren Luftschichten) über Nordwestafrika (Atlasgebirge) verbunden, das man in den Vorhersagekarten der 500-hPa-Fläche gut erkennen kann.

Eine wertvolle Hilfe stellen die Höhenkarten auch bei der Beurteilung der Entwicklung und Verlagerung der **nordafrikanischen Zyklonen** dar. Im Prinzip kann man zwei Typen unterscheiden:

1. Höhentrog über dem westlichen Mittelmeer und Nordwestafrika. Hitzetiefs, die am Südrand des Atlas über Algerien oder über Tunesien entstehen, ziehen mit der Höhenströmung nord- oder nordostwärts. Ihre Geschwindigkeit beträgt rund 85% der Höhenströmung in 500 hPa. Über Sizilien oder dem Ionischen Meer werden sie häufig ortsfest, weil der Höhentrog ebenfalls langsam ostwärts schwenkt und sich in ihm ein eigenes Höhentief bildet, das wiederum stationär wird.

2. Relativ gleichmäßige, fast geradlinige Höhenströmung über dem Atlasgebirge und Libyen aus westlicher Richtung. Die über Algerien oder Tunesien entstehenden Hitzetiefs werden ostwärts geführt und ziehen praktisch mit der gleichen Geschwindigkeit und Richtung wie die Höhenströmung in 500 hPa. Das sind meist 25 bis 35 kn, können aber auch 50 oder 60 kn sein, d. h., echte Schnelläufer. Die Zugbahn verläuft dann entlang der Küste ostwärts, aber über Land. Nur die Große Syrte kann

angeschnitten werden (s. Abbildung Seite 12). Die Entstehung dieser Tiefs geht sehr schnell (ein Tag) und die unter Umständen sehr hohe Zuggeschwindigkeit kann plötzlich Windänderungen bringen, die sowohl bei Hafenmanövern als auch auf dem Liegeplatz Schwierigkeiten bereiten.

Hauptjahreszeit für das Auftreten der nordafrikanischen Zyklonen ist das Frühjahr. An der Vorderseite führen sie zum Ghibli, also Staub- und Sandstürmen. Auf See sind Gewitter nicht selten, besonders dann, wenn in der Höhe Kaltluft herangeführt wird.

Ein anderes Phänomen sind **subtropische Wirbelstürme,** die im Satellitenbild wie Hurrikane aussehen und ein deutliches „Auge" im Wolkenbild erkennen lassen. Seit 1970 sind sie dreimal aufgetreten. Wenn auch keine verbreiteten Orkanböen vorkommen, so gehören Sand- und Staubstürme, heftige Regenfälle mit Gewittern und Wasserhosen zu ihrem Erscheinungsbild.

Afrikanische Küste zwischen Tunesien und Gibraltar

Stichworte: Hitzetief über der Sahara – Starker Seewind an der Küste im Sommer – Schlechte Sicht durch Staub und Wüstensand

An der algerischen Küste ist das Wetter von Mai bis September allgemein sehr beständig, das heißt hier, sonnig und heiß, in den übrigen Monaten veränderlich, wobei Perioden mit warmen Tagen und kühlen Nächten mit wolkigen und regnerischen Zeiten abwechseln.

Wind

Im Winter herrschen an der nordwestafrikanischen Mittelmeerküste westliche Winde vor, wobei der Wind bei Oran überwiegend aus Südwest kommt und nach Osten hin auf West bis Nordwest dreht. An einigen Küstenstrichen kommt es zur Windverstärkung durch Eckeneffekte. So sind zum Beispiel westliche Winde unmittelbar an der Küste bei Jebel

Krichel und Bongaroni sowie nordwestliche Winde bei Kap Garde stärker als über der freien See.

Im Sommer kommt es über der Sahara zur Ausbildung eines Hitzetiefs, und die daraus resultierende häufigste Windrichtung im Seegebiet vor der algerischen Küste ist Nordost. Unmittelbar an der Küste überwiegen dabei tagsüber Seewinde, während nachts vielfach schwache ablandige Winde anzutreffen sind.

Der Seewind beginnt im Sommer um etwa 09.00 Uhr, im Frühjahr und Herbst um 10.00 Uhr Ortszeit. Am frühen Nachmittag erreicht er sein Maximum und wird sehr böig. Dabei dreht der Wind im Tagesverlauf recht und hat gegen Abend die Tendenz parallel zur Küste, d. h., aus Ostnordost, zu wehen.

Wie an allen gebirgigen Küsten werden auch vor Algerien die täglichen Land- und Seewinde durch Bergwinde beeinflußt. So wirken nachts talabwärts wehende Bergwinde in die gleiche Richtung wie der Landwind und es kommt mitunter zu kräftigen Fallböen.

An einigen Küstenstrichen Algeriens, wie zum Beispiel bei Ténès und Annaba (Bône), kann der Seewind tagsüber für kurze Zeit Sturmstärke erreichen, wenn im Landesinnern durch eine Tiefdruckentwicklung zusätzlicher Druckfall auftritt.

Auch im Sommer können an der algerischen Küste mitunter für kurze Zeit westliche Winde wehen. Diese kälteren Winde werden meist von heftigen Böen und Gewittern eingeleitet. Sobald man auf Grund des Studiums von Wetterkarten oder nach dem Abhören von Seewetterberichten Anzeichen einer Winddrehung auf westliche Richtungen erkennt, sollte man mit diesen Gewitterböen rechnen.

Seegang

Vor der nordafrikanischen Gebirgsküste herrschen im Winter westliche, im Sommer östliche bis nordöstliche Richtungen der Windsee vor. Die häufigste Richtung der Dünung im Winter ist West mit etwa 40 Prozent, sonst kommt sie aus dem Gebiet mit der größten Windsee. Über die Häufigkeit der verschiedenen Wellenhöhen informiert die folgende Tabelle.

Tabelle 21: Häufigkeit von Seegangshöhen vor der Küste von Algerien (in Prozent)

Höhe (m)	0	1	2	3	4	5	6	>6
Februar	9	21	21	16	13	7	6	7
April	9	22	24	18	12	6	4	5
Juni	14	32	26	15	7	3	1	2
August	13	32	27	15	8	3	2	0
Oktober	11	27	25	15	9	5	3	5
Dezember	9	19	19	16	14	8	6	9

Strömungen

Von der algerischen Küste findet man die Ost-Strömung fast überall auch dicht unter Land. Es sind hier aber auch auflandige Versetzungen nicht selten. Die mittlere Stromgeschwindigkeit liegt bei 0,5–0,8 sm/h, sie kann an manchen Tagen 1,5–2,0 sm/h erreichen. Bei starken bis stürmischen westlichen Winden kommen auch Versetzungen von bis zu 4 sm/h vor. Östliche Winde verringern die Strömung. Im Extremfall kehrt sich die Stromrichtung nach Südwesten um.

Sicht

Über Nebelhäufigkeiten bei Gibraltar und im Alboranmeer wurde bereits berichtet. Die Sicht kann vor Algerien und an der südspanischen Küste bei starken südlichen Winden auch durch Staub und Sand auf weniger als 1 km reduziert werden. Sichten unter 10 km auf Grund von Staub in der Atmosphäre sind zwischen April und September vor der afrikanischen Küste häufig. Von Juni bis August beträgt die Häufigkeit etwa 20 Prozent.

Temperatur und Niederschlag

Die niedrigsten Temperaturen von Luft und Wasser werden im Februar, die höchsten im August gemessen, sie liegen normalerweise bei 30 °C.

Zwischen Juli und September sind vor der Küste Algeriens Höchsttemperaturen zwischen 30 und 35 Grad Celsius möglich. Die absoluten Höchstwerte liegen an den Küstenstationen bei 43 Grad.

Niederschläge fallen im Sommer kaum, im Winter häufiger mit dem Maximum im Dezember. Im Sommer kommen 1–2 Regentage (mehr als 0,1 mm Niederschlag) pro Monat vor. Diese Zahl steigt in den Übergangsmonaten auf 5 bis 10 und erreicht im Winter mit 11 bis 15 Tagen ihr Maximum.

5 Seewetterberichte für das Mittelmeer

(Stand: März 1998)

Informationsmaterial

Die Broschüre „Sturmwarnungen und Seewetterberichte für die Sport- und Küstenschifffahrt" mit ausführlichen Angaben über die verfügbaren Wetterinformationen finden Sie ständig aktualisiert im Internet unter der Adresse: http://www.dwd.de/wir/Geschaeftsfelder/Seeschifffahrt.

Ein kleines Faltblatt „Unsere Dienste für die Sportschifffahrt" mit den wichtigsten Informationen zu den Seewetterberichten liegt während der großen deutschen Bootsmessen auf dem Messestand des Deutschen Wetterdienstes, Geschäftsfeld Seeschifffahrt, aus.

Für die Mittelmeer-Seewetterberichte ist eine Bordwetterkarte (Nr. 11) beim Deutschen Wetterdienst, Geschäftsfeld Seeschifffahrt, oder im Fachhandel erhältlich. Auch beim Österreichischen Wetterdienst können Bordwetterkarten angefordert werden.

Eine ausführliche Anleitung zum Zeichnen von Bordwetterkarten nach Seewetterberichten wird vom DWD in Hamburg herausgegeben [11].

Aus selbstgezeichneten Bordwetterkarten lassen sich in vielen Fällen mehr Informationen, speziell über Wind und Seegang, entnehmen als in den Seewetterberichten angegeben.

195

Zusammen mit der eigenen Wetterbeobachtung, die gegenüber dem Wetterlagen- und Herausgabetermin des Seewetterberichts einen zeitlichen Vorsprung von einigen Stunden hat, ermöglicht das Studium eigener Wetterkarten – möglichst über mehrere Sendetermine hinweg – eine genauere Beurteilung der Wetterentwicklung vor Ort.

Sämtliche Seewetterberichte für die europäische Berufsschiffahrt findet man im „Nautischen Funkdienst Band II", der vom Bundesamt für Seeschiffahrt und Hydrographie (BSH) herausgegeben und monatlich korrigiert wird. Speziell für das Mittelmeer erscheint jährlich, ohne zwischenzeitliche Korrektur, der „Jachtfunkdienst Mittelmeer" [10].

Seewetterberichte für das Mittelmeer über die Deutsche Welle, die Funkfernschreibausstrahlungen des Deutschen Wetterdienstes, das Internet und T-Online

Gebiete: Kanarische Inseln, Alboran / Gibraltar, Palos (Seegebiet zwischen Südostspanien und Westalgerien), Balearen, westlich Korsika / Sardinien, Golfe du Lion, Ligurisches Meer, Tyrrhenisches Meer, Adria, Ionisches Meer, Ägäis, Taurus (Ost und West), Biskaya.

Der Vorhersagezeitraum umfaßt 24 Stunden.

Im Internet bietet der DWD einen Mittelmeer-Seewetterbericht unter: http://www.dwd.de/de/WundK/w_aktuell/Seewetter/SeewettberichtMittelmeerBiskaya.htm

in Zeitreihenform mit Wetterlage für die vorgenannten Seegebiete an.

Neben diesem Bericht verbreitet der Deutsche Wetterdienst auch über die Funkfernschreibsender Vorhersagen in Zeitreihenform. Die mittelfristigen Prognosen reichen dabei bis zum 5. Folgetag.

Die Sendezeiten und -frequenzen stehen im Internet unter: http://www.dwd.de/de/SundL/Schifffahrt/See/Leistungen/Leistungen.htm

Seewetterbericht für das Mittelmeer vom Österreichischen Rundfunk (ORF)

Dieser Bericht wird im Sommmerhalbjahr (29. 3. – 31. 10.) täglich ausgestrahlt.

Seewetterbericht für Europäische Küstengewässer über die Funkfernschreibausstrahlungen des DWD

Gebiete: Unter anderem die Strecke Alboran bis Port Said in Zeitreihenform.

AOL (America Online)

Unter dem Stichwort ‚wassersportwetter' findet man hier kurz- und mittelfristige Wetterberichte für das Mittelmeer.

Telefonnummer für Vorhersagegebiete im Mittelmeer des Privaten Informationsdienstes (PID) der Deutschen Telekom

01 90/ 11 60 56:

Italien mit nördlicher Adria, italienischer und französischer Riviera sowie Löwengolf.

Internet-Dienst „wetter.com"

Vielfältige Wetterinformationen sind über die Internet-Adresse:

http://www.wetter.com

aus dem Mittelmeerraum erhältlich. So findet der Leser dort u. a. Satellitenbilder und Wetterkarten. Für die küstennahen Regionen und Inseln gibt es unter dem Knopf „Strandwetter" Prognosen in grafischer Form.

Online Dienst SEEWIS

Das Seewetterinformationsystem SEEWIS, bereitgestellt durch den DWD in Hamburg, ermöglicht den Abruf von aktuellen Wetterdaten und -vorhersagen über Telefon/MODEM und ihre Darstellung auf einem PC oder Notebook (nähere Informationen unter Tel. 0 40/ 66 90 18 52 bzw. Fax 0 40/ 66 90 18 03).

Törnberatungen

Der DWD in Hamburg (Tel. 0 40/ 66 90 18 11, Fax 0 40/ 66 90 19 47) erstellt auf Anforderung gegen Gebühr aktuelle Törnberatungen für die Sportschiffahrt, insbesondere für das Mittelmeer. Auf Wunsch kann die mündliche oder schriftliche Beratung durch Karten oder Zeitreihen von Wind, Wetter und Seegang für einzelne Orte ergänzt werden.

Der Vorhersagezeitraum beträgt maximal 5 Tage. Für einen längeren Törn empfiehlt es sich, während der Reise neue Informationen vom DWD einzuholen. Die Trefferquote liegt die ersten 24 Stunden bei über 90, für den 2. Folgetag bei 80 bis 85 Prozent und geht bis zum 5. Folgetag auf 70 Prozent zurück. Daher sollten unterwegs auch laufend aktuelle Warnungen und Seewetterberichte empfangen werden. An Hand dieser Meldungen muß unter Umständen die ursprüngliche Törnplanung geändert werden.

6 Lexikon lokaler Bezeichnungen von Mittelmeerwinden

Aire de Cartagena – Siehe Leveche.

Bochorno – Ein schwüler Wind, bzw. generell schwüles Wetter im Ebrotal. Es handelt sich meist um eine Schirokkolage.

Bora – Ein kalter Fallwind an der Dalmatinischen Küste im Winter, wenn kalte Kontinentalluft die Adria erreicht. Sie ist sehr stürmisch und böig. Die Böen erreichen manchmal 100 Knoten. Man unterscheidet zwischen zyklonaler (Tiefdruck) Bora (bora scura = schwarze Bora) mit Wolken und Regen sowie antizyklonaler (Hochdruck) Bora (bora chiara = weiße Bora). Die antizyklonale Bora ist an der Küste sehr intensiv, erstreckt sich aber nur über eine kurze Distanz auf See hinaus. Die kritische Geländeneigung für das Auftreten von Bora liegt bei 1:100.

Boraccia – Starke Bora.

Borino – Schwache Bora.

Camsin – Andere Schreibweise für Khamsin.

Chamsin – Siehe Khamsin.

Cers – Name für den Mistral in Katalonien, Narbonne und in Teilen der Provence. Er ist im Winter kalt, im Sommer warm. Die Böen erreichen oft Bft 10. Der Himmel ist fast immer klar und die Luft relativ trocken. Ein ähnlicher nördlicher Wind in Spanien wird Cierzo genannt.

Chibli – Andere Schreibweise für Ghibli.

Chichili – Siehe Chili.

Chili – Ein warmer trockener Fallwind in Tunesien, ähnlich dem Schirokko. In Südalgerien wird er Chichili genannt.

Chom – Siehe Schirokko.

Chortiatis – Der in der Bucht von Saloniki vom Gebirgsstock der Chalkidike herabwehende Fallwind.

Cierzo – Spanische Bezeichnung für den Mistral im unteren Ebrotal. Er tritt hauptsächlich im Herbst und im frühen Winter auf. Vergleiche Cers.

Contrastes – In der Straße von Gibraltar und im Alboranmeer auf kurze Entfernung entgegengesetzte Winde, oft von Gewittern, Regenböen und Windhosen begleitet.

Criador – In Spanien regenbringender Westwind, dessen Name wohl von creator = Erzeuger stammt und damit auf die Erhöhung der Bodenfruchtbarkeit hinweist.

Diver's storm – In Alexandria am Ende der winterlichen Regenzeit – meist Ende Januar – mit stürmischen Nordwinden hereinbrechende Kaltluft.

Dramundan – Siehe Mistral.

Eissero – Siehe Schirokko.

Emvatis auch **Embatis** oder **Batis** – Täglicher Seewind in der warmen Jahreszeit an den Küsten Griechenlands.

Etesien – Die im östlichen Mittelmeer, speziell in der Ägäis, im Sommer vorherrschenden nördlichen Winde. Der Maestro in der Adria entspricht diesem Windsystem. Ursache ist ein starkes Tief, das von Mesopotamien bis nach Nordwestindien reicht. Der türkische Name für dieses Windsystem ist Meltemi.

Föhn – Ein warmer trockener Wind auf der Leeseite einer Gebirgskette. Bei einer starken nördlichen Strömung tritt an der Südseite der Alpen Föhn auf.

Forano – Ein Seewind bei Neapel.

Furiani – Starke Böen vor Po-Mündung bei südwestlichen (Libeccio) bis südöstlichen Winden.

Gallego – Ein kalter nordwestlicher oder nördlicher Wind in Spanien und Portugal.

Garbé – Seewind an der katalonischen Küste.

Garbi, Garbin, Garbinada – Siehe Libeccio.

Gargal – Siehe Gregale.

Gebli – Ein anderer Name für Ghibli.

Ghibli – (auch Chibli, Gebli, Gibleh, Gibli oder Kibli genannt) Ein heißer staubiger Wüstenwind an der Libyschen Küste.

Gharra – An der Küste der Syrte in Libyen winterliche Gewitterböen aus Nordost.

Grécale – Siehe Gregale.

Greco – Auch Grecco oder Grecco Levante genannt (siehe Gregale).

Gregale – Ein starker Nordostwind im zentralen und westlichen Mittelmeer. Er entsteht bei hohem Luftdruck über Mitteleuropa bzw. dem Balkan und einem Tief über Libyen und kann dann mehrere Tage andauern. Im Winter ist eine derartige Wetterlage am häufigsten. Manchmal tritt er auch nur kurzzeitig auf, wenn ein Tief rasch über das südliche Mittelmeer hinweg ostwärts zieht.

Habbob – In Ägypten ein südwestlicher Staubsturm, der aus der Wüste kommt. Oft im Zusammenhang mit der Passage einer Kaltfront.

Imbat – (auch Imbad) Türkischer Name für den Seewind, insbesondere im Golf von Izmir.

Imbatto – Name für den Seewind an der Adria, besonders in Dalmatien

Jaloque – Name für den Schirokko auf den Balearen.

Jugo – Kroatische Bezeichnung für den Scirocco (von jug = Süden)

Khamsin – (auch Camsin, Chamsin, Kamsin, Khamasseen oder Khemsin genannt) Ein trockener, heißer und staubiger Wüstenwind in Ägypten und über dem Roten Meer. Es handelt sich um einen südlichen Wind auf der Vorderseite von Tiefdruckgebieten, die über Nordafrika oder das südöstliche Mittelmeer hinweg ostwärts ziehen. Häufigste Jahreszeit für das Auftreten des Khamsin ist das Frühjahr, wobei er oft von Staubstürmen begleitet ist. Bei Passage des Tiefdruckgebietes bringt eine Kaltfront einen plötzlichen Temperatursturz. Sein Name leitet sich davon ab, daß er im Frühjahr oft während einer 50 Tage (daher Khamsin = arab. 50) dauernden Periode weht.

Kibli – Andere Schreibweise für Ghibli.

Laveche – Siehe Leveche.

Lebic – Siehe Libeccio.

Levant – Die französische Bezeichnung für einen Ost- bis Nordostwind. Levant blanc heißt er im Zusammenhang mit schönem Wetter. In Katalonien ist der Name Llevant.

Levante – Die spanische Bezeichnung für einen Ost- bis Nordostwind zwischen Südfrankreich und Gibraltar.

Levanter – Der englische Begriff für den Levante, mehr speziell für Winde in der Straße von Gibraltar.

Levantera – Ein beständiger Wind aus östlichen Richtungen im Bereich der Adria, der gewöhnlich wolkenreiches Wetter bringt.

Leveche – (auch Laveche genannt) Der Name für den Schirokko in Spanien. Ein heißer und staubiger Wind um Süd auf der Vorderseite von Tiefdruckgebieten.

Libeccio – Italienischer Name für einen Südwestwind; von den Kroaten wird er Garbin, Garbinada oder Lebic, von den Griechen auch Garbis genannt. Auch im Roussillon in der Provence wird ein regnerischer, feuchtwarmer Südwestwind Garbin oder Garbi genannt. Er ist vor allem im Winter oft stürmisch und im Sommer und Herbst von Gewittern begleitet.

Liberator – Manchmal ein Name für einen Westwind in der Straße von Gibraltar.

Llevant – Siehe Levante.

Livas – In Griechenland ursprünglich (vom Antiken Lips) ein warmer Südwestwind, der heute auch Garbis genannt wird. Heute wird in Griechenland jeder föhnig erwärmte Fallwind Livas genannt.

Llebetg oder **Llebetjado** – Ein föhnig erwärmter Südwestwind im Roussillon (Ostpyrenäen).

Llevantades (franz. **Llevants**) – An der Ostküste Spaniens im Zusammenhang mit Kaltlufteinbrüchen böige nordöstliche Winde.

Lombarde – Ein östlicher Wind (aus der Lombardei) an der französisch-italienischen Grenze. Im Winter ist er am stärksten und bringt manchmal Schneefälle.

Maestral – In Spanien Bezeichnung für den Mistral, also einen kalten Nord- bis Nordwestwind. Dieser ist hier schwächer ausgeprägt als im Rhonetal oder Golfe du Lion.

Maestro – Ein nordwestlicher Schönwetterwind, der vor allem im Sommer über der Adria weht. Er entspricht den Etesien in Griechenland.

Maistrau, Maistre – Siehe Mistral.

Mamatele – (auch Mamaliti oder Mamatili) Ein leichter Nordwestwind auf Sizilien. Eine Form des Mistral.

Maledetto Levante – „Verdammter Ostwind", Bezeichnung des Schirokko auf Sardinien.

Mangofango – Siehe Mistral.

Marais – (oder marais barométriques, wörtlich „barometrischer Sumpf") In Frankreich flache Druckverteilung bei sommerlichen Gewitterlagen mit schwachen umlaufenden Winden.

Marin – Ein warmer feuchter Südostwind an der französischen Mittelmeerküste. Besonders häufig ist er im Frühjahr und Herbst und bringt oft Regen. Wenn er ohne Fronten unter Hochdruckeinfluß auftritt, wird er „marin blanc" genannt. Weitere Bezeichnungen sind Autan am Westrand der Cevennen, Aygalas in den südlichen Cevennen sowie Marinada an der Küste Kataloniens und im Roussillon.

Meltém – (auch Meltémi)
1. Ein starker Nordost- bis Ostwind im Bosporus (auch an der bulgarischen Küste), der im Sommer oft plötzlich einsetzt und tagsüber weht.
2. Türkischer Name für die **Etesien.**

Mistral – Ein starker bis stürmischer, böiger und kalter Nord- bis Nordwestwind, der durch das Rhonetal oder die Garonne-Carcassone-Senke auf den Golfe du Lion vorstößt. Er entsteht bei einer Tiefdruckentwicklung über dem Golf von Genua oder dem Tyrrhenischen Meer, wenn sich gleichzeitig ein Hoch von Westen nähert. Am häufigsten und stärksten ist er im Winter und Frühling. Er kann mitunter tagelang wehen.
Der Mistral trägt regional auch folgende Namen:
Mangofango in der Provence, Sécaire, Maistrau, Maistre oder Magistral in den Cevennen, Dramundan in Perpignan, Cierzo in Spanien, Cers in den Pyrenäen, Maestral in Spanien. Ein dem Mistral ähnlicher Wind, der vom Mont Canigou auf die Ebene von Roussillon weht, wird Canigonenc genannt.

Mit-Jorn – Auf den Balearen ein warmer feuchter Süd- bis Südwestwind.

Montagnère, Montagneuse – Siehe Tramontana.

Norte – Der winterliche Nordwind in Spanien.

Orsure – Ein stürmischer Nord- bis Nordostwind im Golfe du Lion.

Ponente – Bezeichnung für den Westwind an der französischen Mittelmeerküste, auf Korsika sowie an der Küste Spaniens.

Qibla – Siehe Ghibli.

Quarnero oder **Kvarnero** – Auf Istrien Bezeichnung für die Bora, nach dem Quarnero Golf benannt, in dem die Bora am heftigsten weht.

Raffiche, Refoli – Fallböen (von den Bergen) im westlichen Mittelmeer.

Rageas (auch Ragne oder Ghaziyah) – Ein böiger Landwind in der Bucht von Iskenderun (nahe der türkisch-syrischen Grenze).

Refoli oder **Reffoli** – Auf Istrien heftige Kaltluftfallböen der Bora.

les Respos – An der französischen Mittelmeerküste mistralähnliche Nordostwinde.

Riefne – Bezeichnung für starken Sturm bei Malta.

Samum – Siehe Simoon.

Schirokko (Scirocco, auch **Sirocco**) – Ein warmer Süd- oder Südostwind auf der Vorderseite von Tiefdruckgebieten. Die Luft kommt dabei aus der Sahara und ist als Wüstenwind zunächst trocken und staubig. Über dem Mittelmeer nimmt die Feuchte zu, so daß im nördlichen Mittelmeerraum bei Schirokkolagen Regen oder Nebel auftreten kann. Weitere Bezeichnungen für diesen warmen Wind sind Xaroco (Portugal), Jaloque oder Xaloque (Spanien), Xaloc oder Xalock (Katalonien), Eissero (Rhonetal), in Nordafrika wird dieser Wind chom (heiß) oder arifi (durstig) genannt.

Simoom – Ein starker, staubiger Wüstenwind in Israel, Syrien und allgemein in der Sahara sowie auf der Arabischen Halbinsel. Die Temperatur kann 45 Grad C übersteigen und die Luftfeuchtigkeit auf 10 Prozent zurückgehen. Der Name bedeutet „Giftwind" und wurde deshalb gewählt, weil es bei seinem Einsetzen oft Fälle von Hitzschlag gibt.

Solano – Ein regenbringender südöstlicher oder östlicher Wind an der Südostküste Spaniens im Sommer.

Tarantala – Eine starke nordwestliche Brise.

Terral – Bezeichnung für den Landwind an der spanischen Küste.

Tramontana – Ein kalter Nordost- oder Nordwind im westlichen Mittelmeer. An der Cote d'Azur heißt er auch Montagnère oder Montagneuse.

Tramuntana – Bezeichnung für einen mistralähnlichen Wind in Nordwestspanien.

Traversier – Ein (gefährlicher) Wind, der direkt in den Hafen weht.

Tsiknias – Fallwinde an den Südküsten der Inseln in der Ägäis bei einer Etesienwetterlage. Der Name wird vorwiegend auf Tinos gebraucht.

Vardar (auch Vardarac) – Ein kalter nordwestlicher Wind im Vardartal, der auf den Golf von Saloniki hinaus weht.

Vendaval – Ein stürmischer Südwestwind an der spanischen Süd- und Südostküste.

Vorias – Winterliche feuchtkalte Nordwinde in der Ägäis.

Xaloch – (auch Xaloque, Xaroco) Siehe Schirokko.

7 Fremdsprachliche meteorologische Ausdrücke

Englisch

air mass	Luftmasse	hurricane	Orkan, Hurrikan
anticyclone	Hochdruckgebiet, Anti-zyklone	increasing	zunehmend
		inference	allgemeine Wetterlage
backing	rückdrehend (entgegen dem Uhrzeigersinn)	isobars	Isobaren
		land breeze	Landwind
cancellation	Aufhebung (einer War-nung)	low	Tief
		mist	Dunst
cloudy	wolkig	moderating	abschwächend
cold front	Kaltfront	moving	ziehend
decreasing	abnehmend	occlusion	Okklusion
deepening	vertiefend	off-shore-wind	Landwind
depression	Tief		
deterioration	Verschlechterung	on-shore-wind	Seewind
dew	Tau		
disturbance	Störung	overcast	bedeckt
drizzle	Sprühregen, Nieseln	precipitation	Niederschlag
falling	fallend	pressure	Druck, Luftdruck
fog	Nebel	pressure ten-dency	Drucktendenz
forecast	Vorhersage		
frontal trough	Front bzw. Fronten-system eines Tiefs	rain, rainfall	Regen
		ridge or wedge of high pres-sure	Hochkeil
gale warning	Sturmwarnung		
general synopsis	allgemeine Wetterlage		
		rising	steigend
gust	Bö	scattered	zerstreut
hail	Hagel	sea breeze	Seewind
haze	trockener Dunst (durch Staub oder Sand)	secondary low	Teil-, oder Randtief
high	Hoch		

sleet	Schneeregen
shifting of the wind	Drehen des Windes
shipping fore-cast	Seewetterbericht
shower	Schauer
snow	Schnee
soft hail	Graupel
squall	Bö
squall line	Böenlinie
stationary	festliegend, stationär
storm	Sturm

thermal low	Hitzetief
thunderstorm	Gewitter
thundery	gewittrig
trough	Tiefdrucktrog, Tiefaus-läufer, Front
veering	rechtdrehend (im Uhr-zeigersinn)
warm front	Warmfront
water spout	Wasserhose
wintry	winterlich (Nieder-schläge in fester Form)

Windforce

Windstärke

Bft	kn		
0	0	calm	Windstille
1	1 bis 3	light air	leiser Zug
2	4 bis 6	light breeze	leichte Brise
3	7 bis 10	gentle breeze	schwache Brise
4	11 bis 16	moderate breeze	mäßige Brise
5	17 bis 21	fresh breeze	frische Brise
6	22 bis 27	strong wind	starker Wind
7	28 bis 33	near gale	steifer Wind
8	34 bis 40	gale	stürmischer Wind
9	41 bis 47	severe gale	Sturm
10	48 bis 55	storm	schwerer Sturm
11	56 bis 63	violent storm	orkanartiger Sturm
12	64 und mehr	hurricane	Orkan

State of sea

Seegang

Stärke	Höhe (m)		
0	0	calm-glassy	ruhige, spiegelglatte See
1	0–0,1	calm rippled	ruhige, gekräuselte See
2	0,1–0,5	smooth wavelets	schwach bewegte See
3	0,5–1,25	slight	leicht bewegte See
4	1,25–2,5	moderate	mäßig bewegte See
5	2,5–4	rough	grobe See
6	4–6	very rough	sehr grobe See
7	6–9	high	hohe See

| 8 | 9–14 | very high | sehr hohe See |
| 9 | über 14 | phenomenal | außergewöhnlich schwere See |

Visibility — **Sicht**

0– 200 m	dense fog	dichter oder starker Nebel
200– 500 m	fog	Nebel
500–1000 m	moderate fog	dünner Nebel
1– 4 km	poor visibility	stark diesig, schlechte Sicht
		(bei starkem Niederschlag)
4–10 km	misty	diesig
10–20 km	moderate visibility	mittlere Sicht
über 20 km	good visibility	gute Sicht

Französisch

affaiblisse-ment	Abnahme	calment	abschwächend
aggravation	Verschlechterung	combler	auffüllen (Tief)
anticyclone, haute	Hochdruckgebiet, Antizyklone	côte	Küste
		côtier	zur Küste gehörig
atténuation	Besserung	coup de vent	Bö (im Wetterbericht Bft 7–8)
augmentent	zunehmend		
averse	Regenschauer	coup de vent et tempête	Sturmstärke (10 Bft)
avis d'accal-mie ou d'an-nulation	Entwarnung	couvert	bedeckt
		crête	Rücken
		creusement	Vertiefung
avis de coup de vent	Starkwindwarnung	creux	Trog, Tiefausläufer
		coin	Keil
avis de tem-pête	Sturmwarnung (ab Bft 10)	déplacant	bewegend, ziehend
		depression, bas	Tief(druckgebiet), Zyklone
beau temps	heiter, schön		
brise de mer	Seewind	depression secondaire	Teil- oder Randtief
brise de terre	Landwind		
brouillard	Nebel	dorsale (ou crête) anti-cyclonique	Hochkeil
brume	Dunst, leichter Nebel		
bruine	Nieseln, Sprühregen		
bulletin du temps	Wetterbericht	en baisse	fallend
		en hausse	steigend

208

éparses	zerstreut	rotation en sens des aquilles d'une montre oder „a droite"	rechtdrehen
est	Osten		
étendre	ausbreiten, ausdehnen		
fraîchit	abkühlen, (Wind) auffrischen		
front chaud	Warmfront		
front froid	Kaltfront	rotation en sens contraire des aguielles d'une montre oder „a gauche"	rückdrehen (linksherum)
grain	Bö		
grêle	Hagel		
grêsil	Graupeln		
houle	Dünung		
lentement	langsam		
ligne de grain	Böenlinie	se combler	auffüllen
littoral	längs der Küste	se creuser	sich vertiefen
neige	Schnee	s'étalant, s'étendant	sich ausbreitend
noeud	Knoten (Windgeschwindigkeit)		
nord	Norden	stationnaire	festliegend, stationär
nuageux	bewölkt	sud	Süden
occlusion	Okklusion	système oder depressionaire	Tiefdrucksystem (meist umfangreich mit mehreren Kernen)
onde	Welle		
orage	Gewitter		
orageux	gewittrig		
ouest	Westen	tempête	Sturm
ouragan	Orkan, Hurrikan	temps à averses	Schauerwetter
prévision météo	Wettervorhersage		
		temps établi	beständig
pluie	Regen	thalweg oder trough	Trog, Tiefausläufer
pluie et neige melées	Schneeregen		
		traîne (arrière d'une depression)	Rückseite eines Tiefs
pression, pression atmospherique	Luftdruck		
		trombe marine	Wasserhose
		vague	Welle
prévision	Vorhersage	variable	wechselhaft
profond	tief	vents variables	umlaufende Winde
rafale	Bö		
rapidement	schnell, rasch	zone de basse pression	Tiefdruckgebiet
region	Gebiet		
rotation du vent	Drehen des Windes	zone de haute pression	Hochdruckgebiet

Force du vent		Windstärke
Bft	kn	
0	0	calme (ou nul)
1	1 bis 3	très légère brise
2	4 bis 6	légère brise
3	7 bis 10	petite brise
4	11 bis 16	jolie brise
5	17 bis 21	bonne brise
6	22 bis 27	vent frais
7	28 bis 33	grand frais
8	34 bis 40	coup de vent
9	41 bis 47	fort coup de vent
10	48 bis 55	tempête
11	56 bis 63	violente tempête
12	64 und mehr	ouragan

Etat de la mer	Seegang
0	calme
1	calme, ridée
2	belle, vagulettes
3	peu agitée
4	agitée
5	forte
6	très forte
7	grosse
8	très grosse
9	énorme

Visibilité	Sicht
0– 200 m	brouillard épais
200– 500 m	brouillard
500–1000 m	brouillard tenu
1– 4 km	visibilité très réduite
4–10 km	visibilité réduite
10–20 km	visibilité moyenne
über 20 km	visibilité bonne

Italienisch

allargarsi, che si sparge	sich ausbreiten	est	Osten
alta pressione, anticiclone	Hochdruckgebiet	foschia	Dunst
		fronte caldo	Warmfront
		fronte freddo	Kaltfront
approfondimento	Vertiefung	girarsi a (sud)	(süd)drehend
		gragnuola	Graupel
area di bassa pressione	Tiefdruckgebiet	grandine	Hagel
		groppo	Böe
area di alta pressione	Hochdruckgebiet	in diminuzione	fallend
		in movimento	ziehend
aria calda	Warmluft	intorno (nord)	um (Nord)
aria fredda	Kaltluft	lentamente	langsam
ascendente	steigend	linea di groppo	Böenlinie
attenuazione	Abschwächung, Beruhigung	nebbia	Nebel
		nebbia mattutina	Frühnebel
aumento	Zunahme		
avviso	Warnung	neve	Schnee
avviso di tempestà	Sturmwarnung (ab Bft 10)	nodo	Knoten (Geschwindigkeit)
bello	heiter, schön	nord	Norden
bolletino meteorologico	Wetterbericht	occlusione	Okklusion
		onda	Welle
brezza di mare	Seewind	ovest	Westen
		parte posteriore della depressione	Rückseite des Tiefs
brezza di terra	Landwind		
calmante	abschwächend		
ciclone	Tiefdruckgebiet, Zyklone	peggioramento	Verschlechterung
		perturbazione	Störung
ciclone secondario	Rand- oder Teiltief	pioggia, pioviggine	Nieseln, Sprühregen
cielo	Wetter (wörtlich Himmel)	pioggia e neve	Schneeregen
		previsione (meteo)	Vorhersage
colpi di vento	Böen	profondo	tief
cresta	Rücken	promontorio	Hochkeil (breit)
cuneo	Hochkeil (schmal)		
depressione	Tief(druckgebiet)		
diffuso	zerstreut		
diminuizione	Abnahme		

raffica	Bö	sud	Süden
regione, zona	Gebiet	tempo ro-vesci, ten-denza a ro-vesci	Schauerwetter
rapidamento	rasch, schnell		
revoca (dei signale tem-pesta)	Entwarnung		
rinforzi	Zunahme	tempesta, tembrale	Sturm
rotazine anti-oraria del vento	Rückdrehen	temporale	Gewitter
		temporalesco	gewittrig
		tromba marina	Wasserhose
rotazione ora-ria del vento	Rechtdrehen	uragano	Orkan, Hurrikan
rovescio	Schauer	variable	wechselhaft
saccatura	Tiefausläufer, Tief-drucktrog	velocità	Geschwindigkeit
		venti deboli	schwache Winde (schwachwindig)
segnale die tempesta	Sturmwarnung	vento	Wind
situazione da ponente,	Westwetter	vento di tempesta	Sturmstärke
situazione oc-cidentale		vicino alla costa	in Küstennähe
stabile	beständig	zona di cat-tivo tempo	Schlechtwettergebiet
stazionario	stationär		

Forza del vento   **Windstärke**

Bft	kn	
0	0	calma
1	1 bis 3	bava di vento
2	4 bis 6	brezza leggera
3	7 bis 10	brezza tesa
4	11 bis 16	vento moderato
5	17 bis 21	vento teso
6	22 bis 27	vento fresco
7	28 bis 33	vento forte
8	34 bis 40	burrasca
9	41 bis 47	burrasca forte
10	48 bis 55	tempesta
11	56 bis 63	tempesta violenta
12	64 und mehr	uragano

Stato del mare	Seegang	Visibilità	Sicht
0	calmo	0– 200 m	molto cattiva
1	quasi calmo	200– 500 m	cattiva
2	poco mosso	500–1000 m	cattiva, scrasa
3	mosso	1– 4 km	molto discreta
4	molto mosso	4–10 km	discreta
5	agitato	10–20 km	moderata
6	molto agitato	über 20 km	buona
7	grosso		
8	molto grosso		
9	tempestoso		

Spanisch

aguacero	Schauer
aguanieve	Schneeregen
ahonda-miento	Vertiefung
àrea de baja presión	Tiefdruckgebiet
anticiclón, alta	Hochdruckgebiet
ascendente	steigend
aumentar	zunehmend
aviso tempo-ral	Sturmwarnung
baja	Tief
baja secun-daria	Rand- oder Teiltief
boletín mete-orlógico	Wetterbericht
brisa del mar	Seewind
brisa de la tierra	Landwind
cerrado	bedeckt
chapparon	Schauer
chubasco	Schauerwetter
cola de la de-presión	Rückseite des Tiefs
cresta	Rücken
cubierto	bedeckt

cuña antici-clónica	Hochkeil
debilita-miento	auffüllend
depresión	Tief
depresión secundaria	Rand- oder Teiltief
dextrogiro	rechtdrehend
disminucion	Abnahme
empeora-miento	Verschlechterung
en disminu-cion	fallend
estacionario	stationär
este	Osten
estado gene-ral del tiempo	allgemeine Wetterlage
extendiendo	sich ausbreitend
frente cálido, caliento	Warmfront
frente frio	Kaltfront
fuerza del temporal	Sturmstärke
giro del viento	Drehen des Windes
huracan	Orkan, Hurrikan
intensifi-casión	Vertiefung

213

isobaras	Isobaren	sostenido,	beständig
lentamente	langsam	asentado	
linea de tur-	Böenlinie	sur	Süden
bonada		surco (de baja	Tiefausläufer, Tief-
llovizna	Nieseln	presión)	drucktrog
lluvia	Regen	tempestad	Gewitter
lluvia fina	Strühregen	temporal	Sturm
medianente	abschwächend	tiempo chu-	Schauerwetter
niebla	Nebel	bascoso	
niebla matinal	Frühnebel	tiempo del	West(wetter)lage
norte	Norden	oeste, del	
nublado,	bewölkt	ponente	
nuboso		tormenta	Gewitter
oclusión	Okklusion	tormentoso	gewittrig
oeste	Westen	tranquillo,	heiter, schön
precipitatión	Niederschlag	despejado	
predicción	Vorhersage	tromba	Wasserhose
presión	(Luft)druck	marina	
profundo		turbonada	Bö
prolongación	(Tief)ausläufer	variable	wechselhaft
rapidamente	schnell	zona de alta	Hochdruckzone
región	Gebiet	presión	
retroceso del	Rückdrehen des	zona de baja	Tiefdruckgebiet
viento, rola-	Windes	presión	
da a la izquierda			

Fuerza del viento   **Windstärke**

Bft	kn	
0	0	calma
1	1 bis 3	ventolina
2	4 bis 6	brisa débil, flojito
3	7 bis 10	bris débil, flojo
4	11 bis 16	brisa moderada
5	17 bis 21	brisa fresca
6	22 bis 27	brisa fuerte, fresco
7	28 bis 33	viento fuerte, frescachón
8	34 bis 40	viento duro, viento atemporalado
9	41 bis 47	viento muy duro, temporal
10	48 bis 55	temporal fuerte
11	56 bis 63	temporal huracanado
12	64 und mehr	huracán

Estado del mar	Seegang		Visibilidad	Sicht
0	calma		0– 200 m	niebla densa
1	mar rizada		200– 500 m	niebla moderada
2	marejadilla		500–1000 m	niebla
3	marejada		1– 4 km	visibilidad escasa
4	fuerte marejada		4–10 km	visibilidad moderada
5	mar gruesa		10–20 km	visibilidad media
6	mar muy gruesa		über 20 km	buona
7	mar arbolada			
8	mar montañoso			
9	mar enorme			

Türkisch

anî rüzgar	Bö	kuzeydoğu rüzgarı	Nordostwind
batı	Westen	(poyraz)	
batı rüzgarı	Westwind	kuzeysel	nördlich
batısal	westlich	rüzgar	Wind
deniz	Wolken	sis, pus	leichter Nebel,
doğu	Meer, See		Dunst
doğu rüzgarı	Ostwind	şimsek	Blitz
doğusal	östlich	yağmur, yağış	Regen
fırtına	Sturm	yıldız	Nordwind, naut.
gök gürültüsü	Donner		Norden
görüş	Sicht		
gündoğusu	Ostwind	**Zahlen**	
güneş	Sonne		
güney	Süden	sıfır	0
güney rüzgarı (kıble)	Südwind	bir	1
güneydoğu rüzgarı	Südostwind	iki	2
(kesisleme)		üç	3
güneysel	südlich	dört	4
hava	Wetter	beş	5
hava raporu	Wetterbericht	altı	6
hava basıncı	Luftdruck	yedi	7
ihtar, ikaz	Warnung	sekiz	8
kuzey	Norden	dokuz	9
kuzey rüzgarı (yıldız)	Nordwind	on	10
kuzeybatı rüzgarı	Nordwestwind	on bir	11
(karayel)		on iki	12

215

8 Literaturverzeichnis

[1] Bebber, W. J. von: Die Zugstraßen barometrischer Minima nach den Bahnen-karten der Deutschen Seewarte für den Zeitraum 1875–1890. Met. Zeitschr. 8, 1891, S. 361–366

[2] Bundesamt für Seeschiffahrt und Hydrographie: Klima und Wetter im Mittel-meer, Sonderdruck aus Mittelmeer-Handbuch, III. Teil, Nr. 2180

[3] Franke, R.: Regionale Windsysteme im Mittelmeer; Wetterkundliches Lehr-mittel Nr. 15, Deutscher Wetterdienst, Seewetteramt, 1991

[4] Wasmayer, J.: Wetter- und Meereskunde der Adria, Mittelländischer Lloyd, Graz 1976

[5] Sailer, K.: Wetterpaxis Mittelmeer, Ostsee, Nordsee, Atlantikküste; Verlag Rheinschiffahrt 1989

[6] Band, G.: Die Bora der Adria; Geofisica pura e applicata, Milano, Vol. XIX, 1951, S. 186–219

[7] Bundesamt für Seeschiffahrt und Hydrographie: Mittelmeerhandbuch I. Teil, Seehandbuch Nr. 2027

[8] Bundesamt für Seeschiffahrt und Hydrographie: Mittelmeerhandbuch II. Teil, Seehandbuch Nr. 2028

[9] Bundesamt für Seeschiffahrt und Hydrographie: Mittelmeerbuch IV. Teil, Seehandbuch Nr. 2030

[10] Bundesamt für Seeschiffahrt und Hydrographie: Nautischer Funkdienst; Bd. III, Yachtfunkdienst Mittelmeer

[11] Deutscher Wetterdienst, Seewetteramt: Anleitung zum Zeichnen von Bord-wetterkarten nach Seewetterberichten, Wetterkundliches Lehrmittel Nr. 13

[12] Die Witterung in Übersee, DWD, Seewetteramt, 4 (1993)

[13] Wetterkarte, Amtsblatt des Deutschen Wetterdienstes, Offenbach/Main; div. Ausgaben seit 1991

[14] Der Wetterlotse, DWD, Seewetteramt, div. Hefte

[15] Air Ministry, Meteor. Office: Weather in the Mediterranean, Vol. I u. II, London, 1936

[16] Schamp, Heinz: Die Winde der Erde und ihre Namen, Franz Steiner Verlag, Wiesbaden, 1964

[17] Scharnow / Berth / Keller: Maritime Wetterkunde, Verlag Transpress, 1990

[18] Rossmann, F.: Über Wasserhosen auf dem Mittelmeer; Dt. Hydrograph. Z. 14, 1961, S. 63–65

[19] The Hydrographer of the Navy: Mediterranean Pilot, Tenth Edition, Taunton Somerset, England, 1978

[20] Seewetteramt – Autorenteam: Seewetter, DSV-Verlag, 4. Aufl., Hamburg, 1989